알고 보면
쉬운
모유수유

이현주 지음

가나북스

알고 보면
쉬운
모유수유

2016년 02월 15일 초판 발행
지은이 이현주
펴낸이 배수현
디자인 유재헌
홍　보 배성령
제　작 송새호
펴낸곳 가나북스 www.gnbooks.co.kr
출판등록 제393-2009-12호
전　화 031-408-8811(代)
팩　스 031-501-8811
ISBN 979-11-86562-48-2

어떻게 하면 모유수유를
쉽게 하게 할 수 있을까?

산모를 만날 때마다 속으로 되새기는 질문이다. "세상에서 모유수유가 제일 어려운 것 같아요." "아기가 잘못 빨아요." "우리 아기는 입이 작아요." "물기만 하면 자고 내려놓으면 배고프다고 울어요." 수유를 처음 시작하는 엄마들이 제일 많이 하는 말이다. 모든 엄마가 모유수유를 힘들어하는 것은 아니다. 모유수유가 잘 되는 엄마들은 이런 얘기를 할 필요가 없다. 이런 사람들은 수유가 잘되기 때문에 우리 같은 사람을 필요로 하지도 않는다. 그래서 만날 일도 별로 없다. 하지만 내가 만나는 아기엄마들은 나를 보면 한숨부터 쉰다.

아기 엄마들이 나를 찾는 이유가 뭘까? 가슴이 아프거나 아기가 젖을 못 물거나 젖양이 적거나 셋 중 하나다. 그 외에 나를 찾을 이유가 아무것도 없다. 산모는 출산이라는 큰 산을 넘고 편히 쉴 수 있는 시간이 딱 3일이다. 3일 뒤부터는 가슴이 아프거나 모유가 생각만큼 안 나오거나 아기가 못 빠는 거로 스트레스를 받기 시작한다.

병원에서나 산후조리원에서부터 산모가 제일 많이 듣는 말이 뭘까? "모유수유하시겠어요?"가 아닐까 한다. 엄마는 아기를 안아본다는 설렘을 안고 수유실로 향한다. 하루 이틀이 지나면서 뭔가 생각대로 되지 않는다.

"아기만 낳으면 저절로 될 줄 알았어요." 임신 중에는 대부분 엄마들이 이렇게 생각을 했단다. "모유수유가 이렇게 힘들 줄 몰랐어요. 멘붕 이에요. 멘붕!" 최근 만난 산모가 한 말이다. 가까이에서 갓 난아기를 키우는 모습을 관찰해볼 기회가 없다. 아기를 출산하고 산모가 젖몸살로 힘들어하는 것도 보지 못 했다. 그러니 젖몸살이 뭔지 어떻게 알 수 있을까? 모유수유도 육아도 태어나서 처음 경험해보는 일이다. 생소하고 낯설기만 하나. 누가 주위에서 도와줬으면 좋겠는데 마땅치가 않다. 최근에 만난 아기엄마는 출산하자마자 젖 말리는 약을 먹었단다. 지인이 젖몸살로 고생하다가 결국은 수유를 포기하더란다. 고생하다 포기하느니 처음부터 안 먹일 생각이라고 했다. 참 안타까웠다.

수유를 잘할 수 있게 도와주는 구체적인 정책이나 기관들이 있으면 얼마나 좋을까? 선진 북유럽은 국가에서 시스템을 갖춰 전문가를 도움이 필요한 산모들에게 방문하게 한다. 출산 후 집으로 방문해서 육아와 산후조리를 도와주는 전문가가 있다. 실전에서 맞닥뜨린 수유와 육아와 관련된 어려움을 겪는 엄마들을 위해 국가적인 차원에서 대책을 마련해 도움을 주고 있다. 그렇다면 우리나라에서 실제 수유를 시작하는 엄마들을 도와주는 프로그램은 어떤 게 있을까?

모유가 아기에게 최고의 먹거리라는 것은 대한민국 사람 모두 잘 알고 있다. TV 매체를 통해서 온 국민에게 교육을 하는 실정이다. 병원이나 산후조리원에서 수시로 모유수유를 하도록 독려한다. 공공장소마다 수유실도 눈에 띄고 늘고 있다. 하지만, 실제 모유수유를 해야 하는 엄마에게는 아직도 많이 부족하다.

모유수유는 실전이다. 책을 통해서 또는 교육을 받는다고 쉽게 할 수 있는 일이 아니다. 모유수유를 잘 할 수 있도록 체계적인 지원과 도움이 필요하다. 수유를 하는 현장에서 어려움을 겪는 엄마들을 도와줄 수 있어야 한다. 모유수유에 대한 교육과 열망으로 꾸준히 상승하던 모유수유율이 2009년을 기점으로 낮아지고 있다. 왜 모유수유율이 떨어질까? 현장에서 만나는 산모들의 열정은 여전히 높지만, 도중에 포기하는 비율이 높기 때문이다. 떨어지는 모유수유율을 다시 올리기 위해서 지금까지와는 다른 대책이 필요하다.

모유수유율과 관련된 우리나라의 지원을 보면 이론적인 교육에 비중이 더 크다. 분만 후 실전에서 힘든 엄마들을 도와줄 수 있는 곳을 찾아보기가 힘들다. 정부에서 전문가를 파견하는 시스템은 없다. 그나마 민간이 운영하는 산후조리원이 그 자리를 메꾸고 있다. 집에서 산후조리를 하는 현실 또한, 무시할 수 없다. 수십 년 전에 출산한 경험이 있는 친정엄마나 단기간의 교육을 받고 나온 산후도우미가 산모를 도와준다. 모유수유 관련 문제는 도움을 받기 어려운 것이 현실이다.

처음으로 아기를 만나는 엄마들에게 제대로 된 모유수유교육과 육아교육이 실행된다면 얼마나 좋을까? 모유가 부족해 힘든 엄마들에게는 젖양이 늘 때까지 모유를 공급해 줄 수 있는 조직적인 지원이 있다면 어떨까? 출산율이 떨어지고 모유수유율이 떨어지는 책임을 오로지 엄마들에게만 지도록 하는 것은 너무 가혹하다. 출산을 막 마친 엄마들은 경험도 없고 체력적으로도 힘들다. 모유수유는 저절로 되지 않는다.

실제로 분만 후 모유수유를 성공까지에는 많은 난관이 곳곳에 있다. 이런 난관들을 지혜롭게 넘길 수 있도록 누군가가 도와줘야 한다. 엄마 혼자서 해내기는 벅차기만 하다. 모유수유를 쉽게 할 방법을 배워야 한다. 엄마와 아빠가 같이 동참해서 해내야 할 과정이다. 출산만 하면 저절로 나오고 당연히 되는 줄만 알았던 모유수유가 세상에서 제일 어렵다는 말을 한다. 이런 말이 나오지 않도록 도와줄 수 있는 전문가들이 수유 하는 시기의 엄마 가까이에 갈 수 있어야 한다. 국가적으로 지원해주는 시스템이 있었으면 하는 바람이다.

모유수유는 마라톤이다. 짧으면 몇 개월에서 길게 하면 2년 이상을 수유하는 엄마들도 있다. WHO에서는 2년에서 3년까지도 할 수 있으면 모유수유를 하는 게 좋다고 한다. 시간이 오래 걸리고 인내심이 필요하다. 모유량이 부족하다면 왜 모유량이 부족한지 본인이 알 수 있어야 한다. 아기가 수유를 못 한다면 왜 못하는지 엄마가 알아야 한다. 수유하느라 몸이 아프다면 편하게 앉아서 수유 할 수 있는 자세를 배워야 한다.

모유수유를 처음 시작하는 현장에서 산모를 만나면서 수유를 하려는 엄마들이 실전에서 필요한 지식이 부족하다는 것을 많이 느끼게 되었다. 출산을 해보지 않으면 진통이 어떤 것인지 알 수 없다. 마찬가지로 수유를 해보기 전에는 모유수유가 얼마나 어려울지 예측하기 어렵다. 처음인데 잘 알고 시작하는 것이 이상하다. 아기만 낳고 나면 저절로 모유수유는 될 거라는 막연한 생각으로 아기를 안았다가 당황하게 된다. 태어나서 가슴위에 올려놓기만 해도 아기가 젖을 찾아 문다고 배웠다. 그런데 웬걸? 막상 때가 되니 배운 것과는 엄청나게 다르다.

출산 전 모유수유에 대한 교육도 중요하다. 하지만, 그보다 더 중요한 것은 출산 후 수유를 시작할 때 잘할 수 있도록 도와주는 것이라고 생각한다. 모유수유 초기에 어떤 지도를 받게 되느냐가 향후 모유수유에 대한 성공과 실패에 큰 영향을 끼치게 된다.

어쩌다 보니 필자는 남들보다 빠른 30대 초반에 산후조리원 운영을 시작했다. 모유수유 전문가로 활동하는 지금까지 16년을 산모들과 아기들을 쳐다보며 살아왔다. 그리 짧지만은 않은 시간이다. 막 출산을 마치고 산후조리원에 들어온 산모들이 젖몸살로 또 힘들어하기 시작한다. 왜 산모들이 저렇게 아파해야 하지? 모유수유는 본능이고 자연스러운 것이 아닌가? 아프지 않고 모유수유를 잘할 수 없을까? 혼자 곱씹어보던 질문이다.

산후조리원을 운영하면서 또 모유수유 전문가로 활동을 하면서 알게 된 지식이 아프고 힘든 산모들에게 조금이라도 도움이 되었으면 하는 마음으로 이 책을 시작한다.

목차

Chapter 1. 모유가 뭐길래

Chapter 2. 모유가 나오기까지

Chapter 3. 모유수유 3원칙

Chapter 4. 미리 하는 수유준비

Chapter 5. 분만과 유방의 변화

Chapter 6. 아기에게 맞는 젖양 만들기

목차

Chapter

01

모유가
뭐길래

모유수유는 아기의 권리

모유수유는 본능이다. 아기가 젖을 빨려는 행위도 본능이다. 엄마들은 힘든 분만 후에도 몸을 움직일만하면 수유실부터 갈 생각을 한다. 이건 본능이 아니다. 아기에게 모유를 먹이는 게 의무라고 생각하고 움직인다. 신생아실에서 부르면 수유를 하겠다고 아픈 몸을 끌고 아기를 만나러 간다. 이제나저제나 모유가 나올지 가슴을 확인해보기 시작한다. 제왕절개를 한 산모도 예외는 아니다. 작은 수술을 한 것도 아니다. 10cm 넘는 개복수술을 한 산모가 다음날부터 링거를 주렁주렁 꽂은 몸으로 수유를 하겠단다. 얼마나 힘이 들까? 허리도 제대로 펴지 못 하고 아기에게 가는 걸음도 힘겹기만 하다. 한때는 모유수유가 엄마의 선물이라고 불렸던 적이 있었다. 이제는 아기의 당연한 권리라고 한다.

■ 모유는 황금으로 만든 피

세상에서 가장 값진 비싸고 귀한 것을 얘기할 때 황금을 예로 든다. 급기야 모유를 빗대어 황금으로 만든 피라는 표현까지 나왔다. 세상 어디에서 황금피를 구할 수 있을까?

모유는 돈으로도 살 수 없는 귀한 것이라는 의미다. 모유는 엄마의 혈액이 유선을 통과하며 만들어진다. 엄마의 피가 모유의 주된 원료다. 엄마의 핏속에 엄마 몸속의 모든 정보가 녹아있다. 엄마의 유전자가 모유를 통해서 아기에게 전해진다. 엄마가 이제까지 살면서 경험했던 바이러스에 대한 면역능력이 혈액 속에서 저장되어있다가 오롯이 아기에게 살아있는 채로 전달된다. 아기가 세상을 살아가기 위해 절대적으로 필요한 정보를 모유를 통해서 전달받는다.

모유수유는 아기의 누릴 권리란다. 황금 피라는 이름을 지을 정도로 모유수유를 권하려는 전문가들의 의지를 볼 수 있다. 모유의 어떤 성분들이 그토록 아기들에게 절대적일까? 지금도 전문가들의 끊임없는 노력으로 모유에 들어있는 성분들을 하나둘씩 밝혀지고 있다.

1. 완벽한 영양제이자 치료제

쌍둥이를 조산한 산모가 급하게 상담을 요청했다. 병원에서 미숙아에게 젖을 먹이는 게 좋다고 모유를 갖고 오란다. 모유가 나오는 대로 최대한 빨리 유축해서 병원으로 갖고 오라고 했다는 것이다. 아직 수술에서 회복되지도 않았고 갑자기 분만한 상태라 산모는 아직 모유가 나오는 느낌도 없다. 산모는 초산이었다. 만삭도 아니니 젖이 나올 거라고 생각지도 못했다고 한다. 병원에 갖고 갈 모유가 없다고 했단다. 그랬더니 병원에서 다른 산모 젖이라도 먹여도 된다면 허락한다는 사인을 요구했다고 한다. 서명을 해주고 엄마 마음이 급해져 연락한 것이다. 미숙아에게 엄마 젖은 필수이기 때문이다.

■ 미숙아에게 모유는 치료약이다.

최근 밝혀진 연구에 의하면 모유는 아기의 상태에 따라 성분을 변화시킨다고 한다. 아기가 필요로 하는 성분을 엄마의 몸이 알아내고 성분을 변화시키는 대표적인 예가 있다. 바로 미숙아 엄마의 젖과 만삭아 엄마의 젖 성분이 다르다는 것이다. 아기는 엄마의 뱃속에서 10개월을 안전하게 있다가 세상으로 나와야 한다. 엄마 뱃속에서 하루는 아기가 태어나서 일주일을 지내는 것과 같다고도 한다. 예정보다 빨리 세상으로 나온 미숙아는 만삭아보다 질병에 훨씬 약하다. 큰아이가 콧물을 훌쩍일 때 갓 난 신생아는 폐렴으로 입원 하게 되는 것을 보면 알 수 있을 것이다. 미숙아를 출산한 엄마는 미숙아에게 필요한 최적의 영양성분과 면역 성분들이 만들어내기 시작한다. 만삭아가 아닌 미숙아에게 필요한 성분을 만든다. 엄마의 모유가 아기를 위해 강력한 치료제 역할을 하기 시작하는 셋이나.

미숙아들은 미숙아 망막병증, 괴사성 장염, 호흡기 폐질환 등 발생 위험이 크다. 특히, 출생 당시 심한 쇼크나 저산소증등으로 인한 순환결핍으로 장 점막이 손상될 경우 발생하는 장 괴사증은 생후 1주 이내 미숙아나 저체중아에게 흔하다. 손상된 장점막을 통해 유입된 세균들이 염증을 유발하게 되고 무균상태나 다름없는 아기의 장에 침투해 질환을 일으킨다. 이때 엄마의 젖은 아기의 면역력을 증가시켜주고 치료 효과를 높여준다.

미숙아 엄마의 젖에는 만삭아 엄마보다 더 많은 지방과 단백질, 면역물질, 대식세포, 림프세포, 철분, 수유 동안의 산소화 수치도 더 높다. DHA나 타우린, 유당 등 뇌 중추 발달에 좋은 성분들도 더 많이 들어있다. 만삭아 엄마 젖에 비해 면역물질도 더 많이 들어있어 만삭아보다 세상에 더 빨리 적응할 수 있도록 도와준다.

산후조리원에 입소한 산모의 친구 얘기다. 조산을 해서 아기가 대학병원 소아 중환자실에 오래 입원을 했었단다. 다행히 산모가 모유가 잘 나왔다. 열심히 유축한 모유를 갖다 줬다고 한다. 어느날 병원 측에서 조심스럽게 혹시 남는 모유를 다른 아기에게 줘도 되겠냐며 물었다고 한다. 엄마가 갖다 준 모유가 많아서 다 먹지 못 하고 남겨졌던 모양이다. 기쁜 마음으로 산모가 흔쾌히 허락했단다. 그때부터 아기가 퇴원하는 날까지 유축한 모유를 아이스박스에 넣어서 더 열심히 날랐다고 한다. 친구분 복받으실 거라고 아주 좋은 일 하셨다고 했던 기억이 있다.

이런 사례는 병원을 통해서 나눔을 하는 예다. 모유는 혈액이 주성분이다. 병원에서 전문적으로 관리가 되지 않은 모유를 개인끼리 주고받는 것은 주의해야 한다. 덴마크, 스웨덴 등 높은 모유수유율을 자랑하는 선진국은 모유 은행을 국가에서 운영 중이다. 99%의 모유수유를 자랑하는 덴마크에서는 신생아 중에서도 미숙아들에게는 특히 집중적으로 모유를 처방한다고 한다.

모유 은행을 운행할 때 기증받은 모유는 저온 살균하여 엄격한 세균검사를 거친 후에 모유를 필요로 하는 아기에게 공급 한다. 아무런 처치 없이 그대로 여과 없이 다른 아기에게 먹일 수 있도록 개인 간에 모유를 주고 받는 것은 하지 않아야 한다.

모유는 아기에게 최상의 음식거리다. 아기에게 필요한 모든 영양소를 갖추고 있다. 생후 6개월까지는 모유 외에 어떤 것도 필요 없다. 물도 필요하지 않다. 오직 모유만으로 아기를 출생 시 몸무게의 3배까지 키워낸다. 전문가들의 집중적인 연구로 모유에 관해 많은 것들이 밝혀졌다. 하지만 지금도 우리가 몰랐던 새로운 사실들이 발견되고 있다.

2. 알레르기 발생을 감소시킨다.

모유수유를 하다 분유를 먹이기 시작하면 알레르기 반응을 보이는 아가들이 있다. 분유의 베타-락토글로불린에 저항하는 반응으로 구토와 발진을 보이고 심하면 병원 치료가 필요하다.

연구결과에 의하면 모유를 먹은 아기보다 우유를 먹는 아기들이 7배나 높은 알레르기 질환을 경험한다. 모유는 엄마의 몸에서 만들어져 아기에게 전해지는 가장 적합한 음식이다. 사람에게 만들어져 사람에게 전해지는 음식이다. 아기가 가장 거부반응 없이 받아들일 수 있다.

모유를 먹는 아기의 장은 모유 속의 면역물질로 인해 장이 튼튼해진다. 튼튼해진 장은 알레르기 반응을 일으킬 수 있는 이종 단백질의 유입을 차단한다. 아직 장이 단련되지 않은 신생아가 분유를 먹게 되면 저항력이 약한 장이 과민반응을 일으켜 여러 가지 부작용을 일으킨다. 이런 과민증상들은 주로 모유를 먹이다가 분유로 바꿔 먹이려고 할 때 흔히 볼 수 있다. 가장 쉽게 볼 수 있는 증상이 구토와 피부 발진이다. 신생아들은 구토를 자주 한다. 신체적으로 아직 미숙하기 때문이다. 아기 입가로 주르륵 흐르는 구토는 수유 후 흔히 볼 수 있다. 걱정하지 않아도 되는 증상이다. 신생아의 위 모양은 호리병처럼 바닥이 좁고 길이가 길다. 바닥이 좁으니 모유를 보관하기가 좋지 않다. 위의 음식물이 역류하지 않도록 조여주는 괄약근의 힘은 아직 약하다. 이런 이유로 아기가 울면 복압이 올라가서 위장 속의 모유를 밀어올려 토하게 한다. 기저귀를 갈기 위해 엉덩이를 든다든지 하는 행위도 구토를 일으킨다. 목욕을 수유 후 1~2시간 지난후에 하는 것도 울다가 토하는 것을 방지하려는 이유이기도 하다.

일반적인 신생아들의 구토와는 달리 분유 알레르기로 인한 구토는 분수처럼 왈칵 토한다. 이런 구토를 하게 되면 엄마는 매우 놀라게 된다. 아기따라 차이는 있지만 토하고 나서 먹으려고 하고 매일 몸무게가 조금씩 늘어가고 있다면 아기를 조금 더 지켜봐도 된다. 토하고 나서 잠을 길게 자거나 먹으려는 의지가 없다면 의사를 만나보는 것이 좋다. 우유 알레르기로 인해 피부 발진을 보일 때는 가려움증도 같이 나타날 때가 많다. 눈이 붓기도 하고 가려움 때문에 아기들이 잠을 못 자고 보채기도 한다. 심한 경우 분유가 흘러내린 피부에도 붉고 두드러진 발진이 생기기도 한다.

분유 알레르기는 병원 치료가 필요하기도 하며, 피부 발진은 유아 아토피로 진행이 가능하다. 뭐든지 한 번 발병을 하면 재발하기가 쉬우므로 초기대응에 유의해야 한다. 분유 알레르기가 심할 경우 다시 모유수유로 복귀하기도 한다. 사정상 모유수유가 불가능할 때는 특수 분유를 이용하기도 한다. 모유를 오래 먹으면 먹을 수록 아기는 병이나 유해물질을 차단하는 능력이 강해진다. 월령이 어릴수록 우유에 대해 민감하게 반응 할 수 있다. 분유나 우유는 돌이 지나서 먹이는 게 좋다. 모유를 먹은 아기는 소아 아토피나 천식 등에도 저항력이 강하다.

3. 강력한 면역성분

"모유는 못 먹이지만 초유는 꼭 먹이고 싶어요."

개인 사정으로 분유를 먹여야 하는 엄마도 초유는 꼭 먹이려고 한다. 초유의 뛰어난 면역력 때문이다. 모유는 아기에게 적합한 영양성분뿐만 아니라 강력한 천연 면역성분을 함께 전달해준다. 엄마가 만들어놓은 면역성분을 모유를 통해 전달해준다. 통계적으로 모유를 먹은 아기는 분유를 먹은 아기와 비교하면 모든 바이러스에 대한 저항력이 강하다.

모유에 있는 강한 항균능력을 가진 유산균으로 대표적인 것이 루테리 (Reuteri)가 있다. 스웨덴의 바이오가이아 연구소에서 발견했으며 기타 유산균이 장내 유해균을 억제하는 정도의 능력이라면 루테리는 단백질분해 효소에 의해 파괴되지 않는 강력한 항균물질을 만들어낸다. 유해균에 대한 저항력

이 아닌 직접 공격하고 사멸하는 능력을 갖추고 있다. 연구소에 의하면 전 세계 여성들 모두의 모유에서 루테리균을 볼 수 있다고 한다. '루테리는 장에 정착하여 장환경을 개선하고 유해균을 죽인다. 루테리는 사람의 위와 장, 그리고 모유에서도 발견된다. 산모는 자신의 모유에 루테리를 보유하고 있다가 아기에게 전달하여 아기에게 건강한 장 환경을 만들어주는 것이다.'

– 내아이 첫밥상 모유의 신비. 68쪽

서울대학교 미생물학과의 실험에 의하면 이 루테리의 항균력이 살모넬라, 리스테리아, O-157, 포도상구균 등 식중독균을 억제하는 데 탁월하며 감염 시 치사율이 99%에 달하는 맹독성 탄저균에도 강력한 항균력을 여과 없이 발휘했다. 수유를 오래 하면 할 수록 모유를 통해 더 많은 면역성분과 항균능력을 아기에게 전달된다.

■ 초유

만성피로에 시달리던 청년이 있었다. 일상생활을 할 수도 없을 정도로 피로해 원인을 알고자 병원을 방문했다. 각종 검사를 받아보았으나 원인을 발견할 수 없었다. 한의원에서도 진료하고 몸에 좋다는 보약을 먹어도 별 호전이 없었다. 그러던 차에 지인이 모유를 구해서 먹어보라고 했단다. 이것저것 가릴 게 없었던지라 인터넷을 통해 구입해서 먹어보았다고 한다. 한결 몸이 가벼워지고 좋아지는 것을 느끼게 되었다. 그 후로 꾸준히 모유를 구입했다. 중탕해서도 먹고 시리얼에 타서 먹기도 하고 다양한 방법으로 모유를 먹기 시작했다. 그 사람의 냉장고에는 인터넷으로 구입한 모유가 항상 비축되어 있는 것을 볼 수 있었다. 몇 년 전 TV에서 볼 수 있었던 내용이다.

초유는 면역력의 결정체다. 초유는 사람에 따라 색깔이나 점도, 양이 차이가 날 수 있다. 노란색이 초유라고 생각하는 산모들이 많은데 색은 그리 중요하지 않다. 산모에 따라 녹슨 갈색빛을 띠기도 하고 거의 노란색 없이 바로 흰색의 성숙유처럼 나오기도 한다. 함유된 색소의 차이일 뿐이다. 초유뿐만 아니라 성숙유도 개인에 따라 여러 면에서 차이가 날수 있으나 영양학적인 면에서는 거의 차이가 없다. 초유의 양은 산모에 따라 다르다. 10~50cc 정도로 생각만큼 그리 많지 않다. 초유는 분만 후부터 만들어지므로 출산 후 적극적인 수유가 중요하다.

4. 똑똑한 아기로 키운다

덴마크 코펜하겐 대학의 킴 플라이셔 박사는 모유와 아이큐에 관해 연구논문을 발표했다. 1959년부터 61년 사이에 출생한 사람 중에 모유수유의 기록이 남아있는 2천3백 명을 대상으로 20년간의 추적조사를 통해 이루어졌다.

플라이셔 박사의 연구논문에 의하면 모유수유기간이 긴 사람들일수록 아이큐가 높고 성공한 사람이 많은 것으로 밝혀졌다.

모유에는 두뇌발달을 촉진하는 DHA, 타우린, 유당 등의 영양성분이 풍부하다. 또 엄마 젖을 빨 때는 턱 근육을 움직여 세차게 빨아야만 나오는데, 이때 턱 운동이 대뇌 피질 부위와 해마 부위의 신경세포 발달에 영향을 주어 학습과 기억력을 증진시킨다.

– 내아이 첫밥상 모유의 신비, 육아방송〈모유의신비〉,108쪽

모유를 먹기 위해서는 분유보다 60배나 강한 힘으로 자극을 주어야 한다. 이렇게 빨기 위해서는 입 주위의 근육을 한껏 이용해야 한다. 입과 얼굴은 뇌에서 가까운 거리에 위치 해 있다. 기능을 많이 하는 근육에는 혈액공급이 왕성해진다. 에너지와 산소공급을 하기 위해 혈액이 일을 많이 하는 기관으로 몰려간다. 밥을 먹고 나면 잠이 오는 경험을 했을 것이다. 위에 들어온 음식물을 소화하기 위해 위와 장으로 혈액들이 몰려가기 때문이다. 갑자기 혈액이 늘 수는 없다. 다른 부위에 있던 혈액들이 십시일반 차출돼서 에너지를 많이 쓰는 기관으로 빠져나가게 된다. 뇌 속의 혈액과 산소도 부족해진다. 산소가 부족하므로 졸립다. 산소를 보충하기 위해 하품을 자꾸 하게 된다. 학창시절에 점심시간 바로 다음 수업시간이 제일 많이 졸리는 이유도 이 때문이다. 배가 너무 고파도 집중이 안 되겠지만 공부를 하기 위해서는 배를 너무 채우는 것은 좋지 않다. 음식이 들어온 배에 몸이 집중하느라 뇌에 보내줄 혈액이 부족하다.

책을 읽고 생각을 많이 하면 머리가 좋아진다. 뇌를 반복해서 많이 쓰기 때문이다. 우리 몸의 모든 근육이 쓰면 쓸수록 좋아지듯이 뇌도 마찬가지다. 모유를 먹기 위해 아기가 열심히 턱과 입을 움직이게 되면 얼굴과 바

로 옆에 있는 뇌에도 혈액공급이 왕성해진다. 모유를 먹으면 먹을 수록 더 활발해진다. 머리가 똑똑해지는 이유 중의 하나로 볼 수 있다.

5. 천연 예방접종이다

모유에는 엄마가 살아오면서 만들어놓은 각종 세균이나 바이러스에 대한 항체들이 살아있다. 아기는 모유수유를 통해 엄마가 미리 만들어놓은 항체들을 받아 몸속에 차곡차곡 저장해둔다. 아기들이 세상을 살아가면서 한 번쯤 혹은 여러 번 경험하게 될 흔한 감염에 대해 대비를 해두는 것이다.

모유 안에 있는 면역물질은 반복된 수유를 통해 아기의 장벽을 보호해서 유해균이 침투하지 못 하게 한다. 수유를 오래 하면 할 수록 아기의 장벽은 튼튼해지게 된다. 엄마에게서 받은 항체들은 아기의 면역체계가 완성될 때까지 각종 질병에 대해 아기를 보호해준다. 모유수유아들이 분유수유아들보다 병에 걸려도 빨리 회복이 되는 이유가 여기에 있다. 만약 미리 만들어놓은 항체가 없다면 병에 걸렸을 때 아기이 자체면역력으로 병에 적합한 항체를 만들어 병원균에 대응할 때까지 시간이 오래 걸리게 될 것이다. 엄마가 전해줄 수 없는 항체들은 예방접종을 통해 준비해야 한다.

출생 직후부터 아기들은 예방접종을 시작한다. 아기의 개월 수에 따라 다양한 예방접종들이 추가되기 시작한다. 예방접종들은 왜 하는 걸까? 예방접종을 한 후에 아기가 열이 나거나 보챌 수 있다는 얘기를 들어 봤을 것이다. 균을 약하게 만들어서 몸에 넣어주는 게 예방접종이기 때문이다. 혹시나 아기가 감염이 되었을 때 아기에게 크게 해를 끼칠 수 있기 때문에 미리 약하게 병을 경험하게 하는 것이다. 아기에게 해를 끼치지 않는 범위 내에서 약하게 처리가 된 균들을 아기 몸속에 의도적으로 집어넣어준다. 아기의 자체 면역력을 통해 미리 항체를 만들어 두게 하는 게 예방접종이다.

모유 속에 있는 올리고당은 현재까지 140여 가지가 있는 것으로 확인이 되었다고 한다. 엄마가 만드는 올리고당은 자연계에서 유일무이하며 엄마에 따라 종류도 다르다고 한다. 이 올리고당은 장내에서 감염과 싸우는 유익균의 먹이가 된다. 미숙아들은 병에 걸리면 심하게 아프기 쉽다. 미숙아의 10%가 괴사성 장염(NEC ; necrotizing enterocolitis) 에 걸리고 그중 25%가 사망한다.

분유를 먹은 아기에 비해 모유를 먹은 아기는 괴사성 장염에 걸릴 확률이 77%나 낮다. 미숙아에게 엄마의 젖을 먹이려고 애를 쓰는 이유다. 이게 여의치 않으면 대신 모유 은행에 기증된 젖을 먹이거나 프로락타바이오사이언스 (Prolacta Bioscience) 라는 회사에서 농축 모유로 만든 신제품 '강화 모유'를 살 수도 있다. 미숙아 한 명에 12,000달러(약 1200만 원)정도 든다.

– 가슴이야기 .플로렌스 윌리엄스 254쪽

정확한 이유는 알 수 없지만 제왕절개로 태어난 아기는 자연분만으로 태어난 아기와 비교하면 엄마의 신체에 있는 유익균을 전달받을 기회가 적다고 한다. 미숙아와 제왕절개로 출산한 아기에게 특히 모유를 먹여야 하는 이유다.

아기에게 모든 감염성 질환에 대해 예방접종을 하기는 힘들다. 많이 위험하지 않은 질병들은 아기가 커가면서 자연히 감염에 노출되게 된다. 그렇게 항체를 만들어나간다. 엄마가 커오면서 감염된 병의 종류도 다르다. 당연히 엄마에 따라 만들어진 항체는 종류가 다를 수도 있다. 모유수유를 하게 되면 아무런 부작용 없이 엄마가 이미 만들어놓은 다양한 항체를 물려받게 된다. 이보다 편하고 완벽한 예방접종이 또 있을까?

분유를 먹은 아기는 모유를 먹은 아기에 비해 장염은 3배, 알레르기 습진은 2~7배, 요로감염은 2.6~5.5배, 중이염은 3배, 뇌수막염은 3.8배, 요로감염은 2.5~5.5배, 폐렴 및 하기도 감염은 1.7~5배, 암의 일종인 호지킨 림프종은 1~6.7배까지 발병률이 높다고 한다.

모유수유를 길게 하면 할 수록 면역력이 더욱더 강해진다. 면역성분이 아기 몸에 차곡차곡 쌓인다. 바이러스에 감염돼도 아기는 입원치료를 할 것을 외래방문으로 가볍게 나을 수 있다. 병원 치료할 것을 콧물감기 정도로 지나갈 수도 있다. 병원 치료를 하게 되더라도 치료기간이 짧아진다. 이처럼 모유수유를 통해 비용도 들지 않고 아기를 힘들게 하지 않으면서도 예방접종이 가능하다. 가능하면 오래 하면 좋다. 모유는 천연 예방접종이다.

6. 캥거루 케어 효과

■ 미숙아를 살리는 캥거루 케어.

2010년 호주에서 몸무게 '900g'의 아기가 태어났다. 일반 신생아의 3분의 1도 안 되는 무게였다. 가녀린 아기는 출생한 지 20분 만에 사망선고를 받았다. 엄마는 작별인사를 하기 위해 아기를 담요에서 꺼내 가슴에 안았다. 슬픔에 빠진 엄마가 아기와 충분히 인사를 나눌 수 있도록 의료진은 기다려주었다. 두 시간이 지나자 아기의 가녀린 손가락이 움직였다. 의료진은 사후강직이라고 얘기했다. 아기의 심장은 약하지만 지속해서 뛰기 시작했고 호흡도 안정되었다. 아기는 몇 달 후 건강하게 퇴원할 수 있었다. 모 방송에서 방영된 캥거루 케어로 살린 아기의 이야기다.

캥거루 케어는 1983년 남미 콜롬비아의 어느 병원에서 우연히 그 효과가 처음 보고된 일이다. 의료시설이 부족해서 인큐베이터를 이용할 수 없었고 다른 의료행위도 하기 힘들 정도로 목숨이 위태로운 아기가 있었다. 아무것도 할 수 없었던 의료진이 엄마에게 아기를 안겨주었다. 그런데, 신기하게도 엄마에게 안긴 아기의 호흡과 심장박동이 안정이 되었다. 체온이 안정되고 호흡이 안정되면서 불안했던 아기의 상태가 진정되기 시작했다. 이를 유심히 보던 의사에 의해 연구되기 시작하였다. 캥거루 케어를 통해 엄마에게 안겨있던 체온이 높은 아기는 엄마가 아기의 체온을 흡수해 체온이 낮아졌다. 반대로 체온이 낮은 아기는 엄마의 가슴에서 체온을 회복했다. 엄마가 천연 인큐베이터 역할을 하는 것이다. 그 효과가 세계 여러 곳에서 입증이 되고있다.

캥거루는 임신 기간이 30~40일 정도로 짧다. 태반이 없어서 조산을 하기 때문이다. 빨리 출산을 한 후 어미의 육아낭에서 6~12개월을 성장 후 독립을 한다. 캥거루가 일찍 세상에 나온 새끼를 돌보는 방식과 상당히 유사하다. 일찍 세상에 나온 연약한 미숙아들을 엄마 품에 안겨서 회복을 돕는 의료행위이다.

미숙아는 어떤 아기들인가? 엄마 뱃속에서 오래 머물지 못 하고 세상에 빨리 태어난 아기다. 엄마가 아기를 오래 품지 못하는 경우도 있고 아기가 오래 머물러 있지 못하기도 한다. 빨리 태어난 만큼 작고 그만큼 연약하다. 우리는 여태까지 미숙아에게는 인큐베이터가 가장 안전한 환경이라고 생각하고 있었다. 하지만, 꼭 그렇지마는 않다는 것이 여러 사례를 통해 보이고 있다.

연구결과에 의하면 캥거루 케어를 통해 엄마에게 안겨있는 시간을 자주 가진 아기들의 회복속도가 놀라울 정도로 빠르다고 한다. 기저귀만 채운 채 아기는 맨살로 엄마와 온몸이 맞닿는다. 엄마와의 피부접촉을 통해 정서를 안정시키는 특수 호르몬을 전달받는다. 캥거루 케어를 통해 엄마의 피부에 있는 유익한 세균과 바이러스에 대한 항체도 전달받는다. 아기는 사람 피부에 있는 유익균과 정서를 안정시키는 호르몬을 통해 심신이 안정되고 휴식을 취할 수 있게 된다.

모유수유는 캥거루 케어와 유사한 효과를 볼 수 있다. 아기의 뺨과 얼굴을 엄마의 가슴에 대고 직접 수유를 하기 때문이다. 캥거루 케어는 의료 선진국인 미국과 호주에서도 그 효과를 인정받고 있으며 미숙아를 비롯해 만삭아에게도 많이 권장되고 있다.

캥거루 케어는 아기와의 친밀감뿐 아니라 엄마에게도 심리적인 안정을 가져와 산후우울증 예방에도 도움이 된다. 엄마가 느끼는 편안함과 행복한 느낌은 프로락틴과 옥시토신의 분비를 촉진해 모유량의 증가를 돕는다. 또한, 캥거루 케어를 하고 있는 아기도 편한 기분을 느끼게 되고 아기에게서도 옥시토신이 분비된다.

모유수유가 안정이 되면 엄마들이 수유만 하면 잠이 온다고 한다. 옥시토신의 기능 중 하나가 마음을 편하게 하는 것이기 때문이다. 엄마가 수유로 인해 옥시토신이 분비되고 그래서 편하고 느긋한 마음을 가질 수 있다. 아기에게도 옥시토신의 분비가 증가한다. 아기도 엄마와 비슷한 기분을 느낀다. 마음이 편하고 몸도 이완되고 부드러워진다. 캥거루 케어를 할 때는 통증에 대해 둔감해진다. 실제로 혈액채취를 위해 아기에게 바늘로 발을 찔러도 인큐베이터속에 있을 때 보다 심하게 울지 않고 금방 그친다.

아기를 맨살로 안아주는 것은 엄마뿐 아니라 아빠가 해도 똑같은 효과를 가질 수 있다. 열 달을 품어 아기를 안는 엄마와는 달리 아빠는 출산 후에야 아기를 만날 수 있다. 아빠들이 캥거루 케어를 통해 아기와 친밀감을 더욱 돈독히 하기에 좋다. 캥거루 케어를 시행하고 있는 연세사랑모아병원에 의하면 엄마와 아기에게서 다음과 같은 효과를 볼 수 있다고 한다.

캥거루 케어가 아기에게 주는 긍정적인 변화
· 심박수 안정
· 호흡수 안정, 폐활량 증가
· 90분 후 아기의 혈당 증가
· 체온 유지 및 저체온증 예방
· 태아 감염률, 태아 스트레스 감소

· 빠른 체중 정상화
· 모유수유 효율성, 성공률, 모유수유기간 증가
· 3개월 후 아기가 웃는 빈도 증가
· 아기의 언어 능력 발달
· 엄마와의 애착 증가

캥거루 케어 시 엄마에게 주는 긍정적인 변화
· 아기와 함께 하는 시간 증가 및 모유수유 부담 감소
· 생후 1년 후 엄마와 아기 간 상호작용 증가
· 회음부 봉합 및 제왕절개 시 통증 완화
· 오로 양의 빠른 감소 및 산후 3개월 후 빈혈 감소
· 쉽고 빠른 태반 만출
· 산후 불안 감소
· 젖몸살 감소 및 모유수유 성공률 증가

캥거루 케어는 만삭아에게도 좋은 영향을 미친다. 만삭아는 3개월 정도, 미숙아는 1년까지 꾸준히 해주면 좋다.

7. 엄마에게 좋은 이유

■ 빠른 산후 회복, 자궁 수축

출산 후 출혈은 엄마의 목숨을 위협하는 증상 중 하나다. 모유수유는 자궁을 빨리 수축시켜 산후출혈을 예방한다. 아기가 젖을 빨면 나오는 옥시

토신은 자궁을 수축시키는 호르몬이다. 수유를 하면 아랫배가 아프다는 산모들이 있다. 마치 생리통 하는 것처럼 약하게 느끼는 산모도 있고 아기 낳을 때 처럼 심하게 아픈 산모도 있다. 자궁이 수축되는 것을 느끼는 데 훗배앓이라고 한다. 초산 때는 거의 느끼기 힘든 경우가 많으며 둘째, 셋째를 출산할 수록 심해지는 경향이 있다. 수유를 하고 나면 오로가 아래로 쑥 빠지는 것을 느낄 수 있다. 자궁에 고여있던 혈액이나 찌꺼기가 수유하는 동안 자궁이 수축하면서 짜두었다가 일어서는 것과 동시에 흘러나오기 때문이다. 간혹 참을 수 없을 만큼 심한 통증을 경험하는 산모도 있다. 진통을 다시 하는것처럼 아프기도 하다. 이렇게 심하게 아플때는 수유를 하기 힘들다. 못 견디게 힘들 때는 의사의 진료를 받을 필요가 있다.

임신 중에 가슴마사지를 하지 말라는 얘기를 많이 들어봤을 것이다. 가슴마사지를 하면 옥시토신이 분비를 자극하기 때문이다. 가슴과 유두마사지를 통해 옥시토신의 분비가 증가하게 되면 자궁수축을 유발할 수도 있다. 조산기가 있거나 가진통을 수시로 느끼는 산모들은 절대 금지해야 한다. 하지만 일상생활을 영위하는 데 별 문제가 없고 배가 뭉치는 증상이 없다면 그리 문제 될 것이 없다. 임신 중후반부터는 수유를 위해 하루에 한 번씩 가볍게 가슴마사지를 하는 것이 좋다. 간혹 막달까지 아기가 골반으로 내려가지 않고 자궁 위쪽에 떠 있는 경우가 있다. 이때 가슴마사지와 유두마사지를 자주 해주면 자궁을 수축시켜 아기가 골반으로 내려오기 좋다.

가슴마사지를 하는 시간은 기저부 한 번, 유두마사지 각각 4분씩에 불과하다. 모유를 먹는 큰 아기도 이유식을 하는 시기라 수유량이 줄었을

유두마사지

사례 1.

언젠가 모유수유 교육 도중에 임신 중 가슴마사지에 관해 얘기하는 데 첫아기 임신을 한 산모가 병원에서 "마사지하면 안 된다던데요?"하고 질문을 했다. 임신하고 16주가 지나면 수정란착상이 안정된다. "가진통이나 조산기가 없으면 임신 후반부터는 가볍게 해도 됩니다." 라고 하는 데 교육을 같이 듣던 산모가 "괜찮을걸요? 저는 아직 큰 애 수유하고 있는데." 하며 웃었다. 다들 눈이 동그래져서 둘째 엄마를 쳐다봤다. "아직도 수유하고 있어요?" 했더니 " 네. 생각도 못했는데 임신이 되서요. 애기가 어려서 떼지를 못했는데 별 문제는 없네요."한다. 모유수유 중 생리를 하기 전이나 출산한 지 그리 오래되지 않은 엄마들은 임신을 대비하지 않는 경향이 있어 예상외로 빨리 둘째를 가지는 경우를 보기도 한다.

사례 2.

모유수유 교육 중 산모가 역시나 위와 같이 "임신 중에 가슴마사지하면 안 된다던데요."한다. "가진통이나 조산기가 없으면 가볍게 마사지해도 됩니다."하고 설명하는 데 같이 교육을 듣던 산모가 "괜찮던데요."하는 것이다. "지금 마사지하고 계세요?" 했더니 " 그건 아닌데요." 하면서 첫째 아기가 잠을 잘 때 엄마의 젖꼭지를 만지면서 잔다고 한다. 그 산모의 경우 하루에 몇 시간을 큰 아기가 만지는데도 임신유지에 문제가 없었다.

젓이다. 하지만, 마사지하는 시간에 비하면 훨씬 긴 시간을 유두를 빨면서 자극하게 된다. 그래도 이상이 없는 경우가 많다. 미국에서는 큰 아기 수유중에 임신을 했다면 엄마의 상태만 괜찮다면 수유를 지속할 수 있도록 지도를 해주기도 한다. 조산기나 유산기가 있는 산모외에는 가벼운 가슴마사지를 해주는 게 좋다.

■ 정서안정, 산후우울증 예방

"수유만 하면 잠이 너무 쏟아져요." 그럴 수 있다. 아기가 젖을 빨면 옥시토신분비가 증가한다. 옥시토신의 또 다른 기능이다. 마음이 편해지고 몸이 이완되기 때문에 잠이 온다. 무서운 영화를 보면서 잠을 자는 사람을 본 적이 있는가? 절대 잠을 잘 수가 없을 것이다. 긴장되는데 잠이 어떻게 올까? 오히려 몸에 힘이 들어가고 경직된다. 나는 공포영화를 보고 나면 뒷골이 당기고 아프다. 온몸에 힘을 주면서 영화를 보기 때문이다. 이런 상태에서는 잠을 잘 수가 없다. 오히려 영화를 보고 나면 잠이 더 달아난다. 목은 한껏 뻣뻣해진다. 옥시토신은 이와는 정반대로 마음을 편하게 해주기 때문에 잠이 잘 온다. 모유수유가 규칙적으로 자리를 잡는다면 엄마의 정서를 안정시키는 데 도움이 된다. 출산 후 산후우울증을 예방하는 데도 큰 도움이 된다.

■ 산후 다이어트

분만 후 산모들이 가장 신경 쓰는 것 중 하나가 뭘까? 바로 다이어트가 아닐까싶다. 어떻게 보면 모유수유보다 더 큰 걱정거리가 아닌가 한다. 모유수유는 저절로 될 거 같으니까. 여성들은 임신하는 것과 동시에 먹고 싶은 음식은 먹어야 된다는 생각을 하는 경향이 있다. 물론, 입덧이 끝나고 나서 얘기다. 그놈의 입덧은 물도 못 마실 정도로 심하게 사람을 괴롭히기도 한다. 입덧이 끝나고 나면 먹고싶은 뭔가가 생각만 나면 먹어야 한다. 괜히 더 집착이 간다. 못먹으면 괜히 아기에게 안 좋을 거 같다. 옆에서 어른들도 먹고싶은거 있으면 먹어야 한다고 한다. 입덧 시기가 지나고 출산까지 꽤 많이 몸무게가 늘어난다.

  실제 다른 나라에 비해 우리나라 산모들이 임신 중 체중 증가율이 높은 편이다. 정상 체중인 여성이 임신 중 적정 체중 증가는 10~12kg 정도다. 우리나라 여성의 임신 중 체중 증가는 15~20kg이다. 임신 중에는 입덧과 함께 비정상적인 식이를 경험하기도 한다. 평소보다 살찌는 것에 무방비 상태가 된다. 예전보다 출산연령이 높아지면서 산모들의 체력이 많이 부족해진 것을 알 수 있다. 분만 후 산모들의 몸이 더 많이 붓는 것으로 확인이 가능하다. 나이가 많으면 많을 수록 진통이 길면 길수록 많이 붓는다. 임신 중 늘어난 체중과 출산 후 붓기까지 더해져 출산하자마자 산모들은 스트레스를 받기 시작한다.

  다이어트에 모유수유가 큰 도움이 된다. 모유수유는 자연스럽게 체중감소를 시킨다. 어떤 아기엄마는 "집에서 아기 키우니까 다 빠지던데요. 애 보느라 힘들어서." 맞다. 아기는 저절로 크지 않는다. 수유하고 안아주고 재우고 달래줘야 한다. 엄마가 해야 할 일이 엄청나게 많다. 수유까지 하면 배가 금방 꺼진다고 한다. 먹는 것보다 더 많은 에너지를 쓰는데 안 빠지는 것 오히려 그게 이상하다. 출산 후에는 지친 몸을 회복시키는데 집중해야 한다. 떨어진 기력을 건강하게 보충해주는것이 더 중요하다. 비만은 임신부에게 당뇨와 임신 중독증 등을 유발하기 쉽다. 과체중이 되지 않도록 체중조절에 신경을 써야 한다. 이렇게 임신 시기를 보내고 출산을 하고 나면 모유수유와 더불어 이번엔 몸무게감량이다. 살을 빼고 싶다면 모유수유를 하면 된다. 다이어트에 가장 도움이 된다.

  아기에게 먹일 1리터의 젖을 만드는 데는 940칼로리의 열량이 필요하다. 모유수유를 위해서는 단지 500칼로리의 열량을 더 섭취하면 된다. 완모를 한다면 1개월에 약 1킬로그램 정도의 체중감소가 가능하다. 수유를 하는 엄마들은 금방 배가 고프다. 젖을 만들기 위해 열량을 많이 소모하기 때문이다. 수유 후에는 배속이 허전해서 먹을 것을 찾게 되니 이때를 주의해야 한다. 먹을 만큼 먹고 수유 후 배가 고프다고 또 음식을 먹게 되면 살이 빠질 수가 없다. 임신 중에 먹던 습관대로 먹게 되면 다이어트 효과가 없으니 주의해야 한다. 이때는 물을 마시는 것이 좋다.

물은 다이어트에도 도움이 많이 된다. 날씬한 모델들치고 물을 2리터이상 먹지 않는 사람이 없다고 한다. 물을 많이 마시면 피부세포도 탱탱해져 보기에도 좋다. 성인여성이 하루 동안 마시도록 권장하는 양은 2리터 이상이다. 이 정도의 양은 마셔야 혈액을 맑고 풍부하게 유지할 수 있다. 평소에 물을 잘 마시는 엄마들은 걱정할 필요가 없다. 그렇지 않은 엄마들은 모유량이 주는 것을 볼 수 있다. 수분이 부족하기 때문이다. 물을 잘 마시지 않는 엄마치고 젖양이 많은 산모를 아직 보지 못 했다. 유방의 젖만드는 기능이 굉장히 좋은 산모라도 출산 초기에만 젖양이 풍부할 뿐 한 달정도가 지나고 원래의 습관대로 물을 마시지 않으면 천천히 젖양은 줄게 된다. 물을 잘 마시지 않는 엄마들은 물병을 항상 눈에 띄는 곳에 두는 것이 좋다. 아기와 같이 지내는 곳에 물병을 두고 일정 시간 내에 물통을 비운다고 생각하고 수시로 물을 마시도록 한다. 물은 시원한 것보다는 신체 온도와 비슷한 정도가 좋다.

모유를 자주, 오래 먹인 여성들이 출산을 하지 않았거나 모유를 먹이지 않은 여성들에 비해 유방암, 난소암, 자궁암등에 걸릴 빈도가 현저히 낮다. 우리의 몸은 어떤 방식으로든 활용이 되어야 한다. 활용되어지기 위해 만들어진 조직을 쓰지 않으면 한 번도 활성화되어보지 못 하고 퇴화될 수밖에 없다. 기계도 쓰지 않고 창고에 보관만 하고 있으면 녹이 슬고 사용연수보다 빨리 망가지게 마련이다.

■ 다이어트를 하면 안 되는 엄마들

사람의 몸은 참 다양하다. 모유수유하면 다 빠진다더니 안 안 빠진다는 엄마들이 많다. 수유하고 나서 배가 고프면 먹는 엄마들이다. 모유를 만들 만큼만 먹으면 될 텐데 임신 중 늘어난 식사량 때문에 조절이 쉽지 않다. 반면, 어떤 엄마는 수유하고 나면 어지러울 정도로 몸이 후달린다는 얘기를 한다. 배가 고파서 쓰러질 거 같아 눈에 띄는 대로 먹었다는 엄마도 있다.

최근 만난 엄마는 모유수유를 할 때 배가 고파서 하루에 밥을 10 공기를 먹었단다. 수유를 하고 나면 기가 빠져나가는 것 같고 손이 떨릴 정도였단다. 수유하다 기절해서 구급차에 실려 갈 정도였다니 상상하기 힘들 정도다. 하루에 밥을 5공기씩 먹었다는 엄마는 쉽게 볼 수 있다. 이런 엄마들은 본인의 영양섭취에 각별히 신경을 써야 한다. 초산인 엄마들은 아기를 돌보는 일이 익숙하지 않다. 울 때마다 아기를 안아주다 보면 아기는 점점 엄마에게서 떨어지려 하지 않는다. 아기가 잠시 낮잠이라도 자면 같이 자야 된단다. 배고픈 것보다 잠이 더 고프기 때문이란다. 3시간 만 길게 자봤으면 소원이 없겠단다. 엄마들이 식사를 제대로 못 하게 되고 먹지 못하니 젖양도 줄게 되는 것을 볼 수 있다. 선식 같은 간편하게 먹을 수 있는 음식을 준비해 수시로 먹을 수 있도록 하는 게 좋다.

■ 자연 피임

"모유수유 중인데 임신했어요."

큰 아이가 이제 막 돌을 지난 산모가 입소했다. 모유수유를 하고 있었는데 임신을 했단다. 생리도 하지 않았다고 한다. 이런 상황에서도 누구나 임신은 가능하다. 생리가 없어도 배란만 되면 임신은 언제나 가능하다. 대부분 분만 초기 몇 달간 생리도 없고 모유수유를 하고 있으니 당연히 배란도 하지 않을 거라 생각을 하고 있다. 착각이다. 어떤 엄마는 수유를 계속 하는 중에는 생리가 없었다고 한다. 단유를 한 바로 그달 생리도 없이 둘째 아기를 임신했다.

모유수유 중인데 어떻게 임신이 됐을까? 모유수유를 하게 되면 젖분비 자극 호르몬인 프로락틴 수치가 분비가 된다. 프로락틴의 또 다른 역할이 배란억제기능이다. 상식적으로 배란해야 임신이 되지 않는가? 수유를 하는 엄마가 임신을 하는 경우는 몇 가지로 볼수 있다.

· 혼합수유를 하고 있을 때
· 밤중 수면이 길어져 수유를 하지 않을 때
· 이유식을 시작하면서 수유 간격이 넓어졌을 때 등이다.

프로락틴 기능이 규칙적이지 않거나 충분히 분비되지 않을 때 임신이 가능하다. 혼합 수유 시에는 프로락틴 분비가 배란을 억제할 만큼 충분히 분비되지 않는다. 이때는 3시간마다 규칙적인 유축이 필요하다. 아기 대신 인위적인 자극을 해줘야 한다. 유축기나 손으로 짜기 등을 해야 한다. 밤중 수면이 길어지면 엄마도 아기와 같이 잠을 자기 쉽다. 프로락틴의 특성 중 하나가 밤에 분비가 활발하다는 것이다. 모유를 만드는 기능이 밤에 더 활성화 되는 이유다. 그런데, 수유나 유축을 하지 않으면 뇌가 굳이 쓰지도 않는 모유를 만들 이유가 없다. 분비량이 줄게 된다. 이유식을 하게 되면 모유수유를 하는 횟수가 줄게 된다. 모유는 수유하고 유축하는 만큼 많이 만들어진다. 분비가 줄면 배란을 억제하는 기능이 떨어진다.

아기를 키우는 엄마들은 백일의 기적을 기다린다. 아기들의 중추신경이 안정되는 시기가 8주 이후다. 양육습관에 따라 아기의 수유습관과 수면습관이 백일쯤 되면 안정이 된다. 아기의 수면시간이 길어지고 밤중 수유를 하지 않게 된다. 더불어 엄마도 잠도 자고 아기를 돌보는 게 조금 쉬워진다. 이것을 백일의 기적이라고 부른다. 당연한 일인데 기적이라고 얘기 할 정도로 아기엄마들은 힘든 날을 보내고 있다. 마치 좀비가 된것같다는 얘기를 하기도 한다. 이때 주의할 점은 수유 간격이 넓어지면서 호르몬 수치가 떨어지게 되면 임신 가능성이 높아진다. 생리를 시작하지 않아도 배란은 가능하다. 만약 아기가 밤중 수유없이 길게 잠을 잔다면 유축을 규칙적으로 해주는 것이 임신을 예방하는 데는 효과적이다.

난임이 많아지고 있다. 스트레스, 나이, 환경호르몬 등 여러 가지 원인이 있을 것이다. 인공수정이나 시험관으로 어렵게 임신하고 출산하는 엄마들이 많다. 이런 엄마들은 첫 임신이 어려웠기 때문에 둘째 임신을 걱정하거나 대비하지 않는 경우가 많은데 생각지도 않게 둘째를 빨리 임신해 연년생을 키우기도 한다.

8. 모유수유의 경제적인 장점

분유수유를 하려면 돈이 많이 든다. 일 년간 모유 대신 분유만 먹일 경우 필요한 물건을 사는데 드는 비용이 천만 원 가까이 된다고 한다. 젖병과 소독용 기구 등이 준비돼야 되고 분유를 타기 위한 시간과 번거로움도 무시할 수 없다.

사회경제적인 비용과 더불어 가족들의 정신건강에 미치는 영향도 크다. 분유를 먹는 아기들이 모유를 먹는 아기에 비해 병원을 방문하는 횟수와 기간 등이 훨씬 길다. 분유를 먹는 아기들은 모유수유아에 비해 감염될 가능성이 크고 치료를 위한 비용과 치료기간도 길다. 맞벌이 부부인데 아기가 자주 아프다면 엄마가 일을 중단해야 하기도 한다. 아이를 데리고 입원과 병원 외래를 다녀줄 사람이 없기 때문이다. 맞벌이 부부가 친정가까이로 이사하는 이유다. 아빠는 근무를 마치고 집이 아닌 병원으로 퇴근을 한다. 아이를 돌보는 엄마나 퇴근 후 병원으로 오는 아빠도 몸살이 난다. 이런 저런 경제적인 것들 외의 부대비용까지 감안한다면 가정과 사회경제에 큰 손실이 아닐수 없다. 모유는 분유와는 달리 제조하기 위한 에너지 소모가 별로 없다. 엄마 영양섭취에 조금 더 주의를 기울이면 된다. 처리해야 할 폐기물도 없어 환경을 보호하는 데도 일조한다.

세계적인 의학지 '란셋'에서 2016년 발표한 연구를 참고해보면 모든 국가가 모유수유를 적극 권장했을 때 세계적으로 3,020억 달러, 우리돈으로 362조 원이 넘는 비용을 절감할 수 있다고 한다. 아기의 치료비로 지출할 의료비감소로 인한 경제적효과가 어마어마하다. 고소득 국가는 유아돌연사를 3분의 1로 감소시킬 수 있고, 저소득 국가에선 설사병으로 인한 유아 사망을 절반이상 줄일 수 있다고 하며 유방암과 난소암으로 사망하는 여성을 2만 명이상 줄일 수 있다고 한다.

모유수유만으로 이렇게 귀중한 생명과 많은 자산을 지킬 수가 있다. 정부와 지자체가 모유수유를 늘릴 수 있는 대책마련에 적극적으로 나서야 한다. 수유부들이 언제 어디서든 편하게 수유를 할 수 있도록 현실적인 지원이 있어야겠다.

모유수유는 편하다

모유수유는 익숙해지기만 하면 정말 편하다. 가끔 완모를 한 엄마가 "모유 먹이는 게 훨씬 편하던데요."라고 할 때가 있다. 화들짝 놀랄 정도로 기쁜 말이다. 내가 만나는 산모는 모유수유하느라 지치고 힘든 산모들이기 대부분이기 때문이다. 수유가 힘들어서 분유를 먹이는 것이 더 편하겠다고 얘기한다. 이런 엄마들은 하면서 유두에 상처를 흔히 입었거나 수시로 젖몸살을 하고 있을 가능성이 크다. 종일 수유한다고 아기를 계속 안고 있을것이다. 힘들지 않을 수가 없다. 아기를 그저 안고만 있어도 힘들텐데 수유한다고 움직이지도 못 한다.

모유가 부족한 엄마는 없다. 젖을 못 빠는 아기도 없다. 아기를 안지못하는 임미도 없다. 다만, 이 세 가지의 조합이 안될 뿐이다. 젖양을 늘리고 엄마가 편하게 수유하는 자세만 배우면 된다. 피곤하면 누워서 수유할 수도 있다. 어떤 엄마는 단유할 때까지 누워서만 수유를 했단다. 절대로 하면 안 되는 자세는 없다. 수유가 잘 안되면 방법도 바꿔보고 자세도 바꿔보면서 다양한 시도를 해보면 된다. 아기는 배가 고프면 알아서 엄마젖을 찾아 먹는다. 모유만 잘 나오면 아기도 편하다. 모유로 충분히 아기를 배부르게 먹일수 있다. 모유는 출산만 하면 엄마가 알아차리지 못하게 만들어내기 시작한다. 단지 모유가 잘 나오게 하는 것은 쉽지 않을 뿐이다. 모유가 나오는 길인 유선을 확립하는 훈련이 필요하다.

모유수유는 아기의 먹거리 중 가장 안전하고 적당한 온도로 유지된다. 수유를 위한 다른 물품들이 필요가 없다. 외부에서 수유하려면 아기와 엄마를 가려줄 숄이나 머플러 정도는 준비하면 좋겠다. 왠만한 시설에는 수유실을 준비해놓고 있다. 지금도 더 많이 확충하도록 권장하는 추세다. 예전에 비해 외부에서 수유하는 게 쉬워지고 있다. 외출이나 여행 시에도 편하게 먹일 수 있다. 그저 아기가 찾을 때마다 편하게 젖을 먹일 공간만 있으면 된다. 익숙해지기만 한다면 모유를 먹이는 것은 정말 편하다.

최근 여성전문병원들이 모유수유를 할 수 있도록 적극적으로 지원을 하고 있다. 하지만, 출산 후 24시간 모자동실을 하지 않고는 실질적인 수유가 되기는 힘이 든다. 아기가 젖을 찾을 때마다 물릴 수 있어야 한다. 이렇게 하기 위해서는 다른 보호자가 24시간 엄마와 같이 병실에 있어 줘야 한다. 막 출산한 엄마에게 혼자서 아기를 돌보면서 아기가 찾을 때마다 수유를 하라고 하는 것은 너무나 가혹하다. 모자동실이 가능한 병원에서는 산모를 도와줄 남편이든 다른 보호자든 누군가가 꼭 옆에서 도와줘야 한다. 대부분의 병원은 출산 후 수유 시간마다 잠깐씩 가서 아기에게 젖을 물려보고 온다. 이렇게라도 수유를 하면 젖분비에 자극은 되지만 실제적인 모유수유는 어렵다. 그저 잠이 든 아기를 안고 있다 돌아오는 형편이다. 만들기만 하고 배출되지 않는 모유는 젖몸살로 이어지게 된다. 모유수유 첫 단계부터 잘 맞춰나가야 쉽게 할 수 있다.

성공적인 엄마 젖 먹이기 10단계

　유니세프는 출산병원이 모유수유를 도와주고 지도해주는 것이 엄마들이 모유수유를 결정하는 데 결정적 영향을 미친다고 보고 있다. 유니세프가 지정한 아기에게 친근한 병원이 시행할 엄마 젖 먹이기 10단계다.

　1. 병원은 의료요원을 위한 모유수유 정책을 문서화한다.

　2. 이 정책을 실행하기 위하여 모든 의료요원에게 모유수유 기술을 훈련 시킨다.

　3. 엄마 젖의 장점과 먹이는 방법을 임산부에게 교육시킨다.

　4. 출생 후 30분 이내에 엄마 젖을 빨리기 시작한다.

　5. 임산부에게 엄마 젖을 먹이는 방법과 아기와 떨어져 있을 때 젖 분비를 유지하는 방법을 자세히 가르친다.

　6. 갓 난아기에게 엄마 젖 이외의 다른 음식물을 먹이지 않는다.

　7. 엄마와 아기는 하루 24시간 같은 방을 쓴다.

　8. 엄마 젖은 아기가 원할 때마다 먹인다.

　9. 아기에게 인공 젖꼭지나 노리개 젖꼭지를 물리지 않는다.

　10. 엄마 젖 먹이는 모임을 만들도록 도와주고 퇴원 후 모임에 참석 하도록 해준다.

모유가
나오기까지

3~4일은 돼야 모유가 나온다던데요?

모유는 분만 후 1~2시간 뒤부터 만들어지기 시작한다

단지, 눈으로 보고 가슴으로 모유가 만들어졌다는 것을 느끼는데 그만큼의 시간이 필요할 뿐이다. 출산한 지 3~4일은 돼야 가슴이 뭉치고 아프기 시작한다. 이것을 모유가 만들어진다고 생각한다면 무조건 틀린 말은 아니다. 하지만, 모유는 출산 후 바로 만들기 시작하고 그것을 알아채는데 시간이 걸릴 뿐이다. 처음부터 많이 만들지는 못하기 때문이다. 달려오던 차도 방향을 바꾸려면 일단 속도를 떨어뜨려야 한다. 방향을 바꾼후 다시 속도를 올린다. 임신을 유지하던 몸이 태반이 탈락되고 나면 곧 젖분비 호르몬인 프로락틴을 분비한다. 임신 막달에 벌써 초유가 나오기 시작하는 산모도 있다. 유방과 유선의 기능은 사람마다 다르다. 대부분 산모는 출산 후 3~4일째 밤이 되면 갑자기 부어서 아프기 시작한다. 손으로 짜보면 유두 끝에 맺히는 것을 보고 그제야 모유가 나온다라고 생각한다. 모유가 만들어지는 양이 너무 적어서 서서히 만들어지고 있다는 것을 알아차리지 못 하고 시간이 흘렀을 뿐이다. 아프기 전까지 출산한 산모의 가슴은 천천히 붓기 시작하고 있다.

하루나 이틀 혹은 일주일 만에 복근을 만들 수 있을까? 그렇게 쉽게 몸을 만들 수 있다면 누구나 그렇게 할것이다. 몸짱이 되는 데도 시간이 필요하다. 하루 이틀 굶는다고 뚱뚱한 사람이 날씬해질 수 없다. 반대로 갑자기 살이 찐다고 해도 하루 이틀로는 체중이 변하는 것을 알아채기 힘든 것과 마찬가지다. 체중의 30%가 늘어나는 신생아 때도 아기의 성장을 하루하루 알아채기가 힘들다. 하지만 예외가 있다. 바로 모유를 만드는 엄마의 가슴이다. 아마도 사람의 신체변화 중 가장 급격한 변화가 아닐까 싶다. 출산 후 급격한 변화를 하기 시작해서 단 3일만에 부어오르고 산모에 따라 견딜수 없는 고통을 느끼게 한다.

분만 후 산모의 뇌에서는 임신을 유지하기 위해 분비되던 호르몬 대신 모유를 만들기위한 호르몬을 분비하기 시작한다. 산모가 그 변화를 느끼지 못하는 게 문제다. 출산 전인 임신 중기부터 준비해야 한다. 분만하고 가슴이 부풀어오르기 시작하는 3일 동안은 더 열심히 수유를 위한 준비를 해야한다. 하지만, 임신한 상태 자체만으로도 엄마는 매우 힘들다. 아기를 낳기 전에는 모유수유에 대해 깊이 생각해보지 못 했다고도 한다. 대부분의 산모가 하는 말이다. 그러므로 출산 직후부터라도 모유수유를 위해 유방을 준비해야 한다.

어떤 산모는 출산 초기에 전혀 가슴이 뭉치거나 아프지 않을 수도 있다. 그렇게 전혀 힘들이지 않고 수유를 시작하는 산모도 가끔 있다. 아주 행운다. 당신이 그런 경우에 해당되기를 바란다. 그러나 그리 많지않다. 젖울혈 정도는 대부분의 산모가 경험한다. 반면에 어떤 산모는 출산보다 더 힘들다는 말을 할 정도로 심한 젖울혈과 젖몸살을 경험한다. 기어 다녔다는 표현을 서슴없이 한다. 이렇게 심한 젖몸살을 할지 안 할지는 아무도 알 수 없다. 아기를 낳아보기 전에는 어느 정도의 진통을 겪게될지 알 수 없는 것과 같다. 젖몸살을 하기 시작하면 누워있는 것조차도 너무나 고통스럽다. 분만은 길어도 하루정도 고생하면 자연분만이든 제왕절개든 거의 대부분은 마칠수 있다. 분만 중 진통이 잠잠할 때는 잠시 쉴수도 있다. 그 힘든 와중에 잠깐씩 잠을 잘수도 있다. 젖몸살은 그렇지 않다. 잠시도 쉴 틈없이 며칠동안 산모를 고통스럽게 한다. 미리 준비해서 혹시 하게 될지도 모르는 젖울혈과 젖몸살을 대비하자.

1. 유방의 구조

유방조직은 사춘기 이후 뇌하수체, 갑상선, 췌장, 부신 등에서 분비되는 호르몬의 영향을 받아 여성의 특징적인 유방 모양을 갖추게 된다. 임신으로 인한 유방의 변화는 개인마다 다르다. 유선조직, 혈액량의 변화, 임파조직, 신경조직, 지방등의 발달도 개인마다 다르다. 유방의 크기가 거의 변하지 않는 임산부도 있고 작은 크기였다가 급격히 커지는 성우도 있다. 출산 후 수유를 하면서 더 커지기도 한다.

가슴은 임신과 함께 발달하는 유일한 기관이다. 모유가 나오는 유두에서 거꾸로 젖이 나오는 길을 한 번 살펴보자. 유두에는 젖이 나오는 구멍이 있다. 이것을 배유구라고 한다. 대략 10~15개 정도가 되는데 사람에 따라 개수는 다르며 평균 12개 정도라고 한다. 이 배유구가 잘 뚫리고 막히지 않고 유지가 잘 되면 시간이 지나면 지날수록 배유구를 통해 나오는 젖줄기가 굵어지는 것을 볼 수 있다. 가는 줄기들이 굵어지면서 모유량이 늘고 아기가 먹을 양을 맞추게 된다. 이 배유구는 유륜 부위의 유관동(5~8밀리미터의 모유 주머니)을 거쳐 유관을 지나고 다시 가는 유선으로 분화돼간다. 유선가지의 가장 끝에는 유선소엽이 포도송이처럼 형성돼있어 혈액을 흡수해 모유로 변화시켜 저장하고 있다.

일반적으로 초산모와 경산모는 처음부터 젖이 나오는 배유구수부터 차이가 난다. 유두를 뿌리로 간주하고 나무가 서 있는 형태라고 생각하면 이해하기 쉽다. 굵은 나뭇가지 15개 정도가 유두에서 가슴 아래쪽으로 길게 가지를 쳐가며 뻗어가는 것과 비슷하다. 아래로 내려갈수록 가지는 더 가늘어진다. 이 가지 끝에 혈액을 흡수해서 모유를 만드는 유선소엽이 있다.

유두와 유륜의 경계부위를 유경이라고 부른다. 유경에서 약 1~1.5cm 떨어진 곳에 모유를 모아놓은 굵은 젖주머니인 유관동이 아기가 물어야 할부위이기도 하다. 아기가 아랫입술로 유관동을 물면 젖이 유두를 통해 아기 입에 고이게 되고 쉽게 삼킬 수 있다. 유관동에서 모유가 나오는 유두 끝까지는 머리카락보다 가는 관이다. 좁은 부위로 올라오려면 가늘어질 수밖에 없다. 아기가 유두만 물면 가는 유선만 물게 되므로 아기가 열심히 빨아도 쉽게 나오지 않는다. 굵은 빨대와 가는 빨대는 빨려 나오는 음료수량이 다르다. 배고픈 아기가 강하게 빨게 되면 유경과 유두는 다치게 된다.

처음 모유가 나오기 시작할 때는 젖이 나오는 줄기가 아주 가늘다. 이 배유구와 연결된 유선에서 모유가 중단되지 않고 계속 배출이 잘 되면 점점 굵은 유선으로 발달한다. 사람이 많이 다니는 오솔길은 오가는 사람들의 발길에 의해 탄탄한 길로 다져지는 것과 같다. 산후조리원에 입소한 산모를 관찰해보면 한쪽 가슴의 배유구가 더 많은 경우가 있다. 이런 가슴은 반대쪽 가슴보다 더 팽만해져 있고 유두에도 상처가 더 심한 경우가 많다. 수유 시 어느쪽 가슴부터 시작했는지와 밀접한 관계가 있다. 대부분 엄마들이 병원에서부터 가슴이 더 팽만되고 상처가 큰 쪽에서 모유수유를 시작해온 경향이 있다. 주로 왼쪽 가슴이 커져있다. 수유 자세와 패턴이 교정되지 않으면 왼쪽 가슴이 커지는 짝 젖을 만들게 된다.

유두는 사춘기부터 모양과 크기가 형성되기 시작한다. 유두의 크기가 적당하고 물기가 좋으면 향후 임신과 출산 후 모유수유하기에 도움이 된다. 하지만, 유두는 모유수유에 필요한 조건일 뿐 모양이 좋지않다고 해서 수유를 하지 못하는 것은 아니므로 유두 모양에 따른 관리가 필요하다.

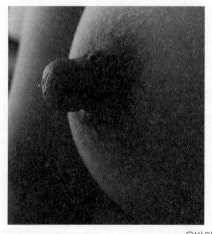
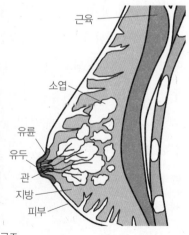

근육
소엽
유륜
유두
관
지방
피부

유방의 구조

2. 젖분비 자극호르몬 : 프로락틴

출산 직후 뇌는 젖을 만들기 위해 젖분비 호르몬인 프로락틴(이하 프로락틴)을 조금씩 분비하기 시작한다. 간단히 얘기하면 프로락틴은 가슴으로 모유를 만들기 위한 혈액과 림프액 등 체액을 추가해서 밀어 넣어주는 역할을 한다. 처음부터 많은 양의 호르몬을 분비하지는 못 한다. 차츰차츰 양을 늘려나가는 시간이 필요하다. 엄마는 가슴의 변화를 알아채지 못한다. 호르몬 분비가 탄력을 받고 상승하는 데는 2~3일의 시간이 필요하다. 이 프로락틴은 분만 직후부터 조금씩 분비되기 시작해 2~3일 후부터 상승하기 시작해 3~4일까지 상승세를 이어간다. 출산 이후 약 1주일이 저절로 모유를 만들려고 힘을 내는 시기라고 보면 된다. 1주일이 지나면 분비가 줄어들기 시작하고 출산 후 2주가 되면 저절로 모유를 만들려는 기능은 없어진다.

자연분만 산모는 수술로 분만한 산모에 비해 빨리 모유수유를 시도한다. 수유를 하러 갈 때마다 무의식적으로 가슴을 마사지한다. 본인도 모르게 기저부 마사지를 하고 있다. 기저부는 유방과 흉벽 사이에 위치한 막으로써 이 부위가 유연해지고 편해져야 가슴으로의 혈액순환이 잘된다. 제왕절개로 분만한 산모는 이런 과정을 전혀 하지 않고 있다. 24시간 동안 가만히 누워있어야 한다. 만 하루가 지나도 통증 때문에 움직이기가 힘들다. 대부분 수술 산모는 3일째 저녁은 돼야 수유를 시도한다. 그동안은 수유하지 못 하고 있다. 젖울혈과 젖몸살을 더 심하게 하는 이유다.

프로락틴의 자연분비가 이루어지는 분만 초기 2주 동안의 관리가 매우 중요하다. 이 시기에 모유가 만들어지고 비워지는 순환을 아기가 먹는 시간에 맞춰 돌아갈 수 있도록 훈련하고 젖양을 늘려주는 것이 중요하다. 아기가 찾을 때마다 젖을 물리고 유축을 하거나 손으로 짜줘야 한다.

2주가 지나고 나면 수유를 하거나 모유가 비워져 나갈때만 일시적으로 모유를 채우기 위해 분비가 상승한다. 아기가 빨 때 유륜을 자극하고 모유가 빠져나가면서 비워진 모유를 채우기 위해서만 상승하는 것이다. 저절로 분비되는 것이 아닌 조건반사다. 가슴은 2주 동안 수유를 하고 유축을 통해 배출하는 시간을 익혀둔다. 출산 후 2주가 지나면 2주 동안의 익혀둔 순환에 맞춰 스스로 젖을 만들고 밀어내기 시작한다. 젖이 도는 느낌을 얘기한다.

일정한 시간에 맞춰 일어나는 사람들은 그 시간이 되면 저절로 눈이 떨어지지 않을까? 몸이 일어나야 하는 시간이라는 것을 익혔기 때문이다. 습관이 그렇게 들었다. 모유도 일정한 시간에 맞춰 만들어지고 분비되도록 훈련된다. 흔한 말로 젖이 도는 느낌을 알 수 있게 되는 것이다. 2주가 지나면 오직 엄마의 노력 여하에 따라 젖양을 유지하고 양을 늘릴 수 있다. 2주가 지나면 아기의 배구레가 많이 늘어나 있다. 그동안 만들어놓은 양이 많지 않다면 아기는 엄마 젖을 빨 때마다 짜증을 낼 가능성이 크다. 수유를 시도할 때마다 아기와 씨름하면서 먹이려고 애를 써야 한다.

젖몸살을 하는 제왕절개 산모

제왕절개 산모는 자연분만 산모보다 출산 후 수유를 시작하는 시간이 자연분만 산모에 비해 많이 지체된다. 자연분만 산모에 비해 분만 후 3~4일부터 젖울혈과 젖몸살을 더 심하게 하는 경향이 있다. 병원에서 쓰

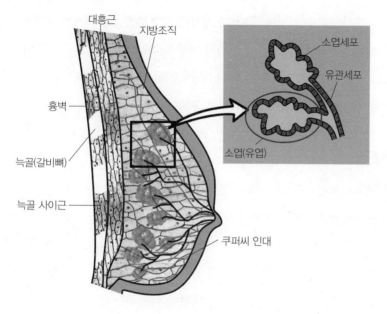

대흉근

지방조직

소엽세포

유관세포

흉벽

소엽(유엽)

늑골(갈비뼈)

늑골 사이근

쿠퍼씨 인대

유방의 구조

는 약물과 산모의 상태는 고려하지 말고 수유 시도와 관련해서 생각해보
자. 자연분만 시에는 가능한 빨리 수유를 시도한다. 아기가 수유를 하게
되면 유두의 자극으로 인해 프로락틴 뿐만 아니라 옥시토신이 뇌에서 분
비된다. 이 옥시토신 호르몬은 임신 중에는 유선을 발달시킨다. 분만 후
에 수유를 하게 되면 유선소엽안에 찬 젖을 짜서 밀어올려 유선을 통해 밖
으로 내보내는 역할을 한다.

제왕절개산모는 수술 후 만 24시간은 꼼짝하지 않고 누워있다. 모유를
만드는 기전은 같은데 3일까지 링거를 꽂고 있다. 분만하자마자 수유를
하기 시작하는 산모들과는 달리 아무것도 하지 않고 누워만 있는 것이다.
중요한 시기다. 이때는 남편이나 그 외 가족이 따뜻한 수건으로 가슴을 부드럽게 마사지해주는 것이 좋다. 온찜질은 자연분만 산모에게도 도움이 되지만 제왕절개산모는 특히 더 열심히 해주자. 산모가 움직일 수 있다면 자가유방마사지(SMC ; 90쪽 참조)를 하는 것도 좋다. 분만 후 가슴이 아프기전까지 온찜질은 자주 해주면 해줄 수록 도움이 된다.

자연분만

자연분만 산모는 수유를 시도하고 수유하기 위해 가슴을 문지르며 자극해주는 마사지를 한다. 수영을 하기 전에 미리 준비운동을 하면서 몸을 푸는 것과 비슷하다. 수술한 산모에 비해 모유가 본격적으로 나오기 전부터 가슴을 준비시키고 있다. 제왕절개 산모는 하지 않는 수유연습을 한다. 자연분만이든 제왕절개분만이든 기저부를 늘려주는 마사지 (SMC)를 하는 것이 도움 된다. 분만 후 가슴이 아직 아프지 않을 때는 보호자가 산모를 위해 온습포를 자주 해주면서 가볍게 유방을 둥글리듯이 부드럽게 마사지하는 것이 좋다. 이 기저부 마사지는 임신 시에 해도 무방하다. 임신 28주 후부터 하루에 한 번씩만 해주면 모유수유에 도움이 된다. 분만 후에는 횟수를 늘려가면서 자주 해주면 좋다. 단, 모유량이 늘 때까지만 하고 충분해지면 하지 않는다.

3. 유선자극 호르몬 : 옥시토신

옥시토신은 아기가 모유를 먹기 쉽도록 도와주는 호르몬이다. 아기가 유두를 물고 빨 때 특히 많이 분비된다. 옥시토신은 임신 중에는 유선을 발달시키고 임신 중기 이후로 채워진 유즙을 밖으로 밀어낸다. 임신 중후반이 지나면서 많은 산모가 유두 끝에 노랗거나 하얀색의 딱지가 말라붙어 있는 것을 보게 된다. 밀려 나온 유즙이 말라있는 것이다. 옥시토신이 밀어낸 유즙이다. 이렇게 생긴 유두의 딱지는 쉽게 떨어진다. 하지만, 이와 동시에 유륜에 반들거리는 각질도 생긴다. 이 각질은 기름때처럼 잘 떨어지지 않고 출산 후 수유하고 나면 떨어져 아기 입에 붙어있을 수 있다. 임신 중에 이런 딱지가 생기는 것을 보게 된다면 일주일에 한 번 정도 올리브습포를 해주는 것이 좋다.

옥시토신은 출산 후 수유를 할 때는 유선소엽안에 만들어지기 시작하는 모유를 가는 유선가지로 모아주는 역할을 한다. 아기가 젖을 물고 자극을 하게 되면 뇌의 반작용으로 인해 분비된 옥시토신이 모유를 쉽게 먹을 수 있도록 유선소엽을 쪼그라뜨려 유선으로 밀어 넣어준다. 유선으로 밀려들어온 모유를 유선운동으로 유두까지 쉽게 나갈 수 있도록 밀어올려 아기가 쉽게 먹을 수 있도록 해준다. 옥시토신이 원활하게 잘 분비되면 당연히 아기가 수유하기가 쉬워진다. 힘들게 빨지 않아도 저절로 모유가 밀려 나오기 때문이다. 어느 정도 시간이 지나고 수유를 하다 보면 반대쪽 가슴에서도 모유가 똑똑 떨어지는 것을 볼 수 있다. 수유하다 보면 젖이 밀려 나오는 사출반사다. 초산모인 경우 양쪽에서 수유를 한 후 아기를 자리에 내려 놓을 때 아기의 다리 쪽 싸개가 젖어있는 것을 발견하고 놀라기도 한다.

유두를 자극하게 되면 옥시토신분비가 활성화되므로 임신 중에 무리한 자극을 주는 것을 금지하기도 한다. 특히, 가진통이 자주 있는 산모는 절대 가슴마사지를 금지한다. 옥시토신의 다른 기능인 자궁수축 때문이다. 반대로 임신 막달에 아기가 골반으로 내려오지 않고 자궁 상부에 떠있다면 가슴마사지와 유두마사지를 자주 하도록 권하기도 하다. 자궁을 수축시켜 아기를 골반으로 내려줄 가능성이 있다. 분만 시 효과적인 진통을 유발하기 위해 유두를 자극하기도 한다. 분만 초기 수유를 할 때나 유축을 할 때도 배가 생리통 하는 것처럼 아픈 것도 옥시토신의 분비로 인한 것이다. 가진통과 비슷하다. 수유 후 오로가 많이 배출되게 하는 것도 수유로 인해 자궁수축이 잘 되기 때문이다.

모유가 없어도 아기가 젖을 물고 빨아주는 행위만으로도 호르몬분비가 상승한다. 젖양을 늘려주기 위해서는 수유와 유축을 자주 해주는 것이 좋다.

Chapter

03

모유수유
3원칙

모유수유를 성공하기 위해서는 꼭 갖춰야 할 3가지 조건이 있다.

첫째, 충분한 모유량

둘째, 물기 좋은 유두

셋째, 젖을 빠는 힘

이 3가지를 실전에서 응용할 수 있는 훈련을 해야 한다.

언젠가 젖몸살을 하는 산모를 방문했을 때였다. 둘째 아기를 분만 후 모유수유를 잘하던 중이었다. 백일쯤 됐을 때 방문을 하게 되었는데 마침 아기 아빠도 같이 있었다. 관리하면서 이런저런 수유와 관련된 교육을 하기 시작했다. 조금 있다가 남편이 옆에 있어도 되겠냐고 조심스레 묻는다. 괜찮다고 했더니 아기를 안고 산모 옆에 자리를 삽고 앉는다. 잠시 잇아 있더니 질문을 하기 시작하는 데 깜짝 놀랄 정도로 궁금한 것이 많았다. 산모보다 오히려 질문이 더 많았다. 모유수유에 관심이 굉장히 많은 부부였다. 첫아기는 모유수유를 힘들게 시도하다 결국 실패를 했단다. 둘째 아기를 임신하고 나서는 모유수유 교육부터 받기 시작해서 산전 가슴

관리와 출산 후 가슴관리를 통해 완전모유수유를 성공할 수 있었다. 그러던 중에 젖몸살이라는 복병을 만났단다. 늦은 결혼에 늦게 얻은 아기라 수유에 꼭 성공하고 싶어하는 부부였다. 아빠가 얼마나 엄마의 모유수유에 적극적인 도움을 줄지 눈에 안 봐도 그려졌다.

위에서 든 3가지 조건은 너무나 당연한 조건이다. 이런 이유로 수유를 못할 거라고는 누구도 생각조차 하지 않는다. 아기를 낳고 나면 모유는 당연히 잘 나올 거라고 누구나 생각한다. 엄마들의 첫 번째 착각이다. 생각만큼 모유수유는 쉽게 할 수 있는 일이 아니다. 모유는 아기만 낳으면 엄마 몸이 알아서 만들어내지만 이렇게 만들어진 모유가 밖으로 잘 나오기 위해서는 모유가 나오는 길인 유선을 잘 틔워줘야 한다. 모유가 아기에게 충분한 양을 되려면 임신했을 때부터 수유를 위한 가슴 준비와 훈련이 필요하다. 제대로 준비가 되지 않고 훈련이 되지 않으면 "모유수유가 세상에서 제일 어렵네요."라는 말이 나올 수 있다.

두 번째 조건이 엄마의 유두와 아기의 입 크기가 맞아야 한다는 것이다. 신체적인 조건은 누구나 다를 수 있다. 산모의 유두도 다 제각각이다. 모양에 따라 함몰유두, 편평유두, 열상유두, 소유두, 거대유두, 비대칭유두, 정상유두 등으로 나뉘어 볼 수 있다. 수유에 적합한 정상유두가 의외로 많지 않다. 산모 본인의 유두가 아기가 물기에 좋은지 어떤지를 모르는 산모도 상당히 많다. 이런 산모가 전문가가 있는 산후조리원으로 오지 않고 집으로 가게 된다면 수유에 어려움을 겪는 것은 불 보듯 뻔하다. 아기가 물기에 좋지 않은 유두는 어떻게 관리를 해야 하는지 수유를 할 때는 어떤 방법으로 도움을 얻어야 하는지 등을 산전 교육을 통해 준비해야 한다.

세 가지 조건 중 그나마 대부분이 제대로 갖춘 것이 아기의 젖을 빠는 힘이다. 아기들은 모유수유를 위한 기술은 타고나기 때문이다. 포유류는 젖을 빨지 않고는 생존할 수 없다. 젖을 빠는 힘이나 방법 등은 태어날 때부터 갖고 있는 기술이다. 임신 중에도 아기는 손가락을 빨면서 논다고 한다. 얼마나 열심히 빨았으면 어떤 아기는 손가락 마디에 물집이 잡힌 채로 태어나기도 한다. 이렇게 열심히 준비하고 태어난 아기가 엄마 젖을 못 빨 이유가 없다. 엄마들이 잘 못 물려주고 있다. 효과적으로 젖을 잘 물고 빠는 방법을 엄마들이 잘 배워서 아기에게 가르쳐줘야 한다. 아무리 잘 빠는 기술을 가졌다 한들 제대로 젖을 물려주지 않는다면 아기는 할 수가 없다. 가끔 물고 빠는 힘이 부족한 아기도 있다. 이런 아기도 훈련을 하고 힘이 좋아질 때까지 기다렸다가 직수를 하면 된다.

1. 충분한 모유량

■ 젖양이 부족한 산모는 없다

모유수유를 포기하는 이유로 가장 많이 거론되고 있다. 출산하고 안정이 되면 모유수유를 언제부터 할 수 있을지가 가장 궁금하다. 모유를 먹이는 순간부터 수유를 잘 해내기 위해 무진 애를 써본다. 아기는 젖만 물면 자고 내려놓으면 배고프다고 울어댄다. 한 두 달을 무진 애를 쓰며 노력해보는데도 배고프다고 우는 아기를 보면 어쩔 수 없이 포기해야겠단다. 힘들어하는 아기를 보면 마음 아프다. 할 만큼 했다 싶고 엄마는 엄마대로 힘들다. 수유를 포기하고 싶은 마음이 든다.

모유량이 충분해야 아기에게 모유수유를 할 수 있다. 3가지 중 가장 중요한 요건으로 생각된다. 어쩌면 너무나 당연한 기본조건이라 문제가 될 거라고 생각하지 못 한다. 하지만, 젖양이 부족하단다. 아기가 배가고파 잠을 못 잔단다. 모유를 먹이고 싶어도 해도 모유가 충분하지 않으면 먹일 수가 없다. 어쩔 수 없이 분유로 갈 수밖에 없다.

정말 모유량이 부족할까? 연구결과에 의하면 출산하는 산모의 약 2~3%를 제외하고는 모유를 충분히 만들 수 있다고 한다. 젖양이 부족해서 못 먹이는 경우는 그리 흔하지 않다는 얘기다. 그런데, 왜 많은 엄마가 젖양을 못 늘리고 중도에 모유수유를 포기하고 있을까? 여기에는 여러 가지 원인이 있다. 유선을 못 뚫어서 젖양을 못 늘린다. 만들어진 유선을 제대로 뚫지 못 하고 충분히 효과적으로 쓰지를 못하니 젖양을 늘리기 힘들다. 한국 여성 대부분이 해당하는 치밀한 유방조직도 젖양을 늘리는 데 걸림돌이 된다. 70% 이상의 여성이 해당하는 치밀유방은 출산 초기 처음 만들어진 젖이 배출되는데 어려움을 겪는다. 가슴 크기는 같은데 유선조직이 많으면 만들어진 모유가 나오는 길이 출구까지 멀 수밖에 없다. 초기 젖울혈이 오래 지속되고 모유배출이 늦어진다. 모유가 나오다가도 정체되면 막히는 경우도 흔해서 수유 초기 몇 달 동안 젖몸살을 자주 하기도 한다.

조기진통이 있었던 산모라면 진통을 진정시키기 위해 쓰인 약물에 의해 모유 분비가 늦어지기도 한다. 자궁을 수축시켜 분만을 유발하는 호르몬이 옥시토신이다. 임신 중 가진통이나 조산기가 있는 여성들에게 쓰이는 약물은 옥시토신의 기능을 떨어드리게 된다. 옥시토신의 또 다른 기능인 유선발달은 억제될 수밖에 없다. 임신 중에 꾸준히 유선을 발달시키고 유즙을 만들면서 출산 후 모유수유를 준비하고 있는 다른 산모들에 비해 출발이 느리다. 입덧이나 임신 중독증, 약한 체력으로 힘들었던 산모와 진통시간이 길어 체력소모가 많았던 산모도 모유 분비가 늦어지는 것을 볼 수 있다.

아기를 가진 엄마들은 모유수유에 대해서는 깊이 생각해본 적이 별로 없다. 출산하고 나면 모유는 저절로 나오려니 하고 시간을 보낸다. 임신을 알고 나서 일정 시간이 지나면 저절로 아기를 만나게 되듯이 아기를 낳으면 당연히 모유수유는 될 거라고 생각하고 있다. 본인의 유방과 유두 상태가 수유에 적합한지 아닌지도 알지 못하는 엄마들이 대부분이다. 분만에 대해 들리는 소문에 또는 드라마를 통해 피상적으로라도 알고 있다. 하지만, 모유수유에 대해서는 정보가 별로 없다.

우리는 어릴 때부터 TV 속 드라마를 통해 분만과정을 많이 봐왔다. 마치 진짜 산고를 치르는 것처럼 죽을 힘을 다해 애를 쓰는 여배우를 보면서 힘들고 고통스러운 과정이라는 것을 알게 된다. 관찰자가 돼서 분만과정을 봤기 때문에 조금이라도 쉽게 하려고 미리 분만과정을 배우고 준비하기도 한다. 많은 산부인과나 보건소 등에서도 출산교실을 마련해 출산과 육아에 필요한 교육을 실시하고 있다.

모유수유는 어떤가? 또, 젖몸살은 어떻고? 뜬소문처럼 듣기는 했다. 하지만, 대다수 임산부에게 모유수유나 젖몸살은 먼 나라 얘기다. 대부분 산모가 출산 후 아기를 안아봐야 내 아기구나 하고 실감을 하듯이 수유를 시작하기 전까지 알 수가 없다. 언니가 심한 젖몸살로 고생하는 것을 보면서도 나는 괜찮을 거라고 생각하는 경우도 있다. 친정엄마가 모유가 없어 수유를 못 했다고 본인도 그럴 거라고 생각하고 지레 포기하는 산모도 있다. 대부분은 분만이라는 큰 산을 넘고 나면 시간 만 흐르면 간단히 넘을 수 있는 작은 언덕 정도로만 생각하고 있을 뿐이다.

젖몸살은 왜 하는 걸까? 만들어진 모유를 빼주지 않아서 아프다. 다른 이유가 있을 게 없다. 일단 젖몸살을 하는 산모는 모유를 만드는 기능이 좋은 사람들이다. 이런 산모가 두 세 달후 모유가 부족해서 분유를 먹이겠다는 말을 한다. 모유수유 초기에 유선관리가 잘 안되었기 때문이다. 작은 가지들 끝에 모유를 만들어 유두 끝까지 공급해주는 유선소엽이 있다. 가슴속에 가늘게 뻗어있는 유선을 최대한 많이 틔워야 한다. 적당히 틔워놓고 수유를 하다 보면 아기의 늘어나는 모유량을 충족시킬 수가 없다. 처음부터 분유를 먹던 아기에게 모유를 주기 시작하면 모유로도 조금은 배를 채울 수가 있다. 아기가 성장하고 요구량이 많아지면 힘들어지기 시작한다. 대충 두 달 정도가 되면 젖양이 부족하다는 얘기를 한다. 이때, 모유량을 늘리지 못하면 배고픈 아기의 반항은 거세진다. 이제 아기는 힘도 세졌다. 젖만 물리려고 하면 아기가 뒤로 몸을 확 젖히면서 운다. 모유는 모유는 모유대로 부족하고 유두에 상처만 심해질 뿐이다.

정상적인 모유수유 과정은 젖울혈 후 하루하루가 지날수록 가슴 속 멍울이 줄어들기 시작한다. 모유량이 조금씩 늘어가게 되면 아기가 수유 후 자는 시간이 길어져야 한다. 수유할 때 꿀꺽하고 넘기는 소리와 모양을 엄마도 알아챌 수 있을 정도가 돼야 한다. 만약 만들어놓은 모유를 배출하지 않고 계속 채워놓으면 우리 뇌는 더 이상 이렇게 모유를 만들 필요가 없나보다 생각하고 젖을 만드는 기능이 떨어뜨린다. 아이러니하게도 젖양이 줄 때도 가슴속 멍울은 줄어든다. 단지, 모유가 비워져서 줄어드는 게 아니라 만들어진 모유를 쓰지않으니 우리 몸이 흡수를 해버리기 때문이다. 먹지 않는 모유는 어느 정도 기간이 지나면 더 이상 만들어내지 않는다. 상식적으로 쓰지 않는 신체를 발달시킬 필요가 없지 않은가.

■ 초산모의 완모는 50~70일이 걸린다

초산모는 아기에게 충분한 모유를 만드는 데 필요한 시간이 평균 50~70일 정도가 걸린다. 더 빠른 산모도 있다. 어떤 경우든 초기 2주 동안 관리를 어떻게 하냐가 중요하다. 아기가 분유를 먹고 배구레를 늘리는 동안 지체된 시간 간격을 메꾸기 위해서는 더 많이 더 열심히 모유를 만들고 배출해야 한다. 초산모는 출산도, 모유수유도 처음이다. 태어나서 처음으로 모유를 만들고 배출하는 일을 하게 된다. 초산모들은 둘째 산모에 비해 모유량이 느는 속도가 느리다. 이런 거로 다른 산모와 비교하면서 초산모는 의기소침해지기도 한다. 마음의 여유를 가져야 한다. 모유가 잘 나오는 둘째 엄마도 처음에는 쉽지 않았다. 비슷한 예로, 초산보다 둘째분만을 할 때는 진통시간이 굉장히 단축된다. 3일을 분만실에서 보냈던 초산모가 둘째분만을 할 때는 3시간 만에 하기도 한다. 모유량도 마찬가지다. 둘째 아기때 훨씬 쉽게 나오고 양도 빨리 느는 것을 볼 수 있다.

대부분 산모는 병원에서부터 모유수유를 시도한다. 하지만 제대로 수유를 못 하고 아기를 재우기만 한다. 수유하고 돌아가면 아기가 분유를 먹는다. 그 동안 엄마는 방에서 쉬고있다. 아기가 분유를 먹고 배를 채우기 시작한 시간보다 훨씬 천천히 모유를 만든다. 간단히 비교하면 자연분만 후 퇴원할 때 아기가 먹고 나오는 분유양은 한 번에 30~40cc정도다. 그 때 산모에게서 어느 정도의 모유가 나오는지 생각해보자. 초산모들은 "아직 젖이 안 나와서 아기가 자꾸 자요." 이런 얘기를 한다. 이슬처럼 유두에 방울이 맺히는 산모가 대부분이다. 이제 막 젖을 배출하기 시작하는 산모가 분유를 먹고 배구레를 늘린 아기에게 먹일 모유량을 만들려면 시간이 필요하다.

■ 모유가 부족해도 완모했어요?

이게 무슨 말일까? 첫아기 때 온전히 모유만으로 아기를 키운 엄마가 둘째를 출산했다. 그런데, "둘째는 초유만 먹이고 모유수유를 하지 않을 거예요." 라고 하는 것이다. "아니, 왜요?" 했더니 첫애가 모유에 집착이 심해서 힘이 많이 들었다고 한다. 분유는커녕 젖병조차 입에 대지 않으려고 했단다. 어쩔 수 없이 모유로 수유를 했는데 젖양이 부족해 너무 힘이 들었다고 한다. 아기는 모유만 먹으려고 하고 젖양은 부족하니 한 시간 동안 수유를 하고 한 시간 쉬고는 다시 배고프다고 우는 아기 때문에 항상 가슴을 내놓고 살았다. 이번에 둘째 분만하고 집으로 가면 큰애도 같이 키워야 하는 데 그때처럼 젖을 먹일 자신이 없다는 얘기다. "첫째 아기 모유수유할 때 아기 몸무게는 어땠어요?" 했더니 정상 체중이었단다.

적게 먹는데 정상몸무게라니 이해가 가는가? 모유량이 부족한데 아기가 정상 체중으로 성장할 수는 없다. 단지 수유 시간이 길었을 뿐이다. 음료수를 가는 빨대로 먹으나 컵을 들고 마시나 들어가는 양은 같다. 먹는 방법에 차이가 있으면 마시는 시간에도 차이가 있다. 수유 시간이 긴것은 젖물리는 방법이 잘못된 것이다. 유두만 물리고 수유를 했으니 나오는 속도가 느릴 수밖에 없다. 젖을 물리는 방법에 문제가 있었다. "첫째 아기때 젖이 안 나와서 수유를 못 했다는데 둘째 아기 분만 후 젖이 많이 나오네요." 하기도 한다. 이것도 상식적으로 말이 안 되는 얘기다. 처음이라 제대로 못했을 뿐이다. 모유가 나오려면 엄마가 한 살이라도 젊은 첫아기 때 더 잘 나오는게 정상이다.

왜 첫째보다 둘째 때 모유량이 더 많이 나온다는 얘기를 할까? 초산이 힘든 것처럼 모유수유도 처음이기 때문에 어렵다. 모유를 만들어내는 것도 처음이기 때문에 쉽게 젖양이 늘지 않는다. 초산모가 젊다면 얘기는 또 달라진다. 산후조리원에 입소하는 산모를 관찰해보면 쉽게 알 수 있다. 나이가 어리면 어릴수록 모유가 잘 나오는 것을 볼 수있다. 아기를 분만 후 회복되는 속도도 놀랄 정도로 빠르다. 과장해서 얘기해보면 20 내 산모는 분반 후 산후조리원에 입소했을 때 몸상태가 30대의 산모에 비해 날아다닌다는 표현을 한다. 그 정도로 산모의 몸이 가벼워 보인다. 당연히 산후회복도 빠르다. 모유량도 다른 나이가 많은 산모에 비해 잘 나온다.

다문화가정의 산모를 한 번 살펴보자. 나는 베트남이나 필리핀에서 온

어린 산모가 모유가 부족한 경우를 아직 한 번도 보지 못 했다. 뭐, 내가 본 것이 모든 경우를 얘기할 수는 없다는 것을 알고 있다. 그 정도는 감안을 하더라도 이 어린 산모들은 입소한지 얼마 안되서 금방 모유량이 늘기 시작한다. 산후조리원에 근무하는 신생아실 직원들이 이런 말을 한다. "베트남 산모들은 정말 모유가 잘 나와요." 당연하다. 다문화가정의 신부들 나이가 몇 일거라고 생각하는가? 20대 초반이다. 잘 나오지 않는게 오히려 이상한 일이다. 아주 가끔 우리나라 어린 산모도 볼 수 있는데 이들도 모유가 잘 나온다. 산모 나이가 어리면 친정엄마도 젊기 때문에 집에서 산후조리를 하는 경우가 많아 잘 볼 수 없을 뿐이다.

최근 산후조리원에 입소하는 초산모의 연령대가 삼십 대를 넘어섰다. 20대를 보기 힘들정도로 출산 연령이 높아졌기 때문이다. 20대 산모가 들어오면 "여기서 제일 어린 산모네요. 병원에서도 제일 어린 편이었겠어요." 하면 실제 그랬단다. 얼마전 기사에서 여성들의 결혼연령이 30대를 넘었다고 보도되었으니 앞으로는 출산연령이 더 높아질것 같다.

평범한 사람도 나이가 들면 모든 신체 기능이 이십 대 초반일 때와 비교해서 떨어진다. 얼굴만 봐도 20대와 30대는 차이가 나지 않는가? 산모의 경우도 예외일 수 없다. 산부인과에서는 만 30을 넘어서 임신을 한 산모를 노산으로 분류한다. 아기를 임신하고 키우고 분만하기엔 체력이 달린다는 얘기다. 신체기능이 떨어진 상태에서 임신하게 된다. 만으로 35세를 넘은 경우에는 고위험임신으로 분류한다. 일반 임산부보다 훨씬 더 많은 검사를 한다. 기형아를 포함한 임신과 분만과정에서 위험한 상황이 많을 것으로 가정해 집중 관리하기 때문이다. 노산일수록 임신성 당뇨, 임신 중독증 등도 흔히 볼 수 있다. 나이가 들면 들수록 자연분만을 할 가능성도 작아진다. 나이가 많을 수록 제왕절개로 출산하는 비율이 높은 것도 이와 무관하지 않을 것이다. 출산 할 체력도 떨어질뿐더러 자궁이 유연해 지지 않아 아기가 나오기 힘들기 때문이다. 산모가 아기를 밀어내는 힘도 약하고 진통을 버티는 힘도 약하다. 산모의 나이가 많을수록 자궁문이 안 열려서 수술했어요 하는 얘기를 많이 들을 수 있다.

유방도 다른 신체기관과 마찬가지로 시간이 지날수록 모유를 만들어내 는 기능이 떨어진다. 하지만, 한 번 분만을 해본 사람은 나이가 들어도 초 산보다 둘째 분만하는 시간이 훨씬 단축된다. 젖 만드는 기능도 둘째를 낳았을 때 더 빨리 나오고 젖양도 쉽게 늘려나간다. 모유는 출산만 하면 저절로 만들어낸다. 다만, 모유의 양을 늘리고 아기가 먹을 수 있도록 하 는 데는 훈련이 필요하다. 반복해서 빼는 훈련을 해줄 수록 젖을 만들어 내는 기능이 향상되기 때문이다. 우리 몸은 쓰지 않으면 어떤 기능이라도 퇴화한다. 신체 어느 부위든 똑같다. 유선이라고 다를 것이 없다.

젖양은 엄마가 원하는 양만큼 늘릴 수도 있고 줄일 수도 있다. 우리의 신체기전을 잘 파악하고 이용하면 된다. 훈련하면 할 수록 모든 기능은 좋아지게 마련이다. 젖양이 적은 엄마는 수유와 유축을 자주하도록 하고 젖양이 많은 엄마는 반대로 수유 후에 유축하는 시간과 유축하는 양을 줄 여나가도록 한다.

■ 도대체 모유를 얼마나 먹은거야?

모유수유하는 엄마가 어려워하는 게 뭐가 있을까? 사실 뭐 하나 쉬운 게 없을 것이다. 너무 많아서 하나를 콕 집어 얘기하기가 힘들 정도다. 그중하나가 도대체 아기가 모유를 얼마나 먹었는지를 알 수가 없다.

병원에서 설사 환아들의 상태파악을 어떻게 하는지 알고 있을까? 먹은 음식들의 열량과 나온 배출물들을 파악하는 것이다. 아기의 수유섭취상태도 이와 유사하게 확인한다. 아기는 먹은 만큼 밖으로 배출한다. 아기의 몸무게 따라 식성 따라 먹는양은 차이가 있을 수 있다.

기저귀 개수를 파악하자. 기본적으로 아기가 먹을 때 열심히 먹고 기저귀를 적정 갯수만큼 갈아주고 열이 나거나 하지 않는다면 걱정하지 않아도 된다. 아기들은 모든 영양분을 수분을 통해 흡수하고 있다. 모유는 말할 것도 없고 분유도 물에 태워 먹는다. 아기는 어른보다 체내 수분량이 월등히 많다. 성인은 신체의 70%가 수분이라고 하고 아기는 성인보다 수분량이 많은 80%를 차지한다고 한다. 그래서, 아기들은 탈수에 훨씬 민감하다. 탈수되면 소변 색이 진해지고 소변량이 줄게 된다. 아기가 내놓는 소변 기저귀의 횟수가 줄어들기 시작한다. 소변 색은 거의 무색에 가까운 것이 좋다. 평소보다 기저귀의 소변 색이 진하고 기저귀를 갈아주는 횟수가 줄어드는 것 같다면 또, 기저귀의 무게가 가벼워진 것 같다면 아기가 얼마나 먹고 있는지 주의해서 관찰할 필요가 있다.

정상적인 아기의 배출 기저귀수

출생일	소변 기저귀	대변 기저귀
첫째 날	1~2회	1회
둘째 날	2~3회	2회
셋째 날	3~4회	최소 2회
넷째 날	4~5회	최소 3회
다섯째 날	4~5회	최소 3회
6일 이상	최소 6회 이상	최소 4회

이렇게 책이나 교재 등에서 제시하는 기준들은 말 그대로 평균적인 횟수다. 보통 산후조리원에서 사용하는 기저귀 개수는 아기들 당 하루 10개 이상이다. 특히, 모유를 먹는 아기는 변을 묽게 자주 보게 되므로 대변 횟수는 훨씬 많다. 그 대신에 양은 그리 많지 않다. 소아청소년과 의사에 따라 10회 이상 대변을 봐도 모유수유를 계속 권하기도 한다. 대변 기저귀를 갈 때마다 양도 많고 횟수도 많다면 설사일 가능성이 높다. 아기변을 봤을 때 변이 얇게 가루를 깐 것처럼 두께감이 없고 주위로 흡수된 수분양이 많다면 아기의 상태를 주의 깊게 관찰해야 한다. 조금이라도 아기의 움직임이나 활동성이 떨어지면 병원으로 가는 것이 좋다.

2. 아기의 입과 유두 크기

■ 우리 아기 입이 너무 작아서 유륜까지 못 물리겠어요

의외로 본인의 유두 모양이나 수유 조건에 대해 모르는 산모들이 많다. 심지어 함몰유두인 엄마조차도 분만 후 수유에 어려움이 있을 거라는 생각을 못 하고 있는 경우도 있다. 아기를 안으면 저절로 수유가 될 줄 알고 있다. 그러다 분만 후 아기가 제대로 젖을 물지 못하면 적잖이 당황한다. 수유가 잘 되기 위해서는 아기가 물기에 엄마의 유두가 적당한 크기여야 한다.

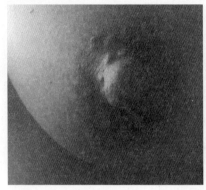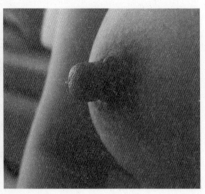

수유하기 좋은 유두

아기가 물기 좋은 가장 이상적인 유두의 높이와 넓이는 약 1.2cm다. 아기가 유관동까지 물려면 유두가 너무 큰 것도 문제가 된다. 유두가 너무 길어도 수유하기가 힘들고 작아도 입에서 빠져나가 물기에 나쁘다. 아기가 물어야 할 부위는 유관동이 자리 잡은 유륜 부위부터 유두 끝까지다. 이 길이를 손으로 잡아 봤을 때 엄마의 검지 한마디 정도가 되면 수유를 할 수 있다. 모유수유를 위한 가장 이상적인 길이는 3cm로 본다.

일반 여성들의 검지 한마디가 2.5cm 정도다. 아기가 물기에 적당한 유두여야 된다는 조건은 너무나 당연한데 너무나 많은 산모가 여기에서 어려움을 겪는다. 예상치도 못한 상황에 엄마들이 당황하기 쉽다. 아기는 작은데 엄마의 유두가 너무 크다면 아기는 지금 당장은 엄마 젖을 물 수가 없다. 아기가 정상 신생아 체중으로 태어났다 해도 엄마의 유두가 너무 크면 유륜부터 유두까지 물고 수유를 하기에 힘이 든다. 일반적으로 유두만 재어봤을 때 2cm를 넘으면 거대유두라고 한다. 2cm 이상이 되면 신생아가 물고 수유하기엔 힘이 든다.

유두가 너무 길면 아기가 물었을 때 유두가 아기의 목젖을 자극할 수 있다. 이렇게 되면 아기가 수유를 시도할 때마다 구역질을 하고 목을 뒤로 빼려는 태도를 보이기도 한다. 유륜부터 유두 끝까지 잡고 길이를 재었을 때 4cm가 넘으면 아기 목젖을 자극한다. 아기가 클때까지 수유하기가 힘들 수 있으므로 기다려야한다. 유두의 길이가 작거나 짧아도 손가락으로 유륜부터 쥐어봤을 때 2cm 넘고 유륜이 부드럽다면 수유가 가능하다. 아기가 물 수 있도록 반복적인 훈련이 필요하다. 유두 높이가 전혀 없는 편평유두도 아기가 3개월부터는 보조기 없이 수유를 시작할 수 있다.

유두는 생긴 모양에 따라 정상유두, 함몰유두, 편평유두, 열상유두, 짧은 유두 등으로 다양하게 나누어 볼 수 있다. 함몰유두는 안으로 말려들어가있는 유두다. 진성함몰유두와 가성함몰유두로 구분이 된다. 진성함몰유두는 자극이나 마사지로 돌출되지 않는 유두로 조직 자체가 제대로 성장하지 못한 유두다. 진성함몰유두도 보조기구를 사용해 수유가 가능할 수 있다. 당장 수유가 힘들어도 너무 조급해 하지 말아야 한다. 아기가 보조기구 없이 수유를 할 수 있을 만큼 클 때까지 기다려주면 된다. 지금 물기 힘든데 억지로 물리려고 계속 시도하면 오히려 거부감만 생길수 있다.

아기가 너무 작거나 엄마의 유두가 너무 커서 잘 물지 못할 때는 아기가 클 때까지 기다려야 한다. 그동안 엄마는 유축을 통해 꾸준히 젖양을 늘려가면 된다. 아기가 성장해 젖을 빨 수 있을 만큼 커졌을 때 젖을 물면 잘 나올 수 있도록 준비를 해둔다. 아기가 작거나 미숙아일 때는 다른 신생아들보다 빠는 힘이 부족할 수도 있다. 이때도 아기의 젖 빠는 힘이 좋아질 때까지 기다리면서 젖양을 적당히 만들도록 유지해준다. 엄마의 유두 크기도 수유하는 데 중요하지만 유두의 모양이 어떻게 생겼느냐도 중요하다. 모양에 따라 다양하게 나눌 수 있다. 편평유두와 함몰유두, 유두의 상부 단면에 금이 가 있는 것처럼 보이는 열상유두, 소유두, 거대유두 등이 있다.

■ 거대유두

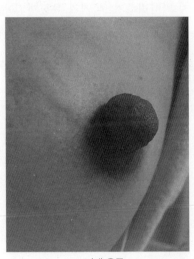

산후조리원에는 다양한 산모가 입소한다. 내가 만난 산모 중 유두의 크기가 3cm 가량되는 경우를 본 적이 있다. 재보지는 않았지만 아마도 3cm보다 더 크지 않았나 생각된다. 유두의 넓이가 2cm를 초과하게 되면 신생아는 엄마 젖을 물고 수유하기가 힘이 든다. 모유수유가 잘되려

거대 유두

면 아기가 유륜까지 물 수 있어야 된다. 이렇게 큰 유두는 아기가 유륜은 커녕 유두조차 물기에 어렵다. 유두가 길거나 큰 경우는 아기가 클 때까지 기다리면서 유축을 통해 모유량을 늘려가야 한다. 이 산모는 아기가 3개월이 되었을 무렵부터 직수를 통해 완모가 가능해졌다.

■ 편평유두, 함몰유두, 열상유두, 소유두, 긴유두

편평유두는 유두가 편평한 형태를 말한다. 유륜에서 위로 돌출된 유두의 높이가 거의 없다. 유두 높이가 조금 낮은 엄마들이 "편평유두라서 아

기가 잘 물지 못해요." 한다. 실제 이런 유두가 젖물리기에 시간이 많이 걸리는 건 맞다. 유두가 1.2cm의 높이로 돌출이 되어 있어야 아기가 물기에 좋다. 하지만, 어디까지나 유두의 높이는 모유수유를 절대조건은 아니다. 필요조건 중의 하나일 뿐이다. 지금 아기가 못 물면 물 수 있을 때까지 기다려주자. 아기가 유륜까지 물 수 있을 정도로 커지면 수유가 가능해진다. 그동안 엄마는 모유량을 꾸준히 늘려줘야 한다. 아예 젖을 못 물리는 경우는 거의 없다. 편평유두외에 다른 모양의 유두도 아기의 젖을 무는 능력이 좋아지면 직수가 가능해 진다.

4개월 된 아기를 가진 엄마가 젖몸살로 상담을 요청해 만난 적이 있다. 이 엄마의 유두가 높이가 거의 없는 편평유두였는데 보조기없이 직수를 하고 있었다. 처음엔 직수가 힘들어서 함몰유두용 젖꼭지를 이용해서 수유를 했다고 한다. 아기가 3개월이 지나고 나서 직접 물고 수유를 하기 시작했다고 한다.

함몰유두는 우리나라 여성 중 약 3% 정도에서 발생하며 유두가 돌출되지 않고 매몰된 경우를 말한다. 유륜 안으로 파묻혀있는 것 처럼 보인다. 함몰유두는 원인으로는 선천전인 것과 후천적인 것으로 나누어 볼 수 있다. 대부분이 선천적인 원인으로 유두 아래 결합조직과 유선의 발달저하 그리고 유두를 당기는 섬유밴드가 원인으로 보여진다. 후천적인 원인은 가슴질환으로 인한 위축을 들 수 있다. 또 다른 후천적인 원인으로 너무 빠른 브래지어 착용을 들기도 한다. 가슴이 성장 할 무렵 너무 이른 시기부터 브래지어에 의한 압박으로 유두의 성장을 방해되는 것으로 본다.

함몰유두는 가성함몰과 진성함몰유두로 나누어진다. 가성함몰유두는 아기가 함몰유두전용 젖꼭지로 수유를 하게 되면 유두가 당겨져 나온다. 유두가 접혀져 있다고 보면 된다. 이렇게 유두가 당겨져 나오면 보조젖꼭지를 떼고 아기에게 직접 물려보는 시도를 해야 한다. 또 젖꼭지를 빼내는 방법으로 유축을 조금 한 후 수유를 하기도 한다. 유축을 하게 되면 일시적으로 유두가 돌출되고 커져서 아기가 물고 수유하기가 쉬워진다. 이런 방법들은 아기가 성장 후 유륜까지 물 수 있게되면 더 이상 필요 없다.

진성함몰유두를 가진 산모가 산후조리원에 입소했다. 모유수유를 하기 위해 보조기를 사용해야했다. 그런데, 산모가 갖고 온 소지품에 수유 관련 물건들이 모두 갖춰져 있었다. 보통 산후조리원에는 유축기를 비롯한 모든 물품을 준비해두고 있다. 조리원에 있는 동안 하나하나 준비를 해도 늦지 않다. "뭐하러 벌써 이렇게 준비를 다 했어요? 천천히 구입을 해도 될 텐데요" 했더니 "친정아버지가 준비를 해주셨어요." 한다. 의외였다. "아니, 아버지가 왜요?", "엄마는 괜찮은데 고모가 함몰유두예요. 친탁해서 수유하기 힘들어졌다고요...." 아마도 유전적인 요인도 있을 것이다.

둘째 엄마 중에 "원래 함몰유두였는데 첫 아기가 잘 빨아주고 유축을 많이 했더니 유두가 많이 나왔어요."하는 경우가 있다. 가능한 얘기다. 이런 엄마들이 첫아기 수유할 때는 고생을 많이 했을 것이다. 이렇게 수유를 하거나 유축을 해서 돌출이 쉽게 되는 유두는 가성함몰유두다.

진성함몰유두는 유두조직의 위축으로 발달 자체가 잘 안되어있다. 이런 경우는 유두를 밖으로 끄집어내기가 힘들다. 수유에 어려움을 많이 겪는다. 보조기의 도움이 필요하다. 직수에 실패해 유축으로만 수유를 해야 하기도 한다. 가성함몰유두는 산전에 교정을 도와주는 교정기로 효과를 돌출되는 효과를 볼 수도 있다. 함몰유두교정기는 유두를 잡아당겨 고정해놓은 장치다. 이때 주의할 점은 임신 중 사용하는 기구로 유두를 자극해 옥시토신이 과하게 분비되지 않는지 살펴야 한다. 자궁수축을 유발할 가능성이 있다. 사용 중 조금이라도 가진통을 느끼게 된다면 즉시 사용을 중지한다.

열상유두는 유두의 머리부분이 길게 금이 그어진 형태로 홈이 있는 유두를 말한다. 유두의 높이만 괜찮다면 수유하기에는 그리 문제가 되지 않는다. 유두의 높이가 낮다면 수유를 할 때 아기가 물면 금이 간 부분이 안으로 말려들어가 물기가 힘들어지기도 한다. 유륜 부위가 부었다면 손으로 마사지를 해서 부기도 빼고 모유를 배출해 주도록 한다. 아기가 물기가 조금 편해질수 있다. 유두의 파인 홈으로 엄마의 땀이나 피지 또는 임신 중에 만들어진 유즙이 끼어있어 지저분해질수 있다. 출산 후 수유를 대비해 샤워 후 눈화장용 일자 붓으로 파인 홈을 쓸어주면 깨끗하게 유지하면서 말려들어가 있는 부분도 단련시켜줄 수 있다.

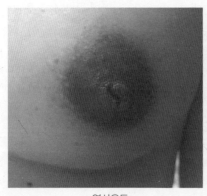

열상유두　　　　　　　　　　　　　　　편평유두

■ 수유보조기 : 함몰유두 전용젖꽂지, 유두 보호기

아기가 젖을 물기 힘들 때 사용하는 보조기들이다. 함몰유두전용젖꽂지는 수유하기 어려울 때 아주 유용하다. 가장 많이 추천하는 보조기라고할 수 있다. 이때 주의할 점은 보조기를 너무 오랜기간동안 사용하면 안된다. 수유 초기에만 사용하고 가능한 빨리 직수를 시도해야 한다. 이 보조기를 사용해 수유를 하면 수유하는 시간이 길어진다. 엄마가 힘이 든다. 이 보조기는 수유를 할 때 유두에만 붙여서 모유를 빨아내기 때문에유축기의 원리와 비슷하게 기능한다. 아기가 직접 유륜까지 물고 빠는 것처럼 효과적이지 못하다. 유두만 잡아당기기 때문에 이것을 붙여서 수유를 하면 수유 시간이 길어질 수 밖에 없다. 아기가 물 수 있을 때까지만일시적으로 사용해야 한다. 길어도 1달을 넘지 않아야 한다. 한달정도가되면 대부분의 아기는 보조기를 떼고 직수를 할 수 있다.

이 보조기는 부항기처럼 딱 들러붙어서 아기가 빨 때마다 유두를 당겨준다. 반복수유를 하다 보면 유두도 앞으로 나오고 크기도 커진다. 어느정도 유두가 돌출되었을 때 아기가 직접 수유를 할 수 있도록 수시로 시도해봐야 한다. 한 번 시도로 직수가 된다고 생각하면 안된다. 반복하다 보면 어느 순간 아기가 직접수유를 할 수 있다.

출산한 지 한달된 산모에게서 전화가 왔다. "혹시 수유 자세교정도 가능할까요? 등이 찢어질 것처럼 너무 아파요." 함몰유두보조기로 수유를 하는 데 하루에 9~10회, 한 번 수유 할 때마다 1시간씩 밤낮으로 하고 있으니 죽겠단다. 너무 힘들어서 수유를 포기해야되나 싶을 정도로 몸이 아프다. 집으로 방문을 했더니 마침 아기에게 수유중이었다. 한 달 정도가 되면 아기는 태어난 몸무게보다 1kg 정도가 늘어나 있다. 완모를 하는 아기는 젖 빠는 힘도 좋다. 보조기를 떼고 젖을 물려봤더니 덥석 하고 물고 수유를 한다. "한 번 떼고 수유해보지 그랬어요." 했더니 산모는 보조기 없이 수유를 할 수 없을 거라는 말을 들어서 엄두도 내보지 못했단다. 병원에서나 산후조리원에 종사하는 사람들이 이런 말을 하면 엄마들은 그런가 보다 하고 시도조차 하지 못 한다. 수유보조기는 수유가 안될 때 도와주는 정도로만 쓰면 된다.

유두보호기와 함몰유두용 젖꼭지는 쓰임새가 조금 다르다. 아기가 수유 초기에 장시간 젖을 빨게 되면 유두가 쉽게 다치게 된다. 잘못 물렸을 때도 흔히 유두에 상처가 생긴다. 유두보호기는 이렇게 직접적인 상처가 났을 때 사용하기 위한 것이다. 다친 유두를 아기가 직접 자극하게 되면 굉장히 아프다. 유두를 실리콘으로 덮어씌우고 수유를 하게끔 만들어놓은 것이다. 이 보조기는 흡착력이 함몰유두 전용 젖꼭지에 비해 많이 떨어진다. 아기가 물고있는 방향이 조금만 비틀어져도 유두에서 미끄러져 떨어지기 쉽다. 보호기안에 고여있던 모유가 쉽게 흘러내린다. 편평유두나 함몰유두인 엄마들이 병원에서부터 유두보호기를 구입해서 사용하는 경우를 많이 보게 된다. 개인적으로는 처음부터 함몰유두 젖꼭지를 쓰기를 권한다. 함몰유두 젖꼭지도 아기와의 직접적인 접촉을 막아주기 때문에 상처 보호 역할까지도 할 수 있다.

산후조리원에 막 입소한 산모는 보조기 없이 아기에게 직접수유를 하기를 원한다. 젖병 젖꼭지에 익숙해져 엄마 젖꼭지를 물지 않으려고 할까 두려워한다. 병원에서는 잘 물던 엄마의 젖꼭지를 조리원이나 집에 와서

함몰유두용 보조기

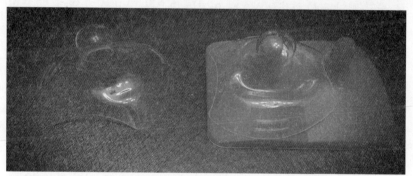

유두 보호기

는 물기 힘들어하는 것을 보면서 이러다 아예 물지 않으면 어쩌나 걱정한
다. 안 되는데 계속 물리기를 시도한다. 모유수유 의지가 강한 엄마일수
록 유두에 사선으로 상처가 깊게 생긴다.

　산후조리원에 들어올 때는 모유가 차기 시작해 유방과 유륜이 팽팽해
진다. 병원에서보다 아기가 젖을 빨기가 훨씬 어려워져있다. 모유가 차
기 시작한 가슴은 바람이 많이 든 풍선처럼 부풀게 되고 팽팽하기 때문에
아기가 물기 어려워지는 것이다. 바람이 빵빵하게 많이 든 풍선은 손으로
쥐기에 안 좋다. 유륜이 팽팽해지면 아기가 물었을 때 입에서 튕겨 나가

유두만 물게 된다. 아기 엄마들은 만지면 살짝 불편해지기 시작한 가슴을 젖이 돌기 시작한다고 생각한다. 아기가 젖을 찾을 때마다 수유를 시도하지만, 생각만큼 젖물리기가 쉽지 않다. 유륜이 부어서 아기가 물기가 더 안 좋아졌다. 아기는 배가 고픈데 엄마만 잘 물려주면 되는데 유두와 유륜을 부드럽게 준비해놓지 않고 아기가 잘 물기만을 바라고 있다.

"아기가 벌써 젖병만 좋아해요. 젖만 물리면 자다가 젖병만 주면 너무 잘 먹어요. 쉬운 것을 아나 봐요." 당연한 말이다. 물기도 좋지 않고 억지로 물고 빨아도 나오지를 않으니 아기는 수유를 하고 싶지 않다. 유두와 유륜을 부드럽게 해서 아기가 물기 쉽도록 해줘야 한다. 아기에게 물려주기만 잘하면 나머지는 아기가 알아서 해준다.

유두가 왜 더 짧아질까? 살이 찌면 윤곽이 없어지는 것과 같다. 젖이 차서 유방과 유륜이 부풀게 되면 짧고 부드러운 유륜을 가진 엄마는 유두가 더 짧아진다. 다이어트에 성공하면 코가 높아지고 턱선이 도드라져 보이는 것과 같다. 가장 확실한 성형수술은 다이어트란 말도 있지 않은가? 비유하자면 그렇다는 얘기다. 모유가 많이 찬 가슴은 바람이 많이 든 풍선처럼 보인다. 울혈이 심한 가슴은 피부가 번들번들해져 보이기도 한다. 젖이 아직 많지 않을 때는 유륜이 말랑말랑하다. 젖이 만들어지고 유륜아래 젖주머니가 받치고 있는 것처럼 탱탱해지게 되면 아기가 물었을 때 입에서 튕겨 나가게 된다. 엄마 손으로도 유륜을 잡기 힘들다. 유두의 길이가 짧은 엄마는 더 짧아진다.

수유를 시도할 때 보면 아기의 성격에 따라 다양한 반응을 볼 수 있다. 조용히 열심히 엄마의 유두만 물고 젖을 빨다 자다를 반복하는 아기도 있고 어떤 아기는 엄마 젖만 갖다 대면 힘껏 울어대기도 한다. 심하게 거부하고 우는 아기엄마에게 " 엄마 아빠중에 배고픈거 못참는 사람있죠?" "남편이 그래요." 해놓고는 같이 웃기도 한다.

"수유보조기를 사용하면 아기가 엄마 젖을 빨기 싫어한다던데요."

"초기에 젖을 못 물리면 엄마 젖을 못 물린다면서요?"

전혀 무시할 수는 없지만, 겁을 낼 필요도 없다. 아기의 성향 때문이지 보조기를 쓴다고 해서 직수를 하지 못하는 경우는 없다. 오히려 보조기를 이용해 수유를 하다 보면 유두가 커져 수유하기가 쉬워진다. 모유수유를 하는 데 남들보다 시간이 더 필요한 사람들이 있지만 젖을 못 물리는 경우는 거의 없다. 지금 당장 아기가 젖을 못 문다고 해서 실망하거나 포기하지 말자. 억지로 물리려고 하면 아기는 아기대로 힘들고 엄마는 엄마대로 지치게 된다. 힘든 상황을 끌고 가다 엄마가 지쳐서 모유수유를 포기하는 경우가 흔하다.

■ 함몰유두 교정수술

함몰유두인 여성은 출산 후 수유를 위해 미리 교정수술을 하기도 한다. 산후조리원에 있을 때 진성함몰유두인 산모가 입소했다. 모유수유 의지가 굉장히 강한 산모였다. 무척이나 애를 쓰는데 유두주위만 붓고 배출이 잘되지 않았다. '왜 이렇게 유두 아래만 모여있고 나오질 않지?' 의문스러웠다. 나중에 산모가 얘기하는 데 임신 전에 함몰유두수술을 했다고 한다. 예상대로 모유수유를 하기 위해서 했단다. 하지만, 교정 효과가 없어 수술 후 곧 원래 모양으로 돌아가 버렸단다. 출산 후 오히려 유두 아래쪽에 모유가 뭉쳐 더 고생했다. 유두주위를 절개하게 되니 유선이 끊겨 모유 배출이 더 힘들어져 버린 것이다. 또 함몰유두를 교정하기 위해 수술을 했는데 아예 유두가 형체를 알 수 없을 정도로 편평해진 경우도 보았다. 또 다른 예로 함몰유두인 산모가 언니도 같은 경우였단다. 수유하려고 수술을 했는데 다시 원상태로 돌아가길래 본인은 하지 않았다는 얘기도 한다. 수술이 잘 돼서 모유수유를 할 수 있다면 적극적으로 권하겠지만 안타깝게도 내가 본 산모들의 경우는 성공한 사례를 볼 수가 없었다.

유방 성형

유방 성형과 모유수유는 크게 상관이 없다. 대부분의 유방확대술은 유선을 건드리지 않고 시행되므로 수유하는 데는 지장이 없다. 임신 전 유방 축소술을 한 산모도 유선을 많이 제거하지 않았다면 문제없이 수유를 할 수 있다.

신생아 유두 짜기

"친정엄마가 어릴 때 언니들은 젖을 짜주었는데 나만 안 짜줘서 유두가 튀어나오지 않았다고 미안해하세요."

예전에 우리 어머니나 할머니들은 아기가 태어나면 신생아의 젖을 짜주었다고 한다. 그렇게 해줘야 어른들이 얘기하는 구시젖(함몰유두)이 되지 않는다고 믿었단다. 금해야 할 행동 중에 하나다. 아기의 유두를 짜게 되면 맑은 유즙이 나오기도 하는 데 이것이 감염의 통로가 될 수 있다. 체액이 나오는 길은 반대로 균이 들어갈 수 있는 입구가 될 수 있다. 감염으로 인한 신생아 유선염을 유발하기도 한다. 가끔 산후조리원에 입소하는 아기의 가슴이 부풀어있는 것을 보게 되는 경우도 있다. 엄마 여성호르몬의 영향 때문이다. 대부분은 시간이 지나면 가라앉는다. 하지만, 부풀어있는 유방이 붉어지기 시작하면 염증으로 진행될 수 있으므로 의사와 상담을 하는 것이 좋다. 배냇저고리에 염증이 묻어나는 경우도 있다.

모유수유에 있어서 가장 중요한 것이 하나가 아기가 잘 물 수 있도록 유선을 확보해주고 잘 안아주는 것이다. 엄마는 아기가 수유하기 좋도록 잘 물리는 법을 배워야 한다. 지극히 당연하지만 처음 하는 일이라 제대로 할 줄 아는 엄마들이 없다. 배우지를 못했기 때문에 하지를 못 한다. 모유수유 자세가 힘들다거나 아기가 잘 못 문다거나 해서 상담하는 엄마들의 대부분이 아기 문제가 아니라 엄마들의 문제인 경우인 많다.

■ 수유 자세 교정은 생후 두 달 전까지 하자

분만한 지 꽤 지나서 아기가 젖을 못 문다고 수유 자세교정 문의를 하는 엄마들이 있다. 이렇게 출산한 지 몇개월이 지난 엄마가 유두가 너무 아프다고 혹은 몸이 너무 아프다고 수유 자세교정을 문의하게 되면 한 번의 상담으로 교정이 힘들 수 있다. 시간이 너무 지나 아기들이 지금까지 해왔던 방식으로만 젖을 물려고 하기 때문이다. 어느 정도 성장하고 힘이 세진 아기에게 여태껏 해왔던 것과 다른 젖 물리기를 시도하면 아기들의 반항이 거세다.

내 경험상 출생 후 두 달 정도가 교정할 수 있는 최대한의 기간이다. 한 달쯤 돼서 교정을 하려해도 심하게 거부하는 아기도 있다. 아무리 잘 도와주고 싶어도 사력을 다해 거부하는 아기는 교정이 힘들다. 아기가 출생한 지 두 달 정도가 되었다고 가정해보자. 이 아기에게 하루 10회 정도의 모유수유를 시도했다고 가정해봤을 때 지금까지 약 600회 정도의 모유시도가 있었다. 물론, 600회보다 더 많을 수도 있고 더 적을 수도 있다. 이렇게 많은 시도를 하고 잘못된 방식으로 유두를 물고 수유를 했다면 교정하는 데도 그만큼 시간이 필요하다.

잘못 물리고 수유를 하면 효과적인 모유수유를 못했을 테고 당연히 유선 기능을 제대로 이용하지 못 하고 있다. 제대로 안 비워지니 젖양은 늘지 못 했다. 젖병 젖꼭지를 물었을 때처럼 유두 끝만 물고 수유를 한다. 유두는 수시로 상처가 나고 다쳤을 것이다. 도저히 아파서 참을 수 없을 지경이 돼서 상담을 문의하는 경우가 굉장히 많다. 또, 가슴 자체는 크게 뭉치거나 아프지 않을 때도 있다. 이런 엄마들은 무조건 많이 물려야 젖양이 늘어난다는 말만 듣고 열심히만 해왔다. 이 정도 시기가 되도록 수유를 시도해왔다면 엄마는 굉장히 피곤해져 있다. 아기는 여태껏 물려온 방식대로 물려고 한다. 젖물리기 교정을 하기 위해 자세교정을 시도하면 구역질을 한다. 평소보다 입에 깊이 밀어 넣으니 거부반응을 보이는 것이다. 아기가 당황해하는 게 눈에 보인다. 온몸으로 거부하면서 팔로 엄마 몸을 밀어낸다. 도리질을 하면서 큰소리로 울음을 터뜨린다. 아기를 달래면서 몇 번의 시도 끝에 성공하지만 당일 한 번에 안 되는 경우도 가끔 있다. 성격이 강한 아기가 사력을 다해서 거부하면 한 번의 상담으로는 성공하기 힘들다.

간혹 모유량은 되는데 아기가 젖물기를 거부해서 유축을 해서 먹이는 엄마가 큰마음 먹고 직수를 시도하기도 한다. 이때는 아기에게 젖병으로 절대 주지 않고 배가 고파 울 때마다 젖물리기만 계속 시도한다. 처음에는 아기가 젖물기를 거부한다. 삼일 밤낮을 계속 물렸다는 얘기를 들어봤을 것이다. 계속 반복하고 아기가 배가 고프면 결국은 먹더라 하는 경험담을 들었을 것이다. 한 번의 시도로 금방 고쳐지면 모유수유가 힘들 이유가 없다. 계속적인 직수를 시도해야 한다. 이때 중요한 것은 혹시나 아기가 탈수 되지는 않는지 관찰을 하는 것이다. 수유 중간중간 탈수방지를 위해 컵이나 숟가락으로 아기에게 모유를 먹이는 것을 잊지 말아야 하며 소변 기저귀와 소변 색깔을 살펴야 한다.

3. 아기의 빠는 힘

■ 젖빨기는 아기의 본능

아기는 젖을 빠는 방법을 뱃속에서부터 연습한다. 3차원 초음파로 아기를 보면 입을 오물거리며 빠는 것처럼 보이는 행동을 하고 있다. 포유류는 젖을 빠는 동물이다. 생존하기 위해 타고나는 본능이다. 마치 입을 오물거리고 입맛을 다시는 것처럼 보인다. 출산 후 아기에게 처음 젖을 물릴 때 젖을 빠는 힘이 너무 세다고 놀라는 엄마들이 있다. 흔히 하는 말로 젖먹는 힘까지 최선을 다한다고 할 때가 있다. 목표한 일을 이루기 위해

할 수 있는 최선의 노력을 다할 때 하는 말이다. 아기들의 빠는 힘은 놀랄 정도로 강하다.

예전 어느 TV 프로그램에서 실험한 적이 있다. 실제 아기들의 젖빠는 힘이 어느 정도인지 측정을 한 후 어른이 그 정도의 힘으로 우유를 마시게 하는 실험이었다. 실험대상자로 씨름선수가 나왔다. 아기의 젖빠는 힘과 같은 힘을 적용해서 우유를 빨게 하기 위해 작은 의자 위에 올라가도록 했다. 그리고 긴 호스를 우유병에 연결해 빨아먹게 하는 것이다. 그 덩치 큰 선수가 얼굴이 뻘게지면서 부들부들 떨 정도로 힘들어하는 것을 본 기억이 있다. 젖을 빠는 것은 본능이긴 하지만 아기의 노력이 대단히 많이 필요하다. 그런 힘든 과정을 거쳐 모유수유를 해내는 우리 아기들에게 박수를 보낸다.

대부분 아기들에게서는 젖을 빠는 능력이 문제가 되지 않는다. 하지만, 아기가 미숙아로 태어나 힘이 부족하거나 양수흡입으로 인해 먹지 못할 때도 있다. 가끔 만삭아로 태어나도 빠는 기술이 부족한 아기들이 있다. 이런 아기는 젖을 빨 수 있을 만큼 회복될 때까지 기다려주고 혀 감각을 훈련해줘야 한다.

젖빠는 힘이 약한 아기는 젖병으로 수유를 할 때도 다른 아기들에 비해 먹는 시간이 오래 걸린다. 아기는 굉장히 열심히 빠는 것처럼 볼이 쏙쏙 들어가는 데도 젖병에 든 젖양이 줄지 않는 아기가 간혹 있다. 젖병을 빼 보면 아기가 물고 있는 힘이 약하기 때문에 그대로 쑥 빠진다. 힘이 약한 아기가 일반 젖병으로 수유를 할 때는 젖병을 너무 꽉 잠그지 않아야 빨아먹기가 쉽다. 아기가 젖꼭지를 물고 놓았을 때 안으로 공기가 들어가서

15-44세 유배우부인의 전혀 모유를 먹이지 않은 이유(단위 %, 명)

구분	2006	2009	2012		
			동부	읍·면부	전체
모유량 부족	50.8	53.0	51.3	50.0	51.0
유두 및 유방통증	–	8.4	10.3	10.0	10.2
엄마의 질병	24.6	4.8	2.6	20.0	6.1
엄마의 취업	–	16.9	20.5	–	16.3
아기가 모유를 싫어하거나 젖을 빨지 않아서	15.4	10.8	5.1	20.0	8.2
아기의 건강	4.6	4.8	–	–	–
우유가 더 좋다고 들어서	1.5	–	2.6	–	2.0
기타	3.1	1.2	7.7	–	6.1
계(수)	100.0 (65)	100.0 (83)	100.0 (39)	100.0 (10)	100.0 (49)

분유를 밀어내줘야 다시 젖꼭지로 분유가 고이게 된다. 물고 놓았을 때 분유가 밀려 나오는 회전이 잘 돼줘야 아기가 먹기가 쉽다. 굳이 이런 회전이 아니어도 공기순환을 잘 시킬 수 있게 하여 아기가 먹기 편한 젖병 종류도 있다. 젖꼭지 구멍이 너무 작게 뚫린 경우도 있으니 이런 부분도 살펴봐야 한다.

가끔 모유수유만 하겠다고 젖병준비를 하지 않는 산모를 볼 수 있다. 초산모는 완전모유수유하기까지 시간이 필요하다. 초기에 쓸 젖병 몇 개 정도는 준비해둬야 한다.

아기의 혀 감각을 키우기 위해서는 컵이나 스푼으로 수유하는 것이 좋다.

아기 혀 감각 훈련법

· 손을 깨끗이 씻는다.

· 주먹을 가볍게 쥔 상태에서 검지를 편다.

· 지문 있는 쪽이 하늘로 가게 한 후 아기 입속으로 넣어 아기혀 위에서 뒤집는다.

· 검지로 아기 혀를 누르면서 손가락을 빼준다. 3번 반복한다.

미리하는
수유준비

임신하는 것과 동시에 가슴은 모유를 만들기 위한 준비를 시작한다. 엄마도 이에 맞춰 아기를 분만 후 만들어진 모유가 최대한 쉽게 나올 수 있도록 미리 준비할 필요가 있다.

임신하자마자 변하는 가슴

여성들이 임신을 확인하는 방법에는 여러 가지가 있다. 대부분은 생리 날짜가 늦어지는 것으로 의심한다. 감기 기운 같은 신체변화로 임신을 추측해보기도 한다. 어떤 여성들은 병원에서 임신을 확인하기 전에 젖가슴을 통해 알아차리기도 한다. 왠지 모르게 젖가슴이 찌릿찌릿하게 아프고 따끔거린다. 임신하게 되면 에스트로겐과 프로게스테론, HCG(인간 융모성 성선자극호르몬)의 수치가 눈에띄게 상승한다. 임신 3개월부터 미성숙한 유선이 젖을 만들 수 있도록 성숙한 유선으로 발달하기 시작한다. 임신 7개월부터는 유선 안에 유즙이 만들어지기 시작하고 막달에 초유가 나오는 임산부가 있다.

산전산모를 대상으로 모유수유 교육을 시행한 적이 있다. 수유교육이 끝난후 가슴상태를 확인하면서 임신 중 관리요령에 관해 얘기하고 유두 마사지방법에 대해 알려주기 위해 유두를 쥐는 법을 보여주었다. 그랬더니 산모의 유두 끝에서 노란색의 오일처럼 끈적한 액체가 주르륵 흘러 내렸다. 나도 놀라고 산모도 놀라서 눈이 동그래진 경험이 있다. 임신 30주도 되지 않은 산모였다. 임신 중에는 태반에서 분비되는 호르몬인 에스트로겐호르몬과 프로게스테론이 젖 생산을 최대한 억제한다. 이 두 호르몬의 영향으로 유두와 유륜에 착색이 되기 시작하며 유방에 임신선이 보이기도 한다. 가슴은 사람에 따라 임신 막달까지 커질 수 있으므로 너무 빨리 수유브래지어를 살 필요는 없다. 수유브래지어는 신축성이 있고 와이어가 아닌 천으로 가슴 아래를 지지해줄 수 있는 브래지어를 선택하는 것이 좋다. 분만 후 모유가 차면서 가슴을 4 등분 했을 때 아랫부분 바깥쪽이 아프다고 얘기하는 산모들이 흔한데 대부분 임신 중에도 아팠던 부위다. 가슴 아래부분까지 편하게 받혀줄 수 있는 속옷을 준비하면 좋다. 가슴조직은 커지고 아래로 처지기 시작하면서 브래지어의 와이어가 누르게 되면 특히 아플 수 있는 부위다. 이런 산모들 가슴을 보면 속옷의 와이어 형태로 가슴이 눌린 자국이 있는 것을 쉽게 볼 수 있다. 넉넉하고 탄력 있는 속옷을 선택한 후 가슴을 속옷 안으로 잘 정리해서 발달하는 유선이 눌리지 않도록 착용하도록 한다.

1. 임신 중에 하는 모유수유 준비

■ 아기만 낳으면 다 되는 줄 알았어요

산모들이 아기를 낳고 수유를 시작하면서 많이 당황해한다. 세상에 어떤 일도 마찬가지겠지만, 처음부터 잘 되는 일은 없다. 더군다나 모유수유는 엄마 혼자서 열심히 한다고 되는 일이 아니다. 아기는 아직 앞이 보이지 않는다. 잘 보이지 않는 아기가 엄마 젖을 알아서 물고 수유할 수 없다. 엄마도 열심히 하고 아기도 열심히 하지만 조화가 안 된다. 엄마의 노력이 더 필요하다. 엄마는 아기를 잘 물도록 안는 법과 가슴을 잡는 법, 유두를 아기에게 밀어 넣어주는 법, 잠든 아기를 깨우는 법까지 기본적인 지식은 갖춰야 한다. 준비된 엄마가 시행착오를 줄일 수 있다.

책이나 병원에서 하는 산전 교육을 통해 모유수유에 대한 지식과 아기를 안고 실습 등을 해보는 것도 도움이 된다. 임신 후 초기 16주가 지나면 수정란 착상이 안정이 되는 시기라고 한다. 아기집 위치도 괜찮고 엄마도 건강하다면 임신 28주 후반부터는 유방 자가관리를 하는 것이 좋다.

임신과 동시에 가슴은 모유를 만들기 위한 준비를 한다. 미성숙한 유선을 발달시키기 위해 호르몬분비가 증가한다. 혈액을 흡수해 모유를 만들 수 있도록 성장한다. 가슴을 발달시키기 위한 혈액량도 증가한다. 임신으로 인해 복부나 허벅지 등에 살이 찌는 것처럼 가슴도 지방을 비축하기 때문에 커진다. 새로 생긴 조직들이 생기기 시작한다. 유방에서 지방이 차지하는 비율은 70%에 달한다. 여기에도 개인차가 있다. 사람에 따라 체중이 증가해도 특히 더 살이 찌는 부위가 있다. 임신을 했다고 해서 모두 살이 찌고 가슴이 커지는 것은 아니다.

가슴이 작은 산모가 임신과 더불어 과도하게 커져서 적응하기 힘들 정도인 경우도 있고 임신 전과 똑같이 크기에 별 차이가 없는 산모도 있다. 개인차가 있을 뿐이다. 모유량은 유방의 유선과 관계가 있다. 지방이 축적 돼서 변하는 가슴 크기와는 별로 상관이 없다. 작은 가슴이든 큰 가슴이든 모유를 만드는 능력에는 별로 차이가 없다.

■ 임신 28주부터 시작하는 자가관리

아기를 낳기 전부터 조금씩 모유수유를 위한 준비를 해야 한다. 출산만 하면 만들어지는 모유를 아기가 잘 먹을 수 있도록 미리 준비해두면 모유가 나오기 쉽다. 모유가 잘 나올 수 있도록 가슴을 준비할 수 있다면 이미 성공적인 수유를 위한 기본요건 중 하나를 갖추고 시작한다. 임신 28주 후부터 매일 가슴관리를 해준다면 큰 도움이 될 것이다. 분만 전 가슴 산전관리도 분만 후 가슴순환에 큰 도움이 된다.

출산 후 아기들이 분유 없이 모유수유만 한다면 하루 열 번에서 열두 번까지도 하게 된다. 조그마한 아기의 젖 빠는 힘이 얼마나 강한지 놀라는 엄마들이 많다. 한 번의 수유만으로도 유두에 상처를 입는 엄마들이 있다. 한 번의 유축만으로도 유경이 뜯기는 상처가 생기기도 한다. 수유할 때마다 30분씩 하루에 몇 번을 유두를 자극하고 물고 빨게 되면 쉽게 상처가 난다. 임신 중에 마사지와 자가관리를 해두면 유두표면을 자극하고 단련시킬 수 있다. 유두의 표면 피부가 튼튼해지면 수유를 할 때 생길 수 있는 상처를 조금이나마 예방할 수 있다. 우리 몸 다른 부위에 상처가 나면 치료하면서 쉴 수가 있다. 하지만, 유두는 상처가 나도 쉴 수가 없다. 아기에게 수유를 못 할 정도로 다치게 되면 유축이라도 해야 한다. 그래야 젖몸살을 예방할 수 있다. 모유는 한 번 만들어지기 시작하면 단유를 하지 않는 이상 계속 만들어낸다. 수유나 유축을 통해 밖으로 빼지 않으면 통증이 심해지기 때문에 계속 유두를 자극 하게 된다. 유축은 깔때기로 유두만 당기면서 모유를 빼내는 기계다. 아기가 빠는 거 못지않게 유두에 상처를 줄 수 있다. 미리 피부를 단련시키기 위해 마사지가 중요하다.

임신 중에 유두와 유륜마사지를 하다 보면 의도치 않은 이득도 생긴다. 모유가 나오는 길인 유선을 확립하는 데 좋다. 유즙은 유선 안에 채워진 끈적한 액체인데 임신 중기부터 만들어진다. 이 유즙이 임신 후반에 유선 밖으로 밀려 나와 말라붙어 있는 것을 볼 수 있다. 임산부도 모르게 밀려 나와 임신 중에 벌써 유두 끝에 있는 희거나 노란 딱지를 만들고 있다. 유두마사지를 하게 되면 출산 후 모유가 나올 수 있는 길인 유선을 확립하는 데 훨씬 도움이 된다. 유즙이 배출되어 유두에 말라붙은 딱지는 유륜쪽에 생긴 각질과는 달리 샤워로 쉽게 제거된다.

임신 중반부터 기저부 마사지(SMC)를 하루에 한 번씩 해주자.

■ SMC (Self Mamma Control) 셀프 기저부 마사지

일본의 낫츠 야히로 선생이 산모 스스로 할 수 있도록 개발한 마사지다. 기저부는 유방의 아랫부분과 흉벽 사이에 위치한 얇은 근막이다. 수유가 잘되면 잘 될 수록 이 기저부는 유연해지고 넓어진다.

실제 초음파로 사진을 찍어보면 수유 전과 완모를 하고 있는 수유부의 기저부는 두께가 많이 확장된 것을 볼 수 있다. 출산 전에 미리 마사지를 통해 혈액순환을 도와 모유 생성에 도움을 줄 수 있도록 한다.

기저부가 유방과 다른 조직의 경계부위이며 이 부분이 유연해야 유방의 혈액순환이 순조롭게 이루어진다. 가슴이 별로 크지 않고 항상 꽉 끼는 속옷을 입고 있는 우리나라 정서상 대부분 여성들의 기저부는 경직되어 있다. 초기 젖울혈의 많은 영향을 주는 원인이다. 그에 비해 외국 여성들은 어떤가? 할리우드 배우를 보면 노브라인 채로 다니는 것을 쉽게 볼 수 있다. 가슴의 운동성이 좋아진다.

기저부 마사지의 기본은 유방조직은 최대한 보호하면서 기저부를 늘려주는 데 있다. 그러므로 항상 한 쪽 손은 가슴을 보호하는 역할을 한다. 젖울혈로 가슴이 딱딱해졌을 때 유방을 세게 문지르기도 하는 데 유방 조직을 다칠 수 있으니 주의해야 한다.

브래지어가 만들어준 가슴 모양을 그대로 유지하면서 유방 바닥을 옆으로 늘려준다고 생각하면 된다. 의자나 침대 위에 편하게 앉은 후 마사지하려는 반대 측의 손바닥으로 유방을 감싼다. 가슴을 누르거나 밀지 않도록 주의한다. 반대편 손은 유방을 감싸고 있는 손의 바깥에 댄다. 가슴을 안쪽으로 한 번, 반대편 쇄골방향으로 밀듯이 한 번, 위로 끌어올리듯이 한 번 이렇게 세 방향으로 각각 시행한다. 마사지하는 유방을 잡는 손의 모양은 미는 방향에 따라 조금씩 다르게 잡는다. 이 마사지는 통증 없이 천흉근막과 피하근막심엽을 늘리고 움직일 수 있다.

손의 위치와 미는 방향에 따라 기저부를 늘려주는 동작을 3가지로 구분

한다.

SMC (Self Mamma Control) : 첫 번째 동작

❶ 오른손을 크게 펴서 손가락 끝을 오므려 농구공을 쥐듯이 구부려준다. 반대쪽 유방인 왼쪽 유방 가장자리 겨드랑이 가까이에 오른손을 갖다 댄다. 이때 손 모양을 흩트리지 않고 고정해주는 것이 좋다. 유방을 보호하고 있는 오른손은 상체에서 살짝 떨어뜨린다.

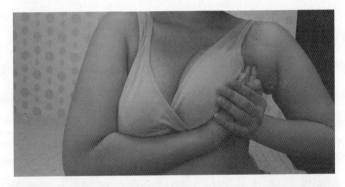

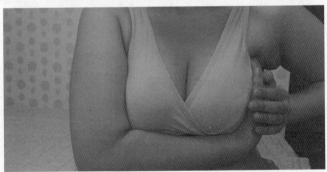

일반 여성이 하는 ❶ 동작의 손모양

❷ 왼 팔꿈치를 구부려 어깨와 일자가 되도록 올려준다. 왼손의 손끝이 얼굴 쪽을 보도록 손목을 구부린다. 왼손 엄지손가락아래 두툼한 곳을 오른쪽 손가락 끝에 갖다 댄다. 왼 팔꿈치를 옆구리에 가까이 가면서 왼쪽 가슴을 밀어준다. 이때 가능한 왼팔에 힘이 가지 않도록 주의하면서 내린다. 오른손은 모양을 흩트리지 않으면서 공을 쥐듯이 왼쪽 가슴을 오른쪽으로 당겨준다. 가슴 바닥의 기저부가 당겨서 늘려주는 느낌으로 한다. 손가락으로 가슴을 누르지 않도록 한다. 이 동작을 양쪽을 번갈아 가며 천천히 3번 반복한다.

SMC (Self Mamma Control) : 두 번째 동작

❶ 물이 오른손바닥에 고이듯이 살짝 오므려서 왼쪽 가슴의 사선방향에 갖다 댄다. 왼손의 새끼손가락 면이 오른 가슴 바닥 부위에 닿도록 한다. 오른손으로 왼 가슴을 누르거나 압박하지 않고 보호하듯이 감싸도록 한다.

❷ 마사지할 가슴과 같은 방향인 왼쪽 손으로 오른손을 받혀준다. 첫 번째 동작과 마찬가지로 왼쪽 팔꿈치를 어깨와 일직선으로 올려준다. 옆에서 봤을 때 구부려진 팔꿈치가 앞이나 뒤로 밀려 나오지 않도록 일직선으로 올려준다. 왼손목을 구부려 손가락 끝이 아래쪽을 향하도록 한다.

❸ 왼팔의 힘을 빼고 부드럽게 팔꿈치를 옆구리에 갖다 대듯이 내려준다. 왼 손목을 펴지 않고 구부러진 상태로 팔꿈치를 내려

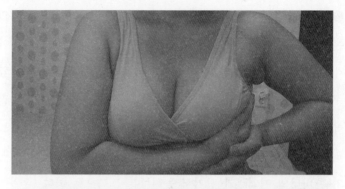

❶번 손동작. 겨드랑이의 부유방을 볼 수 있다.

줘야 가슴을 사선방향으로 밀어줄 수 있다. 왼쪽 새끼손가락과
손목사이의 두툼한 부위로 밀어 올린다. 오른손이 옆으로 밀리
지 않고 모양을 유지해야 사선으로 밀어줄 수 있다. 이때 가슴은
반대쪽 쇄골방향으로 주름이 생긴다. 부드럽게 제자리로 돌아온
다. 위와 같은 방법으로 반대쪽에도 실시한다. 3회 반복한다.

SMC (Self Mamma Control) : 세 번째 동작

❶ 동작 2번과 같이 오른손가락을 모아서 살짝 오무린 다음 새
끼 손가락 쪽이 유방 아래쪽에 붙여준다. 반대쪽 팔꿈치를 옆으

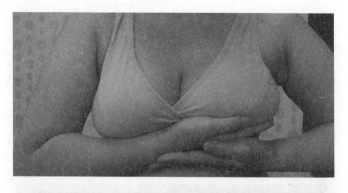

모든 동작은 받히고 있는 손날에 힘을 실어서 가슴 밑바닥을 밀어준다.

로 올려 오른 손아래 포개듯이 갖다 댄다.

❷ 두 손을 동시에 상하로 움직여 준다. 이때 손의 힘은 유방바닥을 받치고 있는 새끼손가락 바로 아래 손바닥에 힘을 주고 유방을 살짝 드는 느낌으로 올려준다. 손목은 꺾어지지 않도록 주의한다.

❸ 손으로만 들면 손목에 무리가 갈 수 있으므로 팔꿈치를 상하로 들어주는 것이 좋다. 양쪽 가슴을 교대로 3회 반복해준다.

처음 할 때는 제대로 하기 힘들다. 어렵지는 않지만 익숙하지 않은 동작

유두와 유륜마사지

손으로 잡는 위치

❶ 임신 말기에는 유륜주위의 유관동에 유즙이 고여있는 경우가 많다. 처음 마사지를 할 때 유륜부터 엄지와 검지로 쥐게 되면 통증을 느끼는 데 부종 부위를 손으로 쥐면 아픈 것과 같다. 통증을 느낄 때는 유두부터 먼저 조심스럽게 쥐고 마사지하면서 조금씩 잡는 부위를 넓혀나간다.

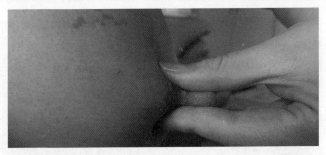

❷ 유륜까지 만져도 아프지 않을 만큼 부드러워졌으면 엄지와 검지로 쥔 부위만큼 깊이 눌러서 잡는다. 아프지 않을 정도로 쥐고 옆으로 비벼가면서 1분 동안 마사지한다. 잡고 있는 채로 앞뒤로 1분 동안 마사지한다.

❸ ❷에서 쥔 부위와 십자 방향으로 다시 유륜까지 깊이 잡는다. 옆으로 트는 동작을 1분, 앞뒤로 비비는 듯한 동작을 1분 반복한다. 이때 미끄러지며 살이 마찰이 일어나지 않도록 주의해야 한다.

유두의 높이와 넓이가 각각 1.2cm 정도가 되면 아기가 수유하기에 이상적인 크기다. 하지만, 유두의 크기는 수유하기에 절대적인 조건은 아니다. 수유를 하기위한 필요조건 좀 하나일 뿐이다. 아기가 물기에 좋지 않더라도 유륜까지 물 수 있을 정도로 아기가 크고 빠는 힘이 좋아진다면 수유는 충분히 가능하다. 다만, 이렇게 마사지를 해서 부드럽게 해줌으로써 아기가 젖을 물 수 있는 시간을 당겨줄 수 있다.

· 마사지할 때 잡는 위치가 수유 시 아기가 물어야 하는 위치.

· 검지 끝에서 유두 끝까지 길이가 3cm가 되면 이상적인 길이.

이라 어렵게 느껴지기도 한다. 반복해서 빨리 익숙해지도록 하는 것이 좋다. 이 동작들은 유방 아래 기저 막을 늘려 혈액순환을 용이하게 해서 가슴의 팽만감을 줄여주고 모유 배출을 용이하게 하는 데 도움을 준다. 모든 동작들은 가슴 아래와 가슴뼈 사이의 고무 막을 늘려준다는 생각으로 기저부에 힘을 집중해서 시행하도록 한다. 반대쪽에도 같은 방법으로 시행한다.

이 동작들이 힘이 들 때는 약간 응용한 동작을 할 수도 있다. 변형된 동작도 유방의 기저부를 늘려주는 것이 목적이다. 동작하는 손의 모양과 위치는 동일하다. 처음 하는 산모들이 밀어준 후 제자리로 돌아왔을 때 손모양이 흐트러지는 경우가 많아 힘들어한다. 응용 동작은 한 번 밀고 나서 10초가 자세를 계속 유지하게 한다. 위치마다 10초씩 해준다. 모든 운동은 긴장과 이완을 반복하는 게 좋다. 하지만, 제대로 된 동작이 어렵다면 한 번을 하더라도 길게 유지해주는 것도 도움이 된다. 모든 동작은 양쪽을 교대로 시행하도록 한다.

임신하게 되면 유두에도 변화가 생긴다. 크기가 많이 커지거나 크기는 별 차이 없이 단단해지기도 한다. 유두는 출생 후 아기가 가장 많이 자극하는 부위가 된다. 평소에는 아무 자극 없이 보호되고 있다가 출산과 더불어 아기에게 물리자마자 상처를 입는 부위이기도 하다. 미리 마사지를 통해 표피를 단련시키고 유두조직을 부드럽게 해서 아기가 물기 좋게 준비하는 것이 수유에 도움이 된다.

2. 유륜, 유두 각질제거 : 올리브습포

임신 중후반부터 유륜 주위에 각질이 앉는 것을 볼 수 있다. 특히, 가슴이 큰 임산부에게 관찰이 잘 된다. 이런 각질을 방치하게 되면 심한 경우 젖구멍을 막을 수도 있다. 각질이 눈에 띄기 시작하는 시기부터 올리브습포를 해주는 것이 좋다. 일주일에 한 번씩 해주면 깨끗한 유두와 유륜으로 관리가 가능하다.

각질이 생기는 이유는 임신 후에 발달하는 유륜 때문이다. 이 유륜을 잘 관찰해보면 도돌도돌하게 올라온 돌기를 볼 수 있다. 유륜에 튀어나와 있는 돌기와 연결된 선을 몽고메리선이라고 하며 여기에서 유두를 보호해주는 약산성의 오일이 나온다. 임신 중 후반이 되면 유선이 발달하면서 유즙이 채워지고 옥시토신의 기능으로 인해 밀려 나온 유즙이 유두 끝에 하얗게 또는 노랗게 말라붙어 있는 것을 볼 수 있다. 이와 유사한 기능을 유륜도 준비하고 변화되기 시작한다.

분만 후 가슴에서는 영양분이 풍부한 모유가 나오고 유두는 항상 젖어 있게 마련이다. 세균이 자라기에 아주 좋은 조건이다. 게다가 수유 초기에는 유두에 상처가 쉽게 생긴다. 상처를 통한 감염이 쉬워진다. 유륜에서 나오는 약산성오일은 항균작용을 하고 아기가 젖을 빨 때 마찰을 줄여주는 역할을 한다. 하지만, 기름처럼 끈적한 성분이라 임신 중에 분비가 되면 유두와 유륜 부위의 탈락된 피부 껍질이나 속옷 등의 미세한 섬유 먼지를 흡착시킬 수 있다. 이렇게 흡착된 먼지나 피부 껍질이 시간이 지나면 지날수록 검게 변하면서 각질을 만들게 된다.

사람 따라 각질이 생기는 정도가 다르다. 가슴이 크고 유륜발달이 잘된 사람, 유륜이 넓은 임산부에게서 특히 더 많이 볼 수 있다. 각질이 많이 생기는 산모는 각질이 유두를 덮기도 한다. 젖이 나오는 배유구를 각질이 덮게 되면 출산 후 아기가 막상 수유를 할 때 젖 배출이 쉽지 않아 힘들 수 있다. 특히, 여름에는 각질이 탈락되면서 지저분하게 옷이나 손에 묻어나는 것을 많이 보게 된다. 땀을 많이 흘리기 때문이다. 땀 때문에 각질이 불어서 가장자리 부위부터 일어나기 시작해 조금씩 떨어져 나간다.

각질이 많이 생긴 산모가 임신 중에 목욕탕에서 때 타올로 밀어 상처를 입고 온 경우가 있었다. 각질은 각질대로 제거되지 않는다. 그 자리에 빨간 모래가 깔린 듯 한 딱지만 남는다. 이때 올리브습포를 해주면 크게 힘 안들이고 벗길 수 있다. 각질을 제거하지 않고 그대로 방치해두면 분만 후 아기가 수유하면서 조금씩 벗겨낸다. 출산 후 수유를 하고 나면 아기 입에 붙어있는 딱지를 보게 될 수도 있다. 분만 후에 산모는 더위를 평소보다 심하게 느낀다. 임신과 출산으로 인해 정체된 노폐물을 배출시키기 위해 몸은 많은 일을 한다. 그래서 땀을 많이 흘리고 덥다. 마치 운동하고 숨이 찰 때 속에서 열이 올라오는 것처럼 느껴지기도 한다. 이때 저절로 흘리는 땀을 제대로 배출만 잘 해주면 임신 전으로 몸을 회복하는 데 도움이 많이 된다. 땀을 많이 흘리니까 각질이 통통 불게 된다. 출산 후 아기가 수유를 시작하게 되면 반복되는 마찰이 일어난다. 땀으로 불어있던 각질이 피부에서 떨어져 아기 입에 묻어나오기도 한다.

눈에 띄게 검은 각질이 없어도 출산 한 달 전부터 일주일에 한 번 정도는 올리브습포를 해주는 것이 좋다. 출산 후 아기가 수유하면 알게 모르게 유륜 부위의 색이 밝아지는 것을 볼 수 있다. 두껍거나 진하지 않아도 유두와 유륜에 각질이 있었음을 알 수 있다. 몽고메리선에서 나오는 오일과 유두에서 나오는 유즙은 매우 끈적끈적하다. 분만 초기 나오는 유즙을 만져보면 마치 기름을 만지는 것과 같다. 혹시 철을 가공하고 오일을 많이 쓰는 카센터나 정비공장에서 일하는 분들이 목에 낀 기름을 제거하기 위해 기름진 고기를 많이 먹는다는 얘기를 들어본 적이 있을까? 기름은 기름으로 제거할 수 있다. 오일을 이용해서 각질을 제거하는 이유다. 올리브오일은 우리가 바로 생으로도 바로 먹을 수 있고 가장 쉽게 구해서 쓸 수 있는 오일이다.

각질과 더불어 유즙이 임신 중에 나오는 산모들은 본인도 알지 못하는 사이에 유두 끝에 말라붙어 있는 것을 관찰할 수 있다. 산모 유두의 생긴 모양이 머리 부분에 길게 줄이 있으면서 안쪽으로 살이 말려있는 형태라면 그 틈사이로 찐득한 느낌의 분비물이 끼어있기도 한다. 이렇게 길게 금이 가 있는 것처럼 보이는 유두를 열상유두라고 한다. 바깥으로 돌출되어 있고 틈이 없다면 유두 밖으로 나온 유즙이 말라붙어 희거나 노란 딱지처럼 보인다. 열상유두에 끼인 찌꺼기는 쉽게 빼기가 힘들다.

공기에 노출이 되지 않고 틈새에 분비물이 끼어 있으니 마르지 않아 찐득한 상태로 끼어있게 된다. 수유하기 전에 제거 해주는 것이 좋다. 시중에서 구입할 수 있는 분 화장용 일자 붓을 이용하면 된다. 샤워할 때 유륜 부위를 엄지와 검지를 이용해 안쪽으로 깊게 누르면서 끌어올리듯이 잡아 올려 말려 들어간 유두를 당겨낸다. 일자형 붓으로 틈새를 왔다 갔다 하면서 쓸어주면 속에 낀 것들을 제거할 수 있다. 면봉으로 이물질을 제거하기 위해 시도해보는 산모도 있는데 그렇게 해서는 쉽게 제거하기 힘들다. 분비물을 제거 후에도 몇 분 정도 쓸듯이 자극을 해주는 것도 좋다. 틈 속에 묻혀 있는 피부를 샤워할 때마다 단련해주면 분만 후에 덜 다친다.

올리브오일 습포하는 법

❶ 올리브오일과 화장솜 (또는 탈지면)과 랩을 준비한다.

❷ 올리브오일을 화장솜에 잔뜩 묻혀 스며들게 한다. 이때, 화장솜이나 탈지면의 크기는 각질이 생긴 부위를 다 덮을 수 있도록 크기를 맞춘 다. 유륜까지 덮을 수 있는 크기가 좋다.

❸ 올리브오일을 적신 솜을 유두를 중심으로 각질부위를 덮을 수 있도 록 덮는다.

❹ 랩을 위에 덮어 10분 정도 그대로 둔다. 랩은 오일이 더 깊이 스며들 게도 하고 속옷에 오일이 묻는 것을 방지한다.

❺ 10분이 지난 후 물이 묻은 거즈로 닦아주거나 샤워한다. 샤워하기 전에 올리브습포를 해주는 것이 편하다.

---

3. 임신 중 영양섭취

30대 후반 산모 두 명이 입소를 했다. 두 사람 다 자연분만을 시도하 다 제왕절개를 한 경우였다. 그런데, 산모의 나이는 비슷한데도 두 사람 의 건강상태가 크게 차이가 났다. 한 명은 친정어머니가 남편 대신 옆에 서 며칠 동안 보조를 해야 할 정도로 힘들어했다. 반면에 다른 한 명은 20 대 산모처럼 산후건강상태가 아주 좋았다. 물론 기본적인 개인 체력차는 있을 수가 있다. 하지만, 그걸 감안한다해도 산후회복속도가 너무 차이가 나 건강한산모에게 물어보았다. '나이에 비해 회복이 정말 빠르다. 어떤 비결이 있는 거 아니냐?' 다른 엄마들하고 같이 공유해보자 하며 농담을 했더니 산모가 하는 말이 "잘 먹어서 그런 것 같아요." 한다. 남편이 나이 들어서 아기낳으면 힘들 거라며 임신 중에 시간이 날 때마다 임산부에게 좋은 보양식을 먹으러 데리고 다녔단다. "제가 그 덕을 보는 것 같네요."

임신하면 엄마의 건강과 아기를 위해서 양질의 음식을 섭취해야 한다. 좋은 모유를 만들기 위해서도 영양가 있는 음식섭취는 중요하다. 임신 중에는 태아를 만들기 위해 칼슘 요구량이 많아진다. 부족한 칼슘을 보충하기 위해 엄마 뼛속의 칼슘을 빼내 온다. 특히 임신 중기쯤이 아기의 뼈와 치아가 본격적으로 생성되는 시기다. 이때 임산부의 골밀도가 가장 낮아진다. 낮아진 골밀도는 출산 후 3개월 정도는 지나야 임신 전으로 돌아간다. 칼슘공급을 돕기 위해 저지방우유를 섭취하는 것이 도움된다.

태아가 엄마에게서 받은 영양 성분은 평생 건강을 좌우할 정도로 중요하다. 산부인과 전문의 박문일 박사(전 한양대 의대 학장)에 의하면 "임산부가 자궁 내 환경을 조절할 수만 있다면 출생 후 아이에게 생길 수 있는 질환을 예방할 수 있다."고 했다. 카페인이나 알코올의 과다 섭취는 태아의 뇌 발달을 저해해 성격과 지능형성에 악영향을 미칠 수 있다. 밀가루, 백설탕, 육류 등 산성식품을 즐겨 먹으면 아이도 불안정하고 산만해지는 산성 체질의 성향을 띨 가능성이 높다고 한다.

임산부에게 좋은 간식으로는 신선한 과일과 채소, 저지방 요구르트, 콩수프, 무가당 시리얼과 저지방우유 등을 들 수 있다. 필수적으로 섭취해야 될 영양분으로는 엽산을 대표적으로 꼽는다. 이는 임신 전부터 부족하지 않도록 공급을 해줘야 태아의 신경관 기형을 예방할 수 있다. 엽산이 풍부한 음식으로는 김, 대두, 검정콩, 쑥갓, 메추리알 등이 있다. 빈혈 예방을 위해 철분이 많은 음식을 섭취하기 위해 붉은 고기, 가금류, 녹색 채소 등을 충분히 섭취한다. 철분은 음식으로는 충분한 섭취가 부족하다. 필요하다면 보충제를 따로 섭취해야 한다.

결혼 후 피임을 하고 있더라도 항상 임신의 가능성을 생각해야 한다. 완벽한 피임방법은 없다. 혹시라도 임신하게 된다면 임신 증상을 알아채는 것이 중요하다. 임신 초기 가장 흔히 느끼는 증상이 감기와 유사하다. 감기라고 생각했다가 임신임을 알게 되는 경우도 흔하다. 임신이 진행되면서 사람에 따라 구토, 식욕 저하 등의 입덧 증상이 나타나기도 한다. 소량의 질 출혈, 유방의 당김과 갑작스런 졸음 등의 증상을 보이기도 한다. 그다지 잠이 없던 사람이 잠에 취해 정신을 차리기 힘들 정도로 졸리기도 한다.

언젠가 인터넷에 올라온 남편의 귀여운 하소연이 생각난다. 아내가 임신 후 6시에 일어나던 사람이 11시는 돼야 일어난단다. 임신한 아내가 아침도 못 챙겨 먹을까봐 식사도 차려놓고 출근했단다. 남편이 퇴근할 때는 깨어 있으면 좋겠다고 했더니 저녁 먹고 치우기도 전에 잠이 들어버린다며 올린 사연이었다. 너무 많이 자니 같이 놀 시간이 없다고 투정을 하는 사연이라 기억에 남아있다. 이처럼 임신으로 인해 본인이 제어하기 힘들 정도로 잠이 오는 사람도 있다.

입덧이나 그 외 다른 증상 없이 임신 초기를 보내는 경우도 있다. 이런 임산부 스스로 조심해야 한다는 자각이 크게 없으므로 무리한 행동이나 운동 등은 유산을 유발할 수 있다.

희한하게도 임신인 것을 알자마자 입덧을 시작하는 경우도 흔하다. 심한 입덧일 때는 물만 먹어도 토해서 영양제로 버티기도 한다. 음식냄새 맡기도 힘들어 임신 초기에 친정에서 지내기도 한다. 식사 때마다 화장실로 달려가는 딸을 보면서 친정 아빠가 엄마에게 저러다 "우리 딸 죽겠다고 어떻게 좀 해보라."며 안타까워하더라는 얘기도 들린다. 친정 부모님은 임신으로 힘든 딸이 더 마음 아프다.

임신 전에는 쳐다보지도 않던 음식이 먹고 싶기도 한다. 콜라에 밥 말아 먹었다는 믿기 어려운 얘기도 들린다. 이상할 게 없다. 그렇게 임신 기간을 보낸 산모도 본인이 콜라에 밥 말아먹게 되리라는 것을 상상도 못 했을 것이다. 다른 건 안 넘어가는데 꼭 한 가지 음식만 먹을만 했다는 얘기는 흔하다. 우스운 예로 임신 전에 자주 가던 빈대떡집 '간장'이 그렇게 먹고 싶었다는 산모의 경험담도 있다. 필자의 친정어머니는 평소 고기를 안 드시던 분이다. 그런데, 막냇동생을 가졌을 때 족발 삶는 냄새가 그렇게 좋을 수가 없으셨단다. 며칠 동안 냄새만 맡다가 용기를 내서 ─고기를 안먹는 사람이 먹을 때는 용기가 필요하다.─ 한 번 먹어봤더니 먹을만 하더라며 그때부디 고기를 드시기 시작하셨다. 임신은 사람을 이상하게 변화시킨다. 입덧을 길게 해서 음식은커녕 물도 못 넘기는 임산부도 있다. 그런 경우는 안타깝지만 어쩔 수가 없다. 빨리 입덧이 끝나기를 기다리는 수밖에. 이렇게 힘든 임신 초기를 보내는 산모가 직장까지 다녀야 한다면 정말 힘들 것이다. 임신은 산모의 체력을 많이 약화시킬 수밖에 없다. 음식을 먹는데 지장이 없다면 내가 당장 먹고 싶은 음식보다는 임산부에게 좋은 건강식을 챙겨 먹는 것이 산후회복에 도움이 된다.

출산과 관련해서 프랑스에 유학을 했던 유학생 부부의 얘기가 떠오른다. 결혼 후 유학길에 올랐던 부부는 생각 외로 프랑스의 출산과 육아의 지원 시스템이 좋다는 것을 알게 되었다. 게다가 자국인뿐만 아니라 프랑스에서 출산하는 모든 여성을 차별 없이 지원했다. 아이를 가지기로 하고서 임신부터 출산까지 거의 대부분의 진료를 무상으로 이용하고 아기를 키우는 양육비도 차별 없이 지원을 받았다. 우리나라 같으면 둘이 공부하면서 아기를 낳을 생각은 꿈도 못 꿨을 거라고 했다. 그중에서도 특히, 사람들이 임신한 여성을 바라보는 따뜻한 눈길이 인상적이었단다. 나이가 많거나 적거나 임산부를 마치 기특한 일을 하는 것처럼 대하는 게 신기할 정도였단다. 2차대전 이후 떨어진 출산율을 유럽에서 가장 높이 끌어올릴 수 있었던데는 이런 정부의 뒷받침이 있었다.

입덧과 관련해서 또 하나 재미있는 얘기를 들었다. 초기 입덧을 심하게 경험한 산모 얘기다. 임산부 자신도 입덧을 하지만 아이러니하게도 남편은 더 심하게 입덧을 하더란다. 산모가 음식을 먹고 토하면 그것을 본 남편도 같이 토했다고 한다. 더 재미있는 것은 임산부인 아내는 한 번 토하고 나면 증상이 가라앉는데 남편은 몇 시간을 속이 울렁거리고 토하느라고 밤에 잠도 못 잤단다. 임산부보다 더 심하게 입덧을 하니 남편이 살이 쏙 빠졌었다고 산모와 얘기하면서 한참을 웃었다. "남편이 산모를 엄청 사랑하나봐요." 하면서.

4. 모유수유 전문가가 있는 산부인과나 산후조리 원을 알아둔다

모유수유 전문가는 어떤 사람들일까? 수유를 잘할 수 있도록 도와주는 사람이다. 모유는 출산한 엄마라면 다 만들어낸다. 엄마가 만든 모유를 아기가 잘 먹을 수 있도록 도와주는 사람이다. 모유량을 늘릴 수 있도록 도와주는 사람이다. 어떤 이론이든 이론을 잘 안다고 해서 실전에서 잘 써먹을 수 있는 것은 아니다. 수영이론을 잘 설명해놓은 책이 있다고 하자. 이책을 몇 번이나 읽어 통달하면 수영을 잘할 수 있을까? 그렇지 않다는 것을 알고 있다. 우리가 수영을 배우고 싶다면 물에 빠졌을 때 헤엄을 칠 수 있는 방법을 잘 가르쳐주는 사람을 찾아간다.

모유수유의 가장 힘든 점은 뭘까? 엄마의 젖몸살과 젖양부족, 배고파 우는 아기다. 모유를 잘 빼주고 아기에게 잘 먹여줘야 한다. 그러기 위해서는 제대로 된 교육을 해줄 전문가가 수유초창기에 엄마 가까이에 있어야 한다. 수유하는 엄마들이 수유를 시작하자마자 경험하는 유두의 상처는 잘못된 젖물리기에서부터 시작된다. 아기엄마가 된 여성은 태어나서 그렇게 작은 아기를 처음으로 안아보게 된다. 너무나 작아서 어떻게 안아야 될지도 모르겠고 그저 겁이 날 뿐이다. 간호사가 아기를 건네주고 가면 행여나 잘못해서 떨어뜨릴까봐 조심스럽기만 하다.

목도 못 가누는 아기를 안고 수유를 하려니 잘되지 않는다. 연약한 아기를 위해 최대한 아기가 편하게 수유를 할 수 있도록 수유 쿠션 위에 아기를 똑바로 눕혀놓고 아기의 얼굴만 조금 돌려 엄마에게 향하게 한 후에 아기에게 몸을 숙여 젖을 물린다. 그렇게 물리고 난 후 혹시나 아기의 코가 엄마의 가슴에 눌려 숨을 못 쉬게 될까봐 가슴을 손으로 누르고 있다. 이런 자세는 며칠도 안 돼서 어깨와 목의 통증과 두통을 유발하게 된다.

잘못된 젖물리기와 수유 자세를 교정해줄 전문가가 현장에 있어야 한다. 수유하기만 하면 잠이 드는 아기를 잠들지 않고 수유할 수 있도록 가르쳐줄 사람이 필요하다. 처음부터 제대로 아기를 안고 편하게 수유하도록 지도해줄 수 있는 모유수유 전문가가 있는 곳을 알아보는 게 좋다.

젖울혈이나 젖몸살 때 남편이나 보호자의 도움으로 해결하기에는 힘든 부분이 있다. 산모들은 젖몸살이 제2의 출산이라는 얘기를 한다. 혹자는 아기 낳는 건 젖몸살에 비하면 일도 아니라고 한다. 절대 과장된 소리가 아니다. 젖몸살 때 대부분 뜨거운 수건으로 가슴을 문지른다. 뭉친 가슴을 세게 문지른다. 잘못된 방법으로 뭉친 가슴을 풀려고 하다 도리어 더욱 안 좋은 상태로 만들지 않도록 주의해야 한다.

세계보건기구(WHO)와 유니세프(UNICEF)가 제정한 성공적인 엄마 젖 먹이기 10단계

아기에게 친근한 병원이 되려면

❶ 병원은 의료요원을 위한 모유수유 정책을 문서화한다.

❷ 이 정책을 실행하기 위하여 모든 의료요원에게 모유수유 기술을 훈련 시킨다.

❸ 엄마 젖의 장점과 젖먹이는 방법을 임산부에게 교육시킨다.

❹ 출생 후 30분 이내에 엄마 젖을 빨리기 시작한다.

❺ 임산부에게 엄마 젖 먹이는 방법과 아기와 떨어져 있을 때 젖 분비를 유지하는 방법을 자세히 가르친다.

❻ 갓 난아기에게 엄마 젖 이외의 다른 음식물을 주지 않는다.

❼ 엄마와 아기는 하루 24시간 같은 방을 쓴다.

❽ 엄마 젖은 아기가 원할 때마다 먹인다.

❾ 아기에게 인공 젖꼭지나 노리개 젖꼭지를 물리지 않는다.

❿ 엄마 젖 먹이는 모임을 만들도록 도와주고 퇴원 후 모임에 참여하도록 해준다.

분만과
유방의 변화

3~4일은 돼야 모유가 나온다?

정말 그럴까? 3~4일이 되면 부어서 아프기 시작하고 그때 손으로 짜보고 모유가 나온다고 생각한다. 임신 막달부터 벌써 모유가 나오기 시작하는 산모도 있다. 출산하면 모유는 곧바로 만들어내기 시작한다. 그저 만들어지는 양이 너무 적어서 만들어지고 있다는 것을 알아차리지 못 하고 시간이 흘렀을 뿐이다.

사람의 신체 변화는 급격히 일어나지 않는다. 갑자기 살이 찐다고 해도 하루 이틀로는 알아채기 힘들다. 체중의 30%가 급격히 느는 신생아 때도 하루하루 아기의 성장을 알아채기가 힘들다. 하지만 예외가 있다. 바로 모유를 만드는 엄마의 가슴이다. 유방은 출산 후 모유를 만들기 위한 급격한 변화를 하기 시작한다. 출산 후 단 3일 만에 갑자기 부어오르고 산모에 따라 견딜수 없이 고통을 느끼게 한다.

분만 후 산모의 몸은 임신을 유지하던 몸에서 수유하려는 몸으로 급격한 변화를 하기 시작한다. 출산 후 1~2시간 뒤부터 산모의 뇌에서는 임신을 유지하기 위해 분비되던 호르몬 대신 모유를 만들기 위한 호르몬을 분비하기 시작한다. 전속력으로 달리던 차도 유턴을 하려면 속도를 떨어 뜨려야 된다. 단지 산모가 그 미세한 변화를 느끼지 못할 뿐이다. 분만하고 가슴이 부풀어 오르기 시작하는 3일 동안 모유가 잘 나올 수 있도록 가슴을 준비 해야 한다. 어떤 산모는 출산 초기에 전혀 가슴이 뭉치거나 아프지 않을 수도 있다. 그러나 이런 산모는 그리 많지 않다. 젖울혈 정도는 대부분이 경험하게 된다. 참을 수 있을 만큼 아프냐 아프지 않냐 정도의 차이가 있을 뿐이다. 어떤 산모는 출산보다 더 힘들다는 말을 한다. 누구나 심한 젖울혈과 젖몸살을 경험하게 될 수도 있다. 내가 젖몸살을 할지 안 할지는 아무도 알 수 없다. 출산 후 3~4일이 되기 전에는 알 수가 없는 것이다. 젖몸살을 하기 시작하면 그때부터 며칠 동안 힘들어진다. 극심한 통증으로 침대에 누워있는 것도 고통스러울 수 있다. 미리 준비해서 혹시 하게 될지도 모르는 젖울혈을 예방하자.

1. 분만 후 만 1일째(출산한 날부터 이틀)

· 수유를 할 수 있다면 자주 시도하자.
· 5분씩만 수유 연습하기.
· 잠든 아기 깨우기.
· 자가유방마사지(SMC) 를 시작하자.
· 따뜻한 찜질을 하자.
· 번갈아가며 수유 시작하기.

■ 수유를 가능한 빨리, 자주 해라

자연분만을 하고 병실에서 쉬는 것도 잠시 곧, 신생아실에서 수유콜을 받게 된다. 병원 따라 산모의 상태에 따라 하루 이틀 빨라질 수도 늦어질 수도 있다. 대부분의 자연분만 산모는 어느 정도 걸을 수 있는 상태가 되면 아기를 보기 위해서라도 수유를 하러 간다. 빠르면 출산 당일 오후부터도 모유수유를 시도해 볼 수 있다.

처음 아기를 안아보는 아빠가 어색하고 어려워하는 것처럼 아기엄마도 아기를 안아보는게 힘들기는 마찬가지다. 너무나도 조그맣고 작은 아기다. 어떻게 안아야할지 당황스럽다. 게다가 그렇게 작고 목도 못 가누는 아기를 안고 수유까지 해야 한다. 아이를 낳은 여자라고 해서 저절로 아기를 안고 수유가 쉽게 되는 게 아니지 않는가? 아기를 낳은지 얼마되지 않은 시기다. 자리에 앉는 것도 힘들다. 자연분만을 한 산모는 회음부의 통증이 심하다. 수술한 산모는 10cm 이상 절개한 배의 통증이 심하다. 이런 몸으로 모유수유를 시도한다. 분만 후 엄마 젖을 빨리 물려야 수유하는 데 도움이 된다고 교육받고 알고 있는 대로 열심히 시도하지만, 생각만큼 쉽지 않다. 많이 아프고 힘들 것이다. 하지만 젖을 빨리 물리면 물릴수록 아기가 엄마 젖 빨기에 익숙해진다.

■ 젖병 젖꼭지만큼 입을 벌리는 아기

유두혼동이라는 얘기를 들어봤을 것이다. 모유와 젖병을 빠는 방법이 다르기 때문에 아기들이 혼란을 겪는 것을 유두혼동이라고 한다. 모유실감 젖꼭지라는 말도 들어봤을 것이다. 기존의 분유 젖꼭지와는 달리 모유를 먹을 때처럼 입을 크게 벌리고 수유를 하도록 만들어진 젖꼭지다. 젖병과 모유를 먹을 때의 차이로 인해 아기가 헷갈리지 않도록 같은 크기로 입을 벌리도록 한 것이다. 아기는 태어난 후 산후조리원이나 집으로 퇴원을 하면 이미 아기는 젖병 젖꼭지에 익숙해져 있다. 병원에서 일반젖병 젖꼭지로 수유를 하면서 많이 익숙해졌기 때문이다. 모유수유보다 60배나 빨기 쉬운 젖병으로 이미 여러 번 수유를 시작했다. 모유수유를 시작하는 시간이 늦어지면 늦어질수록 엄마 젖꼭지에 적응하기가 힘들어진다.

'아기가 입을 크게 안 벌려요.' '우리 아기는 입이 작아요.' 라고 엄마들이 얘기한다. 아기 입이 작은 게 아니다. 미숙아들 외에는 입이 그리 작은 아기는 없다. 단지 입을 작게 벌리고 편하게 수유하는 법을 먼저 배웠을 뿐이다. 쉽고 편한 것을 선호하는 것은 아기도 마찬가지다. 아기는 병원에서부터 젖병 수유를 먼저 했고 엄마 젖보다 훨씬 자주 많이 접했다. 배가 고프면 젖병 젖꼭지만 들어올 정도로 입을 벌리면 되는 줄 알고 그렇게 해왔다. 이렇게 해오던 아기를 모유수유를 하기 위해 안으면 당연히 젖병 젖꼭지가 들어올 만큼만 입을 벌리게 된다. 이런 수유가 자주 반복되고 시간이 길어지면 모유수유가 힘들어진다. 되도록 모유수유 자세를 빨리 익히고 자주 시도하는 게 좋다.

■ 5분씩만 수유 연습하기

당신의 아기는 15분 동안 수유를 열심히 하는가? 혹시, 잠이 든 아기를 안고 15분을 버티고 있는 건 아닌지 생각해보자. 만약 당신의 아기가 열심히 빨아준다면 당연히 15분씩 양쪽 수유를 해야 한다. 젖 빨기 훈련을 하기위해서라도 필요한 시간이다. 하지만 5분 안에 아기가 잠이 들어서 물고만 있다면? 아기는 엄마에게 안겨서 자는 훈련을 하고 있다. 얼른 안아 세워 깨운 후 반대편에서 수유하도록 교대해야 한다. 15분 동안 안겨 잠이 들면 아기는 깊은 수면에 빠진다. 엄마가 깨울 수가 없다. 수유한 지 얼마 안돼서 잠이 들었다면 깨우기가 쉽다. 당신 아기가 수유하다 금방 잠이 드는 아기라면 수유하기 위해 젖을 물리자마자 깨우려고 노력해야 한다.

잠이 들었나 싶어 젖을 빼려고 하면 수유를 한다고? 이것은 수유를 하는 것이 아니다. 모유수유는 마라톤이다. 처음부터 무리하면 금방 지친다. 아기들이 수유를 할 때는 턱부터 관자놀이까지 눈에 띌 정도로 많이 움직인다. 이런 반응 때문에 엄마들이 아기에게 붙들려 있다. 과감하게 물고 있는 젖을 빼서 아기를 세워 깨우자. 다시 아기를 반대쪽 가슴으로 옮겨 수유를 시도한다. 이렇게 반대쪽으로 아기를 옮겼는데 입을 앙 다물고 절대 입을 안 벌리기도 한다. 깊이 잠들기 전에 반대쪽으로 옮겨 수유를 시도해야 한다. 병원에서의 수유는 아기에게 익숙해지고 친해지는 연습이라고 생각하자.

■ 잠든 아기 깨우기

엄마 품에서는 수유를, 잠은 아기침대에서 자야 한다.

분만 초기 며칠은 대부분의 엄마가 수유를 하러 가면 물자마자 아기가 잠이 들어버리는 일의 반복이다. "아기가 3번 빨고 자요." 또는 "아기가 1분도 안돼서 잠이 들어서 수유를 못 했어요."라고 얘기를 하는 엄마들이 많다. 그렇다고 해도 자주 물려주는 것이 좋다. 다른 산모의 아기도 젖을 빠는 것 같지만 잠을 자고 있을 확률이 높다. 다들 처음엔 그렇게 시작한다.

아기가 몇 번을 빨고 잠이 들어도 그런 반복된 젖 물리기 시도가 젖분비 자극 호르몬인 프로락틴과 유선 자극 호르몬인 옥시토신을 더 많이 분비하도록 해준다. 아직 젖이 많이 만들어져 있지 않아 아기가 먹을 젖이 없다고 해도 아기에게 물릴 수만 있다면 자주 시도해야 한다. 수유하러 갈 때마다 엄마는 가슴을 문지르는 마사지를 스스로 하게 된다. 이런 간단한 마사지도 엄마 가슴의 기저부를 열어주고 혈액순환을 좋게 해준다. 가슴 조직들도 부드럽게 이완 시켜 모유 배출에도 도움을 준다. 자연분만 산모의 출산 후 이런 활동들이 제왕절개를 한 산모보다 모유도 빨리 나오게 하고 수유를 쉽게 할 수 있다.

젖은 자주 물릴수록 뇌는 빨리 모유를 만들라는 자극을 강하게 받는다. 여기서 한 가지 주의할 것이 있다. 지금 엄마의 몸은 출산을 막 마친 너무 피곤하고 지친 몸이다. 수유하다 잠이 든 아기를 너무 오래 안고 있지 않도록 해야 한다. 수유를 시작하는 것과 동시에 아기가 잠이 들지 않도록 계속 자극을 해야 한다.

"자면서 먹고 있어요." 라고 엄마들이 종종 얘기한다. 말이 안 되는 얘기다. 자면서 먹을 수 있을 정도로 모유는 쉽게 나오지 않는다. 분유를 먹을 때보다 60배는 더 힘을 써야 모유를 먹을 수 있다. 오죽하면 젖먹던 힘까지 쓴다는 말이 나왔을까?

가끔 "우리 아기는 15분씩 열심히 양쪽을 빨아요." 하는 얘기를 들을 때

아기 깨우는 방법들

❶ 아기 턱 자극하기

가장 먼저 시도해야 하는 방법이다. 아기가 수유하다가 쉰다 싶으면 바로 시도해야 한다. 산후조리원에서 흔히 모유수유를 여러 번 시도해본 후 너무 배가 고파 우는 아기에게 분유를 주면 숨도 쉬지 않고 먹는다고 한다. 모유는 힘이 들기 때문에 쉬엄쉬엄 먹는다. 힘이 들기 때문에 빨다가 잠이 들어버린다. 유선이 트이고 젖양이 늘면 모유를 먹을 때도 쉬지 않고 편하게 먹을 수 있다. 아직 수유 초기라 젖양도 부족하고 잘 나오지 않기 때문에 아기가 빨기가 힘이 든다. 그렇다고 해도 잠깐 숨을 고르는 정도로만 쉬어야지 물고만 있도록 하면 안 된다. 숨을 두어 번 고르는 정도로 쉬고 다시 수유하도록 턱을 건드려서 계속할 수 있도록 자극을 해줘야 한다. 아기는 어느새 잠이 들어버린다.

턱을 만져서 깨울 때는 검지로 아기의 입을 다 물려주듯이 턱을 입 쪽으로 올려준다. 수유를 시작하자마자 쉴 때마다 바로 해주도록 한다. 아기의 혀를 자극해주는 것이 가장 쉽게 깨우는 방법이다. 마찬가지로 분유를 먹다가 잠든 아기도 젖병을 살살 돌리거나 검지로 젖병 바닥을 가볍게 톡톡 쳐서 아기 입을 자극해주면 아기가 분유를 먹는다.

❷ 아기 귀 만져주기

"귀를 만졌는데 일어나지 않아요." 울상을 지으며 엄마들이 말한다. 귀는 엄마가 아기를 깨울 때 가장 많이 만지는 부위다. 문제는 엄마들이 너무나도 부드럽게 아기의 귀를 어루만져준다. 아기의 입장이 돼서 한 번 생각해보자. 잠이 올 때 귀를 살살 만져주면 어떻게 될까? 잠이 더 잘 오지 않을까? 실제로 귀를 만져서 잠을 깨울 수 있는 엄마는 없다. 너무나 살살 만져주기 때문이다. 우리도 누군가 잠이 올 때 귀를 만져주면 잠이 솔솔 온다. 그렇게 부드럽게 만져서는 아기를 깨울 수 없다. 아기가 느낄 수 있을 정도로 조금만 세게 눌러주자. 아기가 울지 않고 다시 수유할 것이다. "세게 누르면 아기가 아파할까봐 못하겠어요." 하는데 아플 정도로 만질 필요는 없다. 하지만 아기가 잠을 깰 정도로 돼야 된다.

엄마들에게 아기를 만지는 것처럼 귀를 만져주면서 "엄마가 잠이 오는

데 이렇게 부드럽게 만져주면 어떨 거 같아요?" 하고 물어보기도 한다. 그러면 엄마들이 싱긋 웃으면서 "잠이 더 잘 오겠네요." 한다. 아기의 귀는 생각처럼 그렇게 약하지 않다. 엄마 생각보다 조금만 더 세게 눌러주자.

❸ 아기 발바닥 만지기

귀만지기와 더불어 가장 많이 하는 것 중의 하나인데, 이 또한, 너무나 살살 만지니 아기를 깨울 수 없다. 엄지손가락의 지문이 있는 쪽으로 발바닥을 조금만 세게 눌러주자. 절대 손톱을 이용하면 안 된다. 아기의 피부는 아주 부드럽고 연하기 때문에 쉽게 상처가 날 수 있다.

지금은 아니지만 몇 년 전만 해도 병원이나 산후조리원에서 수유하다 잠든 아기의 발바닥을 엄마의 손가락으로 세게 '탁탁' 소리가 날 정도로 튕겨가면서 아기를 깨웠다. 병원신생아실 직원들이 직접 시범을 보여줬다. 그 정도로 세게 쳐야 수유하다 잠든 아기가 잠이 깨서 다시 젖을 찾아 물었다. 문제는 손가락 튕기는 힘이 강해 아기를 울린다는 것이다. 초산모는 아기가 아플까 겁이 나서 세게 하지 못 하고 둘째 엄마들은 야무지게 손가락으로 아기 발바닥을 튕기곤 했다. 둘째 엄마는 큰 아기를 키운 경험이 있는만큼 아기 다루는 것도 익숙하다. "이렇게 하지 않으면 깨지를 않아요." 한다. 아마도 큰 아기 엉덩이를 한 대 때려본 경험이 작용하지 않았을까? 바꿔말하면, 그만큼 아기가 깊이 잠들기 때문에 그렇게 하지 않고는 깨울 수가 없었다는 얘기다. 가장 중요한 건 엄마가 수유하기 위해 아기를 안고 있다면 잠을 재워서는 안 된다. 잠은 아기침대에서 자도록 해주자.

가 있다. 참으로 다행스러운 경우다. 다만, 이런 아기가 많지 않다는 게 안타까울 뿐이다. 당신의 아기가 이렇게 열심히 빤다면 당신은 행운아다. 극히 일부를 제외한 대부분의 신생아는 수유를 시작하자마자 잠이 든다는 것을 알고 젖을 물리자마자 아기를 깨우려는 생각을 해야 한다.

■ 따뜻한 찜질을 자주 하자

출산 후에는 가슴은 급격한 변화를 시작한다. 임신을 유지하기 위해 분비되던 호르몬이 출산 후 모유를 만들기 위한 호르몬으로 대체된다. 모유를 만들기 위해 가슴으로 들어오는 혈액량이 늘기 시작한다. 단지 엄마가 느끼지 못할 뿐이다. 따뜻한 찜질과 마사지는 가슴을 이완시켜 부드럽게 만들어준다. 젖울혈과 젖몸살을 감소시키고 모유가 쉽게 나올 수 있도록 해준다.

■ SMC(자가유방마사지) 횟수 늘리기

자가유방마사지는 출산하자마자 시작한다. 첫날에는 하루 3번 정도로 시작하고 횟수를 늘려가면 된다. 가슴이 불편하고 무거울수록 자주하면 자주할 수록 혈액순환을 늘려 유방 내압을 낮추는 데 도움이 된다.

■ 번갈아가며 수유하기 : 짝 젖 예방

"수유하고 가슴이 짝 젖이 되었어요."

처음 수유하는 엄마들에게는 낯선 말이다. 짝 젖이 무엇일까? 수유를 마치고 나서 가슴 크기가 달라지는 경우가 있다. 이것을 흔히 짝 젖이라고 한다. 내가 엄마들에게 가장 강조하는 것 중에 하나로 '수유를 시작할 때는 항상 양쪽 가슴을 번갈아가면서 해라.'를 꼽을 수 있다. 이 원칙은 모유를 중단할 때까지 지켜져야 한다.

왜 짝 젖이 되었을까? 엄마의 규칙적이지만 잘못된 수유습관 때문이다.

아기를 수유하기 위해 안을 때 처음 아기를 안는 엄마가 그나마 편한 쪽이 있다. 초산모는 아기를 안는게 불안하기 때문에 자연적으로 편하게 느끼는 방향부터 안고 수유하기 시작한다. 문제는 항상 이런 패턴이 반복된다는데 있다. 병원에서 아기를 만날 때마다 매번 같은 쪽 가슴에서 시작하고 있다. 수유할 때마다 무의식적으로 한쪽 가슴부터 시작하게 되면 먼저 시작한 가슴이 알게 모르게 커지게 된다.

그렇다면 처음 수유를 시작하는 쪽이 커지는 이유가 뭘까? 아기가 빠는 힘의 차이 때문이다. 우리가 배고플 때 밥 먹는 모습을 한 번 생각해보자. 배가 고프니까 처음에는 열심히 먹는다. 그러다 조금씩 배가 차기 시작하면 먹는 속도가 느려지고 느긋해진다. 여유가 생기기 때문이다. 아기도 마찬가지다. 아기가 배고파 잠을 깨서 젖을 찾을 때 물리게 되면 힘차게 몇 번을 빤다. 하지만, 금방 빠는 힘이 약해지고 아기는 잠을 자기 시작한다. 이렇게 수유하고 반대편 가슴으로 가게 되면 잠이 오고 힘이 빠진 아기는 열심히 빨지 않는다. 물기는커녕 입조차 벌리지 않는 아기도 많다. 이런 방식이 반복된다. 아기가 유두를 자극하는 힘과 모유를 비우는 양의 차이로 인해 가슴을 불균형하게 발달시키게 된다. 만들어내는 젖양이 차이가 나기 시작하면 아기는 잘 나오는 가슴을 선호하게 마련이다. 짝 젖은 엄마들이 수유를 끝낸 후 제일 속상해하는 것 중에 하나다.

운동하고 단련을 시키면 더 튼튼해지는 것처럼 가슴도 양쪽에 다른 힘의 자극이 가해지면 발달에 차이를 가져오게 되는 것이다. 가슴 크기가 다른 사람은 양쪽 사이즈의 차이가 거의 두 배에 이르기도 한다. 제왕절개 산모와 자연분만 산모의 젖몸살과 모유량의 차이도 이 원리와 같다.

제왕절개로 아기를 분만하고 일주일 만에 산후조리원에 입소하는 엄마들에게서 가슴 크기의 차이를 쉽게 관찰할 수 있다. 분만한 지 일주일 정도 지난 산모의 가슴도 먼저 수유를 시작한 쪽과 아닌 쪽의 크기와 젖이 나오는 배유구의 개수가 다르다. 가슴이 크고 더 팽만해지며 배유구가 많은 쪽을 가리키며 "수유할 때 이쪽 가슴부터 먼저 하지요?" 하고 물어보면 "어떻게 알았어요?" 한다. 엄마 가슴은 정직하게 발달한다. 많이 쓰고 많이 자극하면 할 수록 기능이 좋아진다. – 짝 젖을 만들지 않으려면

처음 수유하는 습관을 잘 들여야 한다. 모유수유는 양쪽 가슴을 똑같이 이용해야 한다. 양쪽 가슴 다 수유를 할 수 있도록 임신 중에 준비를 해두었다. 편하지 않은 쪽에서도 똑같이 아기를 안고 젖을 물리는 것을 연습해야 한다. 젖물리는 훈련이 부족한 가슴은 모유량도 상대적으로 적고 유선 트임도 좋지 않아 젖 만드는 기능이 떨어지게 되어있다.

"아기가 이쪽은 잘 안 빨아서요." 한다. 절대로 아기가 잘 못 빠는 게 아니다. 엄마가 불편하게 안아주고 있다. 자세가 불편하니 아기는 엄마 젖을 잘 물 수가 없다. 편하지 않은 쪽도 익숙해질 수 있도록 더 많은 훈련이 필요하다. 아기는 모유가 적게 나오면 엄마 젖을 거부하고 젖병을 찾는다. 배가 고프니 당연한 반응이다. 어느 정도 시간이 지나면 아기도 잘 나오는 가슴을 알아차린다. 아주 똑똑한 아기들이다. 모유가 잘 나오고 엄마가 편하게 안아주는 가슴에서 더 열심히 빨아먹을 것이다. 반대로 적게 나오는 곳에서는 잘 빨지 않거나 잠을 잘 것이다. 이렇게 수유하다 보면 어느 날 엄마는 가슴 크기가 변한 것을 알게 된다. 익숙하지 않고 불편해도 모유수유는 항상 번갈아가면서 시도해야 한다.

> # 모유를 배출하는 방법
>
> · 아기가 직접 수유하기
> · 손으로 짜내기
> · 유축하기

이 3가지가 모유를 배출하는 방법이다. 이 중에서 아기가 직접 수유하는 것이 가장 강력하고 효과적이다. 유축하기와 손으로 짜는 방법은 처음 하거나 다음에 하거나 똑같은 힘과 같은 방법으로 가슴에 작용한다. 아기가 빨 때만 처음 시작한 곳과 다음에 시작한 곳에 자극하는 힘이 다르다. 가끔 "유축할 때도 번갈아가면서 시작할까요?" 한다. 전혀 그럴 필요 없다. 기계나 손으로 짤 때는 먼저 하거나 뒤에 하거나 상관이 없다.

왼쪽 가슴이 더 커진다.

필자의 경험으로는 대부분 산모가 왼쪽에서 먼저 수유를 시작한다. 과장해서 99%는 왼쪽부터 먼저 시작하는 것 같다. 오른손잡이 엄마들이 대부분이기 때문인 것 같다. 대부분의 여성은 왼쪽 가슴이 오른쪽에 비해 크다고 한다. 가슴이 큰 산모가 모유도 잘 나온다. 왼쪽이 가슴도 큰데다 편하다고 매번 왼쪽에서 수유를 시작하면 무조건 왼쪽 가슴은 커지게 되어있다. 엄마의 편의성에 의해 한쪽에서만 시작하고 있다면 불편한 쪽을 더 자주 안아서 빨리 익숙해지도록 해야 한다.

왼쪽 수유를 먼저 하고 오른쪽 수유를 시작했다면 다음에 수유하러 갈 때는 오른쪽 수유를 먼저 하고 왼쪽 수유를 시도하도록 한다. 수유 초기 왼쪽 오른쪽 왼쪽의 순서대로 수유를 한 후 더 이상 아기를 깨울 수 없어

방에 갔다 다시 물려갈 때가 있다. 이때는 오른쪽에서 수유를 시작하는 것이 맞다. 마지막으로 물린 쪽이 아니다. 먼젓번 수유 때 두 번째로 시작한 가슴에서 수유를 시작하도록 한다.

가끔 임신 중에 미리 모유수유 공부를 하고 온 산모가 '마지막에 수유한 곳에 젖이 남아있기 때문에 그쪽에서 해야 한다는데요?' 하고 묻기도 한다. 이런 원칙이 적용되는 시기는 완모가 자리를 잡고 안정되었을 때이다. 처음 수유를 연습할 때는 항상 번갈아가면서 시작하도록 한다.

2. 분만 후 만 2일째(출산한 날부터 3일)

모유수유와 관련해서 가장 중요하다고 생각하는 날이다. 낮에는 가슴이 아픈지도 모른다. 생활하는 데도 전혀 문제가 없는 날이다. 밤이 되면서 갑자기 가슴이 뭉치고 아프기 시작한다. 물론, 젖을 만드는 속도는 사람마다 개인차가 있다. 호르몬분비와도 상관이 있고 산모의 건강상태와도 관련이 있다. 나이와도 관련이 있다. 꼭 이날 변화를 느끼지 못한다 해도 전혀 걱정하시 않아노 뇐나. 일반석으로 신행뇌는 셩우를 얘기한나. 가슴 뭉침은 하루 이틀 정도의 개인차는 있어도 대부분의 출산한 산모가 겪는 과정이다. 모유를 만드는 기전은 자연분만이나 제왕절개나 똑같다. 출산한 지 만 2일째 낮부터 가슴이 너무 아프다고 호소하는 산모도 있으니 어디까지나 개인차가 있다.

■ 모유수유를 반복 시도한다

분만한 지 만2일째(출산한 날부터 3일)가 되는 낮에는 가슴이 약간 팽만해지는 느낌이 든다. 팔을 움직일 때 부딪히는 가슴이 살짝 불편할 수도 있다. 산모들이 이제 젖이 돌기 시작한다고 생각할 정도가 되면 금방 가슴이 붓기 시작한다는 것을 알아야 한다. 서둘러 유방압을 낮추고 혈액순환을 좋게 해주기 위한 노력을 해야 한다.

이때부터 모유를 만드는 호르몬 분비의 속도가 빨라진다. 모유를 만들기 위해 점점 빠른 속도로 평소보다 많은 혈액과 림프액 등이 유방으로 몰려들어오기 시작한다. 가슴으로 들어온 혈액은 유선소엽으로 들어가서 젖을 만든다. 가슴순환을 마친 혈액은 심장순환으로 돌아가기 위해 다시 유방 밖으로 빠져나가야 한다. 하지만, 모유를 만들기 위해 점점 더 많이 밀려오는 혈액으로 인해 유방 밖으로 빠져나가지 못 하고 혈관 내에 정체되기 시작한다. 수유를 하러 가도 아기는 젖을 물자마자 잠이 들어버려 유선에 만들어진 모유 배출은 잘되지 않는다. 모유도 빠져나가지 않고 정맥 혈관속 혈액도 정체되면서 주위 조직들이 붓기 시작한다. 유방 내압이 올라가고 가슴이 무거워지는 느낌이 든다. 얼굴이 붉어지면 화끈거리는 것을 느끼듯이 가슴에도 혈액이 정체되어 있으니 열이 나기 시작한다.

가슴에는 분만 초기부터 만들어진 모유와 정체된 혈액과 부어버린 가슴 조직으로 가득 찼다. 내리는 사람은 별로 없고 타는 사람만 있는 복잡한 만원 버스 같은 상황이 되기 시작한다. 밤부터 갑자기 더 심하게 가슴이 아파진다. 프로락틴의 분비 기전이 밤에 급상승하기 때문이다. 안 그래도 복잡해진 버스에 퇴근 시간이 되었다고 사람들이 밀려들어 오는 형국이다. 젖분비 호르몬은 성장호르몬이 분비되는 기전과 유사하다. 이런 원리로 밤중 수유를 하게 되면 비워진 모유를 빨리 채워줄 수 있기 때문에 젖양을 늘리기에 좋다. 유선순환에 문제가 없을 때는 젖양을 늘리기 굉장히 좋다. 가슴이 덩어리가 만져지고 뭉치기 시작하면 유축을 해도 모유가 쉽게 나오지 않고 며칠 동안 힘들어진다. 이때는 손으로 짜야 모유를 뺄 수 있다. 만들어놓은 모유를 빼주지 않으면 우리 뇌는 만들 필요 없다고 생각하고 젖 만드는 기능을 떨어뜨리게 된다.

모유수유는 5분씩만 교대로 하자.

잠이 든 아기에게 젖을 물리고 있지 말고 깨워서 반대쪽 가슴으로 가서 수유할 수 있도록 한다. 수유하다 5분 만에 잠이 든다면 5분 만에 반대편 가슴으로 옮기자. 수유횟수가 늘면서 자지 않고 수유하는 시간이 점차 길어지는 대로 반대편으로 교대하는 시간도 늘리면 된다. 아기가 수유를 하다 10분 만에 잠이 들면 그때 반대편으로 바꿔 수유하면 된다. 시간도 조절하고 양쪽을 번갈아가면서 수유 연습을 하자. 엄마들이 조절하기 어려워하는 부분이다. 잠이 든 아기를 수유한다고 착각하고 수유실에 버티고 앉아있으면 안 된다.

자연분만을 통해 세상으로 나온 아기는 엄마보다 육체적인 피로가 9배나 더 크다. 아기는 온몸을 조여 오는 자궁수축과 엄마의 딱딱한 골반뼈 사이를 몇 시간을 버텨내며 세상으로 나온다. 머리에 혹이 생기기도 하고 심하면 쇄골에 금이 가는 아기도 있다. 그렇게 힘들게 세상에 태어나자마자 낯선 곳에 혼자 있다가 엄마가 오니 마음이 편해져 배고픈 것도 잊어버리고 잠이 들어버린다. 산후조리원 수유실에 들어가 보면 엄마들이 젖을 물기 좋게 안아주고 있지 않다. 아기의 몸은 하늘을 향하도록 눕혀서 고개만 돌리고 또 엄마는 아기가 유두를 잘 물 수 있도록 몸을 숙인 채 수유를 시도한다. 잘 될 리가 없다. 잠을 잘 자게 안아주고 있기 때문이다. "아기가 자고 있네요. 깨워서 수유하세요." 하면 "안 자요. 자다가 먹다가 해요." 한다. 하지만, 내가 보기엔 대부분 아기가 잠이 들어있다. "그래요? 수유 자세 좀 잡아줄게요." 하고 아기를 살짝 건드리면 아기가 물고 있던 젖이 쑥 빠져버린다. 잠이 든 아기는 제대로 물고 있지 않다.

아기가 제대로 물고 수유를 할 때는 아기 입속이 진공상태로 유지되기되면서 어지간해서는 쉽게 빠지지 않는다. 이렇게 잘 물고 있을 때 무리하게 유두를 빼려고 하다가 아가들이 유두에 상처를 내기도 한다. 처음부터 제대로 물리는 연습을 하고 수유를 할 때는 아기가 잠에 빠지지 않도록 열심히 만지고 건드려서 깨우도록 하자.

잠든 아기에게서 유두 빼기

잠이 들어도 엄마 유두를 꼭 물고 있는 아기들이 있다. 이런 아기들에게서 무리하게 유두를 빼다가는 다치기 쉽다. 유두를 물고있는 아기의 입은 진공상태나 마찬가지다. 잠든 아기에게서 유두를 뺄 때는 아기 입에 공기가 들어가도록 한 후에 엄마의 손가락을 넣어 빼주는 게 좋다.

정면으로 엄마를 보고 있는 아기의 아래쪽 뺨을 엄마 유방에 밀착시킨다. 유두를 물고 있는 상태에서 얼굴을 엄마 쪽으로 향하게 하면 아기 입이 살짝 벌어지면서 공기가 들어간다. 그때 아기가 물고 있는 엄마 유륜을 살짝 눌러 빼면 된다. 또 다른 방법으로는 아기가 물고있는 유륜 가장

자리를 엄마의 검지로 살짝 누르면서 아기의 입으로 손가락을 밀어 넣는다. 깊이 넣을 필요는 없고 아기의 입이 유두를 놓을 만큼만 하면 된다. 아기의 입이 벌어지면 조심스럽게 유두를 뺀다.

■ 아대 사용

아대의 사용 목적은 무엇일까? 출산한 엄마에게 아대는 필수품 중 하나다. 약해진 손목관절을 보호하고 지지하기 위해 사용한다. 이 목적에 맞게 사용하기 위해서는 엄지를 걸어서 손목까지 보호해줄 수 있는 아대가 좋다. 일자형의 손목아대는 사용하다 보면 손목 움직임에 의해 뒤로 밀려나 원래 목적인 손목관절을 보호하지 못 한다. 정형외과에서 뼈를 고정할 때도 다친 뼈만 깁스를 하지 않는다. 몸의 움직임은 뼈와 그 주위 조직들이 모두 관여를 한다. 부러진 뼈를 고정하기 위해서는 다친 뼈와 연결된 양쪽 마디까지 모두 고정을 해줘야 움직임을 최소화해주고 뼈가 잘 아물 수 있다. 아대의 역할도 이와 비슷하다.

출산 후에는 손목이 많이 아프다. 호르몬의 영향으로 관절이 약해져 있기도 하고 임신 중 무거워진 몸을 지지하느라 무리하기도 한다. 수유를 하느라 통증이 더 심해질 수도 있다. 이때는 아대를 착용하는 게 도움이 된다. 약해진 손목으로 아기를 안거나 자리에서 일어날 때 힘을 보완해줄 수 있다. 간혹 하루 종일 손목에 아대를 하는 산모를 보게 되는데 장시간 사용을 하게 되면 아대의 특성상 손목의 혈액순환을 억제하게 된다. 오히려 손목의 회복을 방해할 수도 있다. 손목이 편한 상태에서나 누워서 쉴 때는 아대를 벗어서 회복을 돕도록 한다.

손목아대

· 수유를 할 때는 손목에 아대를 착용한다.

· 아대는 엄지손가락까지 걸어주는 제품을 준비한다.

· 너무 조임이 강한 아대는 혈액순환을 막는다.

· 수유를 할 때는 착용을 하고 쉴 때는 풀어준다.

· 휴식을 취할 때는 아대를 벗어 혈액순환을 도와준다.

■ 남편이 해주는 유방마사지

따뜻한 물에 적신 수건으로 산모의 가슴을 마사지해주는 것이 좋다. 아직 산모가 느끼기에도 직접 만져보아도 젖이 나오는 것 같지는 않지만 출산 후 가슴은 열심히 젖을 만들기 위해 혈액순환과 유선의 확장이 왕성히 일어나고 있다. 자주 따뜻한 마사지를 해서 본격적으로 젖이 나오고 배출되기 전에 유선과 가슴 조직들을 준비해두는 것이 좋다. 아프지 않게 둥글리듯이 가슴 전체를 부드럽게 마사지해주면 된다. 손목과 손가락 관절이 약해져 있는 산모 대신 남편이 유두와 유륜마사지를 해주는 것이 좋다.

남편이 해주는 기저부 마사지

· 산모의 등 뒤에 남편이 앉는다.

· 산모의 양 겨드랑이 사이로 손을 넣는다.

· 산모의 가슴에 엄지 아랫부분을 댄다. 이때 산모의 가슴도 사선으로 밀어 올릴 예정이므로 남편의 손은 가슴의 사선 아래쪽으로 위치를 한다.

· 부드럽게 손을 가슴 바닥을 쇄골 중심으로 향해서 밀어 올린다.

3회씩 반복해준다. 하루 3회 이상 해주면 젖울혈 예방에 도움이 된다.

산모가 누워있을 때 남편이 해주는 기저부 마사지

기저부를 간단히 유방과 가슴뼈 사이의 막이라고 생각하면 이해하기 쉬울 것 같다. 모유가 차서 불편하고 딱딱해진 부위는 가능한 손을 대지 말고 가슴뼈와 유방 사이를 밀어서 떼어낸다고 생각하면 된다. 산모가 누워있을 때 남편은 옆에 자리를 잡는다. 양 손가락을 펴고 산모의 유방 아래에 갖다 댄다. 산모의 가슴뼈 위를 미끄러지듯이 여러 방향으로 부드럽게 밀어준다. 유방에 대고 밀어주면 산모가 아플 수 있으므로 단단한 부위 아래쪽에 손을 대도록 주의한다. 처음부터 세게 밀지 말고 조금씩 밀어가면서 움직임을 크게 한다. 이 동작만 반복해도 가슴속에 고여있는 혈액이 빠져나가 유방압을 낮추게 되고 통증도 줄여줄 수 있다.

3. 분만 후 만 2일째 밤

'갑자기 가슴이 커지고 단단해졌어요. 가슴에 열도 나고 많이 아파요. 유축해도 나오지도 않고 만지지도 못하겠어요.'

젖몸살잠복기가 끝났다. 모유수유에 있어서 가장 놀라운 경험을 하게 된다. 갑자기 가슴이 급격히 차오르고 아프기 시작한다. 출산했다고 해서 모두 심한 젖몸살을 하지는 않는다. 산모의 일부만 경험하게 되는 과정이지만 이 글을 읽는 당신이 해당할 수도 있다. 아무리 희박한 가능성이 있는 일도 내가 해당하면 그 수치는 의미가 없다. 젖몸살을 할지 안할지는 시간이 돼봐야 안다. 2일째 밤부터 젖몸살이 시작되면 3일 이상을 쉬지 않고 지속하는 통증에 시달릴 수도 있다.

2일째 낮에는 평온하지만, 밤이 되면 갑자기 사정이 달라진다. 갑자기 가슴이 붓고 딱딱해지며 열이 나기 시작한다. 건드리지만 않으면 크게 불편하지 않은 산모도 있다. 반면에 어떤 산모는 손도 못 댈 정도로 심하게 아프고 누워있는 것조차 힘들어하기도 한다. 출산보다 힘들다고 할 정도로 심한 젖몸살을 겪는 경우가 있다. 개인차가 있지만 어떤 경우가 됐든 본격적으로 젖을 만들기 위해 젖분비 호르몬이 상승을 하는 시기이기 때문에 마사지와 수유를 이전보다 열심히 시도해야 한다.

이미 가슴조직들은 부어있다. 가슴이 딱딱하고 아프니 모유는 있는 것 같다. 그런데, 아기는 잘 물지도 못 하고 짜도 잘 나오지 않는다. 수유를 하든 유축을 하든 나오는 양이 얼마가 되었든 조금씩이라도 만들어진 젖을 배출시켜주는 것이 중요하다. 하지만, 유선에 차기 시작한 모유와 제대로 순환하지 못해 정체된 정맥혈과 그로 인해 붓기 시작한 가슴조직 세포들이 꽉 눌러서 옴짝달싹 못 하는 상황이라 유축을 해도 쉽게 젖을 짤 수 없다.

명절 고속도로 상황을 생각해보자. 명절에는 항상 도로에 차가 많다. 하지만 갑자기 없던 차가 나타나 정체가 되는 것은 아니다. 조금씩 차량이 늘면서 정체되기 시작하고 나중에는 옴짝달싹도 못 하게 되는 것과 유사하다. 이렇게 통행량이 정해진 도로에 평소보다 갑자기 차가 늘면 정체된다. 정체되면 그때부터는 꼼짝달싹하기 힘들다. 이처럼 모유를 만드는 가슴도 갑자기 늘어나는 혈액량과 이제 막 만들기 시작한 모유로 순환이 정체되기 시작한다. 이때는 들어오는 혈액량을 줄이고 어떻게든 모유를 빼줘야 한다. 상황에 맞는 해결책을 찾는 것이 중요하다.

■ 냉찜질, 온찜질 구분하기

화상을 입었을 때 어떻게 할까? 차갑게 해주는 것이다. 열이 나는데 따뜻하게 해주는 사람은 없다. 가슴도 마찬가지다. 젖울혈과 젖몸살 때는 가슴에 열이 난다. 그런데, 이 시기에 제일 많이 하는 실수가 뭉친 가슴을 풀어주기 위해서 따뜻한 수건으로 가슴을 문지르는 것이다. 가슴이 단단해져있기는 하지만 근육이 뭉친 것이 아니다. 운동하다 근육이 딱딱하게 뭉친 것과 모유와 혈액 정체로 인해 가슴이 딱딱해진 것은 근본 원인부터가 다르다. 평소에 운동을 하지 않다가 갑자기 격한 운동을 하게 되면 근육이 경직되고 뭉친다. 이때는 근육을 따뜻한 찜질로 이완시킨 후 근육결대로 부드럽게 마사지를 해서 풀어주는 게 맞다. 하지만 출산 후 가슴이 딱딱하게 뭉쳐지는 것은 다른 관리가 필요하다. 가슴울혈은 혈액순환이 안돼서 조직이 붓고 열이 난다. 순환이 안 돼서 문제가 생겼을 때는 순환을 시키는 게 우선이나, 파부희 된 가슴음 진정시켜야 한다. 가슴이 울혈되고 열이 날 때 따뜻한 찜질은 주의해서 적용해야 한다.

젖울혈 시 실 때는 차게, 수유하거나 유축하기 직전에는 따뜻한 찜질을 하자.

모유량이 부족할 때는 수시로 따뜻하게

모유가 차기 시작할 때는 유방 아랫부분부터 유두까지 천천히 차오른다. 혈액을 흡수해 모유를 만드는 유선소엽은 유선가지 제일 끝부분에 위치해 있기 때문이다. 반대로 모유 배출이 되면서 가슴이 편해지는 것은 유두부터 기저부 방향으로 부드러워진다. 엄마가 느낄 정도로 가슴이 부풀었을 때는 이미 유두와 유륜 부위도 부풀어 젖이 나오는 출구까지 조직세포까지 부어서 유선을 사방에서 꽉 누르고 있다. 손으로 유두와 유륜 부위부터 부드럽게 쥐고 짜면서 모유가 나오는 출구인 유두부위를 정리해 줘야 한다. 손으로 유관동에 찬 모유를 조금씩 배출시켜주면 된다. 아기를 낳고 수유하는 엄마가 가슴이 아픈 것은 다른 이유가 없다. 만들어진 모유를 빼주지 못했기 때문에 아프다. 모유 정체로 인해 젖울혈, 젖몸살, 유선염이 생긴다. 모유만 잘 빼주면 수유하면서 생기는 가슴 문제는 모두 해결이 된다.

산후조리원을 운영할 때의 일이다. 젖몸살을 심하게 하는 산모의 어머니가 콩나물 줄기를 빻아서 갖고 오셨다. 민간요법 중 하나라고 젖몸살할 때 가슴에 대면 좋다는 것이다. 그 덕분인지 다음날 산모가 많이 좋아졌다며 얼굴이 편해진 것을 볼 수 있었다. 그 후로 콩나물요법은 어디에서도 듣지도 보지도 못해서 권하지는 못하겠다. 알고 보면 다양한 민간요법들이 요소요소에 있다.

냉찜질과 온찜질을 언제 해야 되는지 엄마들이 많이 헷갈려한다. 우리가 추울 때와 더울 때 몸 상태를 생각해보면 이해하기 쉬울 것이다. 몸은 차가우면 기능이 떨어진다. 추운 겨울 스키장에 있다고 가정해보자. 아무것도 하지 않고 가만히 있으면 추위로 몸이 딱딱하게 경직되는 것을 알 수 있다. 근육도 위축되고 체온을 보호하기 위해 혈관도 수축하며 신체기능이 떨어진다. 마찬가지로 가슴도 차갑게 하면 젖 만드는 기능을 떨어뜨린다. 모유가 제대로 못 빠져나가고 가슴이 아프고 열이 나는 상태가 젖울혈이다. 이럴 때는 기능을 떨어뜨려 모유를 더 많이 만들지 않도록 해야 한다. 이미 만들어놓은 모유도 못 빼서 아픈데 자꾸 더 만들 필요가 없다. 반대로 온찜질은 유방의 기능을 더 활성화시킨다. 가슴이 뭉치고 아플 때는 급한 대로 유방의 기능을 떨어뜨려야 한다. 일시적으로 젖 만드는 기능을 떨어뜨리고 유선을 뚫어서 모유를 빼주도록 한다.

가슴을 차게 해주세요 하면 어떤 산모는 "아기 낳고 몸을 차게 하면 산후풍이 오지 않나요? 냉찜질하면 젖이 너무 줄지 않나요?" 라는 질문을 하기도 한다. 아기를 분만 후 신체 내부에 열이 나면서 땀을 흘리는 것은 정상적인 생리 반응이다. 하지만, 신체 일부인 가슴에 열이 과도하게 나는 것은 염증으로 가는 전조증상이다. 비정상적으로 열이 날 때는 우선 열부터 떨어뜨려야 한다. 불이 났을 때는 불부터 끄고 생각하자. 만들어도 빼지 못할 때는 젖 만드는 기능이라도 떨어뜨려 줘야 산모가 덜 힘들다. 일시적으로 기능을 떨어뜨린 후 유선을 뚫어서 모유가 나올 수 있도록 가슴을 안정시킨후에 다시 모유 만드는 기능을 활성화시키면 된다. 가슴이 뭉쳤을 때 따뜻한 수건으로 문지르게 되면 더 많은 혈액을 가슴으로 밀어 넣게 돼 증상을 악화시킬 수 있다.

냉찜질이든 온찜질이든 둘 다 모유량을 조절할 수 있다. 다만 가슴의 상태에 따라 적응 시기가 다르다. 온찜질의 적응증을 한 번 보자. 온찜질은 몸을 따뜻하게 한다. 몸이 따뜻해지면 근육이 이완된다. 우리는 격한 운동을 하기 전에 몸을 풀어주기 위해 준비운동을 한다. 수영이나 마라톤 등을 하기 전에는 누구나 스트레칭을 하고 가벼운 뜀뛰기를 하지 않는가? 몸을 이완시키기 위해서다. 찜질방을 가면 우리는 몸이 이완되고 혈액순환이 잘 되는 것을 느낄 수 있다. 덥기 때문에 혈관이 이완되고 얼굴이 붉어진다. 혈액순환이 잘 되는 것은 모유량 증가를 위한 기본 조건이다. 샤워할 때나 목욕할 때 모유가 흘러나오는 것도 이런 이유에서다.

수유하는 산모가 가슴이 딱딱해지고 아플 때는 근육이 뭉친 것과는 원인이 다르다. 원인이 다르면 처치도 달라야 한다. 수유하는 엄마가 가슴이 아플 때는 모유를 빼주면 된다. 유선을 처음 쓰는 초기에는 유선을 틔워줘야 된다. 조직에 수분이 채어 부은 것은 순환을 증진해 주고 조직이 부은 것은 진정시켜주면 된다. 유선이 막혀 모유가 빠지지 못 하고 가슴이 뭉치기 시작하면 모유의 원료인 혈액도 순환하지 못 하고 정체되기 시작한다. 얼굴이 붉어지면 열이 나는 것처럼 가슴속도 열이 나기 시작한다. 가라앉히기 위해서 냉찜질이 필요하다. 가슴이 아프다고 쉬지 않고 마사지를 할 수는 없다. 산모가 누워서 쉴 때는 가슴에 찬 수건이나 얼음팩 또는 차게 한 양배추를 올려준다. 차가운 찜질을 하다가 수유를 하거나 유축하기전에만 온찜질을 해서 모유 배출이 쉽도록 해준다. 온찜질 후 젖이 나오는 유두를 부드럽게 한 후에 수유나 유축을 하면 좀 더 쉽다.

온찜질은 가슴에 문제가 없을 때는 언제나 해도 무방하다. 온찜질은 몸의 큰 근육뿐만 아니라 혈관, 조직 등을 이완시킨다. 수유 시 가슴에 온찜질을 하면 유선과 혈관을 이완시켜 모유가 나오기 쉬워진다. 가슴이 아플 때 온찜질은 모유를 빼기 직전에만 해줘야 한다. 제대로 유선이 뚫리지 않은 상태에서 따뜻한 수건으로 멍울진 가슴을 문질러 마사지하는 것은 아프기만 하지 그리 도움이 되지를 않는다.

양배추는 항염작용과 가슴의 열을 떨어뜨려 주는 기능이 있다. 냉찜질 용으로 가장 많이 쓰는데 유두를 피해서 유방 전체를 덮어주는 것이 좋다. 모유가 나오는 배유구는 또 다른 감염의 통로가 될 수 있다. 가급적 유두는 피해서 유방전체를 덮어주도록 한다. 양배추를 장시간 덮어두게 되면 알레르기 유발 가능성이 있고 효과도 떨어지므로 3시간마다 교체를 해주는 것이 좋다. 열이 날 때는 몇 시간 만 지나도 익은 것처럼 흐물흐물 해진다. '양배추를 삶아서 냉장고에 뒀다가 쓰면 되나요?' 젖몸살을 하는 엄마에게 냉찜질을 하라고 했더니 내게 했던 질문이다. 시중에서 파는 생 양배추를 그대로 씻어서 냉장고에 뒀다가 쓰면 된다. 젖몸살 때 가장 많이 쓰는 냉찜질 재료다. 양배추 성분의 크림을 구매해서 사용해도 무방하다. 젖몸살이 심하거나 단유를 할 때 바르거나 잠을 자기 전에 바르고 랩을 씌워두면 효과가 좋다.

냉찜질과 온찜질은 모유수유가 끝날 때까지 가슴 상태에 따라 수시로 하게 된다. 냉찜질은 가슴에 문제가 생겼을 때 주로 적용되는데, 유방에 멍울이 졌거나 아프거나 열이 날 때다. 그 외 여러 가지 냉찜질 방법이 있으므로 다양한 방법을 이용하도록 한다. 얇은 비닐 주머니에 물을 넣어 얼음팩을 만들어 써도 좋다. 얼음팩을 가슴에 댈 때는 너무 차갑지 않도록 얇은 손수건을 대주도록 한다.

다양한 냉찜질 방법

감자팩. 알로에 팩. 양배추 찜질. 모유수유 패드. 얼음팩

감자팩

감자는 껍질을 벗기고 강판에 갈아준다. 갈아놓은 감자에 밀가루를 넣어 걸쭉한 농도로 만들어 섞는다. 가슴에 대고 위에 거즈를 대준다. 말라서 건조해지면 교체한다.

알로에팩

알로에를 깨끗이 씻은 후 주변의 가시를 잘라낸다. 두꺼운 껍질을 칼로 벗겨낸다. 젤리 같은 내용물을 얇은 거즈나 손수건으로 감싼 후 가슴에 댄다. 건조해지면 교체 한다. 알로에 알레르기가 있을 수 있으므로 주의해서 관찰한다. 따갑거나 붉어지면 사용을 중단한다.

얼린 모유수유 패드

젖이 흘러 속옷이 젖는 것을 방지하기 위해 쓰는 패드를 이용할 수도 있다. 초기 젖울혈보다는 수유 중에 오는 젖울혈 때 쓰기에 좋다. 뭉친 부위가 적은 부위에 적응하기에 적합하다. 수유 중에 생기는 울혈은 전체보다는 가슴 어느 부위에 한정적으로 뭉치는 경우가 많기 때문에 크기가 작다. 수유패드는 흘러나오는 모유를 흡수해서 젤형태로 고형화시킨다. 물에 적셔 얼려뒀다가 필요할 때 사용하면 된다. 뭉친 가슴에 적용하기에도 좋고 작아서 속옷 안에 넣고 활동하는 데도 부담이 없다. 모유로 오염이 되지만 않는다면 여러 번 사용할 수도 있다.

부유방, 가짜 젖꼭지

부유방은 수유하는 엄마들의 겨드랑이가 부풀어 오른 것을 말한다. 유선 라인은 겨드랑이에서 유두를 따라 서혜부까지 이어진다. 아주 오래전 인류에게는 이 유선 라인을 따라 젖꼭지가 여러 쌍이 있었다고 한다. 인류는 진화하기 시작하면서 직립보행을 하게 되었다. 균형을 잡기 위해 다

리를 모으게 되고 골반이 좁아지면서 아기도 하나 아니면 둘 이상 낳지 않게 되었다고 한다. 아기를 많이 낳지 않으니 유두가 많을 이유가 없어진 것이다. 직립보행을 하면서 아기를 안고 다니게 되고 수유하기 좋은 위치의 유두 두 곳만 남기고 사라지고 현재의 형태로 남았다.

예전에 모 방송프로그램에서 젖꼭지가 네 개인 남자라는 타이틀로 한 남자를 촬영한 것을 본 적이 있다. 이 남자의 정상적인 가슴 아래로 조금 작은 형태의 젖꼭지가 있었다. 물론 일상생활에는 아무런 문제가 없이 건강하게 잘살고 있는 모습을 보여주는데 그 모양이 너무나 일반젖꼭지와 똑같아 화재가 되었다.

남자가 이런 가짜젖꼭지를 가진 경우는 아주 드물다. 하지만, 여성 중에서는 임신 전부터 겨드랑이가 부풀어 오르는 부유방을 가진 경우가 흔히 있다. 또, 임신하면서 겨드랑이에서 유두로 이어지는 부위에 점처럼 생겼거나 사마귀처럼 돌기가 생기는 산모가 있다. 유선 라인을 따라 산모의 유두 아래나 위로 생기는 경우도 볼 수 있다. 어떤 산모는 골반 근처에 생

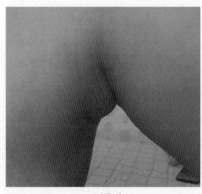
부유방

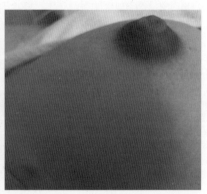
가짜 젖꼭지

겼다고도 한다. 모두 유선 라인을 따라 생긴 가짜 젖꼭지의 흔적들이다. 생긴 모양은 작은 젖꼭지처럼 보이기도 하고 돌기처럼 보이기도 한다. 이렇게 가짜 젖꼭지나 부유방이 있는 산모들은 유선이 잘 발달하여 있는 경우라고 여겨진다. 가짜 젖꼭지가 꽤 큰 산모는 임신 중이 아니라 태어날 때부터 자리를 잡고 있는 경우도 있다. 가짜 젖꼭지의 크기가 큰 산모의 경우에는 모유가 나오기도 한다. 가짜 젖꼭지는 한쪽에만 생길 수도 있고 양쪽에 다 생길 수도 있다. 간혹 첫째 때는 없다가 둘째 때 생기는 산모도 있다.

내가 만났던 한 산모의 경우에는 꽤 큰 가짜 젖꼭지가 어릴 때부터 있었단다. 산모에게 이게 뭔지 아느냐고 했더니 이미 가짜 젖꼭지인 줄 알고 있었다. "둘째 엄마도 아니고 초산인데 어떻게 알고 계셨어요?" 했더니 할머니가 동네 산파셨단다. 할머니가 동네 여인들 아이 낳는 일을 도맡아 도와주는 일을 하시다 보니 분만 외에 산후조리에도 관여하셨을 것이다. 자연히 모유수유를 시작할 때도 많은 도움을 주셨을 것이고 가짜 젖꼭지나 부유방에 대해서도 잘 알고 계셨을 것이다.

젖울혈이 생기면 겨드랑이에 있는 부유방이 커지거나 뭉쳐서 아파질 수 있다. 유선 라인이 출발하는 곳이고 유선들이 모여 있는 곳이기도 하다. 아플 때는 냉찜질로 단단해진 멍울이 가라앉도록 해주는 게 좋다. 뭉쳤다고 마사지하거나 온찜질을 하면 안 된다. 부유방이 발달한 산모는 젖이 많이 차서 배출이 안될 때나 수유 중에 젖몸살을 하게 되면 언제든지 수시로 겨드랑이가 부풀어 오를 수 있다. 가슴이 부풀기 시작하는 것과 동시에 겨드랑이가 부어오르기도 한다. 전체적으로 붓기도 하고 겨드랑이 안쪽에 구슬 같은 멍울이 만져지기도 한다. 순환이 정체되면서 면역체계를 담당하는 림프절이 같이 부어오른 것이다.

모유수유 클리닉을 통해 가슴관리를 받을 계획을 세웠다면 늦어도 만 2일째인 이날 낮에 관리를 시작하는 게 좋다. 부유방이 결혼 전에도 발달한 여성들이 있다. 생리, 배란 날짜에 맞춰서 부풀기도 하고 아프기도 하다. 미혼인 여성은 미용상 보기에 좋지 않아 수술을 하는 경우도 있다. 수술을 한 후에도 모유를 만드는 데는 크게 지장이 없다.

■ 손으로 모유 짜기

출산 후 가슴이 뭉치기 시작하면 젖을 잘 물던 아기도 빨기 힘들어하고 유축을 해도 모유가 쉽게 나오지 않는다. 사람으로 꽉 찬 지하철을 상상해보자. 복잡한 지하철에서 내릴 때 사람은 겨우 내려도 가방은 빼기 힘든 상황과 비슷하다. 분명히 가방은 있지만 사람들 틈에 끼여 빠지기가 힘들다. 많은 사람 때문에 가방이 꽉 끼여서 못 빠지기 때문이다. 유방조직이 부어서 유선을 누르고 유방 내압이 높아져 만원 버스처럼 서로가 서로를 눌러 꼼짝달싹하기 힘든 상황이다. 유선에 모유는 차기 시작하지만, 며칠 동안 가슴에 고여있다 보니 순환이 정체되어 있다. 가슴이 아파서 유축기 압을 높이 올려 무리하게 유축을 하다 쉽게 다친다. 단 한 번의 유축으로도 다치기도 한다. 아기는 젖을 물기가 힘들다. 가슴이 팽만해지고 유륜 부위의 유관동(젖주머니)에 모유가 가득 차 유륜이 팽팽해졌기 때문이다. 분만 초기 젖이 없어 유륜이 부드러울 때와는 상황이 다르다. 유두만 물고 수유를 하게 되는데 이런 젖물기는 유두를 다치게 한다. 유두와 유륜이 붓지 않고 부드러워 잘 물 수 있도록 아기가 물기 전에 손으로 자주 짜주는 것이 중요하다. 울혈 초기에는 수시로 유륜마사지를 해주면 좋다.

아직 가슴이 딱딱해지지 않은 상황이라면 온찜질을 위주로 자주 가슴을 이완시켜주는 마사지를 해야 한다. 아플 때 내가 직접 내 상처에 손을 대는 것은 굉장히 힘이 든다. 산모는 분만한 지 얼마 안 되고 관절도 안 좋은 상태다. 탱탱하게 부은 가슴을 직접 손으로 짜기는 힘들다. 남편이나 다른 가족의 도움을 받도록 한다. 유두를 손으로 짜기 전에 따뜻한 찜질로 가슴을 이완시킨 후 기저부 마사지를 해서 가슴의 운동성부터 높여준다. 기저부의 이완만 잘 돼도 유방 내압이 떨어져 한결 가슴이 편해진다.

손으로 모유를 짤 때는 한쪽 손으로 가슴을 받치고 다른 한쪽 손으로 유두 밖 유륜을 엄지와 검지로 잡는다. 유두마사지를 할 때 잡는 방법과 동일하다. 아기가 물어야 할 유관동까지 잡는 것이 중요하다. 유관동에 고인 모유가 빠져야 유륜이 부드러워지므로 유륜마사지를 자주 해주도록 한다. 유륜 부위가 벌써 팽팽해져 있을 때는 손가락으로 잘 쥘 수가 없다. 유두주위부터 부드럽게 눌러가면서 조금씩 넓히기 시작해서 유륜까지 엄지와 검지를 쥐고 많이 부드러워지면 가볍게 비틀듯이 틀면서 마사지한다. 유관동은 유륜아래쪽으로도 깊이 있기 때문에 유륜을 잡을 때 안쪽에 있는 유관동까지 잡아줘야 한다.

모유가 모여 있는 유관동은 포물선을 그리면서 아래쪽으로 퍼져있다. 아기가 물어야 하는 부위까지 손가락으로 눌러가면서 짜도록 한다. 수유는 수유대로 하고 시간이 날 때마다 수시로 짜주는 것이 좋다. 임신과 분만으로 손가락 관절까지 약해져 있는 산모보다 남편이 해주도록 한다. 처음에는 유두를 잡을 때 많이 아프다. 조금씩 유륜 부위로 넓혀가면서 마사지하듯이 최대한 부드럽게 시행한다. 유두와 유륜을 마찰을 하게 되면 상처가 날수 있으므로 손가락이 미끄러지지 않도록 주의한다. 당기지 말고 누르듯이 짜도록 하며, 반대쪽 손으로 젖병을 유륜 밑에 받히고 짜서 모으면 아기에게 줄 수 있다.

아기를 안고 수유를 하는 엄마들도 처음 하는 거라 익숙하지 않아 온 몸에 힘을 많이 주게 된다. 아기를 떨어뜨릴까 염려돼서도 손목에 힘을 많이 주고 안는다. 초기 젖울혈을 할 때도 어떻게든 유축을 하기 위해서 손으로 가슴을 눌러 짜기 때문에 손가락에도 많은 무리가 되고 있다. 게다가 손목과 손가락 관절은 임신 말기에 분만을 도와주기 위해 분비돼서 관절을 부드럽게 해주는 릴렉신의 영향을 받고 있다. 부드러워졌다는 것은 한편으로는 약해져 있는 상태라고 볼 수 있다. 이래저래 분만 후 아기를 안고 수유하고 유축을 하게 되면 손목과 손가락이 아플 수밖에 없다. 릴렉신은 출산 후 3개월에서 6개월까지도 영향을 주기 때문에 약해진 손목이나 손가락을 사용할 때는 주의해야 한다.

■ 유축기 사용하기

모유를 빼는 또 다른 방법인 유축기의 사용은 유선이 트여있고 유방조직의 부기가 어느 정도 가라앉아야 효과를 볼 수 있다. 가슴이 뭉쳤다고 처음부터 유축기를 무리하게 사용하게 되면 유두를 다치기 쉽다. 유축기 압은 모유가 나오기 시작하되 유두가 아프지 않은 범위 내에서 조절해야 한다. 잘 나오지 않는 모유를 짜내기 위해 유축기 압을 올려도 나오는 양은 별로 없을 수도 있다. 유축하는 시간은 모유량에 비례해 조절해주도록 한다. 초기 젖 뭉침일 때는 모유가 그리 많지도 않다. 유축할 양도 별로 없고 부어서 잘 나오지 않는데 15분씩 할 이유는 없다. 처음 아기에게 수유할 때처럼 유축기 사용도 짧게 하고 번갈아가면서 하도록 한다. 한쪽에서 유축하다 보면 다른 쪽 가슴에서 모유가 떨어진다. 옥시토신이 밀어주고 있기 때문에 반대쪽 유두 끝에서도 모유가 밀려 나오고 있기 때문이다. 모유가 떨어지는 반대쪽으로 가서 짜주고 몇 번을 교대로 유축 하도록 한다.

주의할 점

유축하면서 손으로 가슴을 쥐어짜지 말자. 유방 안의 유선에 모유가 있다. 당연히 쥐어짜면 더 많은 양의 모유를 짜낼 수 있다. 하지만, 이런 식의 유축은 유선조직을 다치게 할 수 있다. 더불어 산모들의 손가락과 손목관절을 다치게 한다. 유선조직은 스스로 젖을 만들고 밀어낼 수 있는 능력이 있다. 훈련만 잘된다면 누구나 가능하다. 유선을 잘 틔우고 아기가 잘 빨 수 있도록 하는 것이 중요하다. 둘째를 분만하고 와서 첫아기 때 다친 손목이 아직도 좋지 않다는 말을 하기도 한다.

어떤 방법으로 수유와 유축을 하든 하기 직전에는 따뜻한 수건으로 가슴을 크게 둥글리듯이 문지르며 마사지해주는 것이 좋다.

유륜, 유두 마사지

유관동에 고인 모유가 빠져야 유륜이 부드러워져 아기가 물기 좋다. 수유 초기에 유륜마사지를 자주 해주도록 한다. 남편이 도와주는 것이 좋다. 임산부는 임신 막달이 되면 분만을 쉽게 하기 위해 관절을 부드럽게 해주는 릴렉신이라는 호르몬을 뇌에서 분비한다. 골반을 빠져나와야 할 아기가 쉽게 나올 수 있도록 도와주기 위해 골반 관절 부위를 유연하게 해주는 호르몬이다. 그런데, 이 호르몬이 똑똑하게 골반에만 가면 좋겠지만 안타깝게도 모든 관절에도 영향을 주게 된다. 한방에서는 흔히 분만하고 난 산모는 온몸의 뼈마디가 모두 약해져 있다고 한다. 임신과 출산으로 인한 신체변화 때문에 일시적으로 약해진 것이다. 약해진 상태에서 무리한 사용은 주의해야 한다. 이 호르몬의 영향은 출산 후 3개월에서 6개월까지 엄마들의 관절에 영향을 준다고 한다. 그래서 출산 후 최소 3개월은 지나서 몸에 무리가 가지 않는 운동부터 시작하는 것이 좋다.

엄마들은 수유하고 싶은 욕심에 최선을 다해 아기를 만나러 간다. 하지만 수유를 제대로 하고 오는 경우는 드물다. 대부분 자는 아기를 안고 있다가 오는 경우가 많으므로 아기는 엄마가 돌아가고 나면 분유수유를 하게 된다. 아기는 3시간 간격으로 수유하고 있으니 엄마는 엄마대로 아기가 먹는 시간에 맞춰 젖을 비운다고 생각하자.

4. 분만 후 만3일째

'어젯밤부터 가슴이 갑자기 너무 아프기 시작해서 밤에 한숨도 못 잤어요. 남편이 마사지했는데도 계속 너무 아프고 가슴이 열이 나고 유축해도

젖이 안 나와요. 유두가 너무 아파요ㅠㅠ '

'아기만 낳으면 끝인 줄 알았어요. 젖몸살이 이렇게 아픈 줄 몰랐어요. 아기 낳는 거보다 더 아파요'

'새벽에 카톡을 남기게 되어 죄송합니다만 가슴이 너무 아파서요. ㅠㅠ'

'어젯밤에 갑자기 젖이 차서 뭉쳤어요.'

갑작스런 젖몸살로 병원을 방문 했을 때 산모들이 하는 말이 있다. 주위 사람들이 아기 낳고 3~4일은 돼야 젖이 나올 거라고 했다는 것이다. 가슴이 뭉쳐서 젖이 차 있는 것처럼 느껴지는 것을 말한다면 맞는 말이다. 실제 모유는 아기를 낳은 직후부터 만들어지기 시작한다. 단지 만들어졌다고 바로 나올 만큼 양은 많지는 않을 뿐이다. 조금씩 만들어진 모유가 모여서 유선을 타고 나올 정도가 되려면 3일은 걸린다. 처음에는 만들어지는 양이 너무 적기 때문에 산모는 가슴의 변화를 느끼기 힘들다. 산모들에게 개구리실험을 예로 설명하면 이해를 쉽게 한다. 개구리를 뜨거운 물에 집어넣으면 어떻게 될까? 살기위해 개구리가 바로 탁 튀어나온다. 만약 찬물에 개구리를 집어넣고 불 위에 올려놓으면 어떻게 될까? 개구리는 튀어나오지를 않는다. 시원하니까 그대로 물에 잠겨있다. 개구리는 변온동물이다. 주위 온도에 따라 체온을 변화시키며 적응을 한다. 차가운 물에 있던 개구리는 뜨거워지는 물에 조금씩 적응하면서 자신도 알지 못하는 사이에 익어버리고 결국은 죽는다.

출산한 엄마의 가슴을 물속에 있는 개구리와 비교하기엔 분명 무리가 있다. 하지만, 변화를 감지하지 못 하고 있다가 큰 어려움을 겪게 되는 것은 비슷하다. 출산한 지 2~3일 된 엄마가 "아직 가슴에 젖이 없어요." 해서 만져보면 벌써 가슴은 물먹은 스펀지처럼 느껴진다. 조금씩 모유가 만들어지고 붓기 시작하는 것을 알아채지 못 하고 편하게 쉬고 있다. 밤이 되면 갑자기 가슴이 탱탱해지고 아파진다. 출산하고 난 산모는 가능한 빨리 모유수유를 위한 준비를 시작해야 한다. 아프기 시작하면 이미 가슴은 많이 붓기 시작했고 좋아지는데도 시간이 많이 걸린다.

출산 후 3~4일쯤 지나 유두를 짜보면 유두 끝에 조금씩 만들어진 모유가 나오는 것을 볼 수 있다. 출산 직후부터 유선소엽에서 만들어진 모유가 유두까지 밀려 나오고 있는 것이다. 그 며칠 동안 유방 안에는 모유가 정체되어있었다. 모유가 3~4일 돼서 나오기 때문에 가슴이 불편한 것이 아니다. 모유가 만들어지고 정체되는 3~4일 동안 유선주위와 혈관주위 조직도 붓기 시작한다. 부슬비처럼 비가 알게 모르게 조금씩 와도 옷은 젖는다. 부어서 아프고 불편해서 유두를 짜보면 조금씩 유두 끝에 맺힌다. 이미 부어서 문제가 시작되는 가슴이다. 가슴의 변화가 감지되고 나서 밤부터는 급격하게 유방이 부풀어 오르기 시작한다.

■ 유축은 2시간 반에서 3시간마다 하자

초기 젖울혈은 분만하고 3번째 맞는 밤에 갑작스럽게 일어난다. 갑자기 찾아온 울혈에 당황한 산모들이 젖몸살이 이런 건 줄 몰랐어요 한다. 분만 후 3~4일째가 되면 가슴이 뭉치면서 아픈 것을 대부분의 산모가 경험한다. 이제 정말 내가 아기를 낳았구나 하는 것을 분만을 통해서가 아니라 가슴이 아픈 것을 통해서 더 절절히 실감한다. 아프니까 더 본격적으로 열심히 수유를 하기 시작한다. 참을 수 없을 정도로 아프니 누가 시키지 않아도 열심히 할 수밖에 없다. 주위에서도 자꾸 아기에게 물리라고 한다. 아기들이 수유만 잘 해주면 엄마의 가슴이 편해질 거라고 기대한다. 젖이 많이 만들어졌으니 아기가 잘 먹어줄 거라 생각하지만 웬걸 현실과 상상은 언제나 그랬듯이 기대를 벗어난다. 오히려 지금 엄마의 가슴 상태로는 처음보다 아기가 젖을 빨기 더 힘들다.

실제로 젖몸살을 심하게 했던 산모들의 표현을 빌리면 방바닥을 기어 다녔다는 얘기를 한다. 이 정도로 심한 젖몸살은 시작한 날부터 3~4일을 더 고생하게 한다. 젖분비 호르몬이 이때부터 급상승해서 3~4일 동안 더 지속되기 때문이다. 특히, 치밀유방인 산모들이 힘든 시간을 보낸다. 내가 만들어내는 모유보다 더 많이 빼줘야 가슴이 빨리 편해진다. 손으로 빼든 수유를 하든 유축을 하든 상관이 없다. 어떻게든 모유를 빼기만 하면 된다. 문제는 이때부터는 수유도 잘 안되고 유축도 힘들다는 것이다.

둘째 아이를 분만한 산모에게서 전화가 왔다. 새벽 6시경에 자연분만을 하고 오전부터 젖이 돌기 시작했단다. 첫아기 분만 후 젖몸살을 너무 심하게 해서 당장 가슴마사지를 받고 싶다고 했다. 오후에 병원으로 방문을 해서 산모를 만나 이런저런 얘기를 나눴다. 첫아기 분만 후 2박 3일을 병원에서 보낸 후 집으로 간 날 밤부터 젖몸살을 심하게 하기 시작했단다. 4일 동안을 집에서 기어 다녔다며 아기 낳는거 보다 젖몸살이 세상에서 제일 무섭다며 두 번은 하고 싶지 않다고 했다.

· 수유는 가능한 자주 하는 게 좋다.
· 유축은 2시간 반에서 3시간 간격으로 시도해라.
· 모유수유는 초기 2주가 가장 중요하다.

이 시기부터 최선을 다해서 가슴속의 모유를 배출해줘야 한다. 수유와 유축과 손으로 짜기의 반복을 통해 만들어진 모유를 빼야 한다. 수유 시 아기가 잠이 들지 않도록 깨워서 수유하고 아기가 수유하고 난 후에도 유축을 3시간 간격으로 해주는 것이 좋다. 신생아 때, 특히 생후 1주 이내는 아기가 열심히 빠는 것 같아도 가슴이 부어있는 상태에서는 그리 많이 먹지를 못 한다. 아기가 그저 수유 연습하는 시기라고 간주해야 한다. 대부분의 아기가 잠을 자느라 못 빠는 경우가 더 많다.

수유는 아기가 찾을 때마다 하되 그것과는 상관없이 유축을 2시간 반에서 3시간 간격으로 하는 것이 좋다. 손으로 짜든 유축기를 사용해서 모유를 빼든 가능한 이 시간을 지켜주는 것이 좋다. 이렇게 시간 간격을 잡는 이유는 유방이 아기가 먹는 시간 간격에 맞춰 모유를 만들어내고 밖으로 배출시키는 간격을 익히게 하기 위해서다. 일정 시간을 지켜 유축을 하면 가슴은 이 시간을 기계적으로 익히게 된다. 어느 정도의 시일이 지나면 유축을 한 간격에 맞춰 그동안 만들어진 모유를 밀어내기 시작한다. 모유를 밀어내는 것과 동시에 유선소엽으로 혈액을 흡수하고 뒤따라 혈관을 따라 혈액이 타고 흐르는 것을 느낄 수 있다.

어릴 때 손바닥에 전기가 통하게 하는 놀이를 해봤을 것이다. 그때의 느낌과 비슷하나. 손끝부터 쥐이기며 손바닥이 하얗게 되도록 손목까지 세게 꼭 잡고 있다가 갑자기 놓았을 때 저릿한 느낌을 기억할 것이다. 손바닥이 붉어지면서 드는 느낌과 유사한 느낌을 젖이 돌 때 느끼게 된다. 동맥혈관에 혈액이 갑자기 들어올 때의 느낌이다. 가슴에 그런 감각이 느껴질 때 살펴보면 유두 끝에서도 젖이 밀려 나와 수유패드를 적시게 된다. 모유순환이 자리를 잡았을 때는 가슴이 알아서 모유를 만들고 밀어낸다. 수유와 유축이 제대로 안 되면 가슴속에 혈액들이 정체되고 갇혀있어 가슴에 열이 난다. 방치하면 염증으로 진행되고 유선염을 유발할 수도 있다.

산부인과 병동에는 젖몸살을 위한 전자레인지는 필요 없다.

"밤에 뜨거운 수건으로 남편이 마사지해줬는데도 계속 아파요." 대부분의 산모가 이렇게 얘기한다. 실제 산부인과에 있는 전자레인지앞에는 남편들이 수건을 물에 적셔 데우기 위해 줄을 서 있다. 엄마들 가슴이 갑자기 뭉치기 시작하는 밤에 더 많이 줄을 선다. 어른들이 그렇게 해야 된다고 시켰단다. 남편들도 힘들어하는 아내를 위해 최선을 다해 뭉친 가슴을 문질러준다. 산모들에게 아프고 힘든 긴긴밤이 되는 날이다.

출산한 지 5일째 되는 날 집으로 방문요청이 왔다. 첫아기 출산 후 친정에서 산후조리 중이었는데 가슴이 심하게 팽만 되고 산모가 많이 힘들어하고 있었다. 산모에게 이것저것 물어보는데 친정엄마가 들어와 하는 말씀이 "남편이 많이 문질러줘야 한다. 마사지 좀 해주라 하고 바깥일 보고 들어와 봤더니 난리도 아니더라." 하신다. "왜요?" 하고 물어보니 사위가 다리로 산모 한쪽 팔을 누르고 한쪽 손으로는 다른 팔을 잡고 온 힘을 다해 가슴마사지를 하고 있고 애 엄마인 딸은 꼼짝없이 잡혀 눈물을 뚝뚝 흘리고 있었단다. 산모가 아파서 손으로 밀어내니 못 움직이게 한다고 그랬단다. "그래도 그렇지 어떻게 그렇게 애를 잡고 있을 수가 있어. 내가 기가 막히더라." 하신다.

가슴마사지의 목적은 가슴을 부드럽게 만드는 게 아니다. 모유가 나올 수 있도록 하는 게 목적이다. 유선을 틔워서 모유가 나오기 좋도록 해줘야 한다. 뭉친 가슴을 쥐어짜 가면서 모유를 빼주면 가슴은 다치게 된다. 많이 뭉쳤다고 세게 문지르는 것을 볼 수 있는데 가슴은 뭉친 게 아니라 부어있는 상태다. 모유는 못 빼주고 문지르기만 하면 젖울혈이 있는 산모는 너무 아프다.

가슴 마사지의 가장 기본인 따뜻한 찜질은 내부조직을 이완시킨다. 젖을 만들기 위해 가슴으로 들어오기 위해 애를 쓰던 혈액이 편하게 이완된 혈관으로 밀려들어 오기 쉽다. 젖이 빠져나가야 할 유두 부분인 출구는 정리가 안 돼 있는데 가슴으로 들어오는 입구만 열어놓으면 밀려들어 온 혈액 때문에 유방 내압은 훨씬 더 상승하게 된다. 가슴이 아플 때는 차가운 냉찜질을 하다가 모유를 빼기 직전에 온찜질 후 수유나 유축을 한다.

만들어진 모유가 빠져나가면 다시 혈액이 모유를 만들기 위해 가슴으로 밀려들어 온다. 프로락틴이 혈액을 가슴으로 밀어 넣어준다고 생각하면 된다. 프로락틴의 분비는 특히 밤에 활발하기 때문에 이 기능이 밤에 훨씬 활동적으로 이루어진다. 모유를 빼면 뺄수록 채워주려는 기능이 뛰어나다. 밤중 수유를 해야 모유량을 늘리기 좋다고 하는 이유다.

■ 모유수유는 초기 2주가 가장 중요하다

프로락틴은 아기가 수유를 위해 유륜을 자극하면 뇌에서 분비기 상승한다. 수유하면서 모유가 비워지면 다시 채우기 위해 혈액을 밀어 넣는다. 빨기와 비우기로 자극받는 조건반사다. 유일하게 출산 후 2주 동안은 저절로 분비된다. 출산 후 1~2시간 뒤부터 분비되기 시작해 3~4일부터 분비가 증가한다. 출산 1주 후가 되면 프로락틴분비가 줄어들기 시작해 2주가 되면 출산전과 비슷해진다. 이 2주 동안 열심히 수유와 유축을 해서 유선이 모유를 순환시키는 훈련을 해줘야 한다. 젖을 빼주는 속도와 양에 따라 이 속도로 모유를 만들어야 되는구나 하고 뇌는 학습을 한다.

퇴근 시간에 지하철 푸시맨이 있어서 탈 사람을 밀어주기 위해 대기하고 있다고 가정해보자. 지하철이 도착 후 문이 열려야 사람을 밀어줄 수 있다. 지하철 문이 열리지 않고 잠시 서 있다 가버리면 푸시맨은 할 일이 없다. 이것이 반복되고 시간이 지나게 되면 푸시맨은 할 일이 없어지니 사라진다. 지하철에 타고 있는 사람이 다 내리면 지하철은 텅 비게 되어 있다. 젖을 만들어놓고 빠져나가면 다시 밀어 넣기 위해 대기하고 있는데 수유나 유축으로 모유를 빼주지 않고 시간이 지나면 유방은 모유를 만들고 비워내는 훈련을 할 수 없다. 아기가 먹는 양에 비해 모유가 적다고 한다. 젖 만드는 기능을 익히지 못해 모유를 만들어내지 못하게 된다.

가슴이 단단해지고 아플 때는 모유 생산에 장애가 생긴 상태이다. 가슴 안에서는 모유를 만들기 위해 혈액을 밀어 넣어주고 있다. 혈액만 밀고 들어가서는 모유 생산이라는 수레가 잘 굴러갈 수 없다. 뒤에서 밀어줄 때 앞에서도 같이 당겨줘야 한다. 프로락틴이 뒤에서 밀어주는 역할을 하고 있다면 앞에서 당겨주는 것은 수유와 유축이다. 엄마가 할 일이다. 젖 울혈이 심해졌을 때는 서둘러 정체된 모유를 빼줘야 한다. 아기는 수유하고 엄마는 유축을 자주 하면 된다. 2주 동안 얼마나 자주 모유를 만들어내고 비워내느냐에 따라 유선의 기능이 결정된다. 출산 후 초기 2주가 모유 수유의 기초를 잡는 시기기 때문에 중요하다. 호르몬 분비가 상승하는 초기 1주가 훨씬 더 중요하다.

출산 후 엄마는 알지 못한 채 가슴은 수분을 머금은 스펀지같이 되어 가고 있다. 가슴이 부은 상태에서 밤이 되면 더 많은 혈액량이 밀려들어오기 시작한다. 대부분의 산모가 밤부터 커졌다 내지는 자고 일어나니 뭉쳐 있더라고 한다. 출산 후 세 번째 밤의 상황이다.

아기를 낳은 산모는 태어나서 유선을 처음 쓰거나 둘째 출산이라면 몇 년 만에 다시 쓰게 된다. 둘째 엄마는 몇 년 만에 처음 하게 되는 일이지만 첫째보다는 훨씬 모유를 만드는 기능이 좋다. 하지만, 초기 가슴이 편할 때 제대로 수유가 안 되면 덜 심하지만, 다시 젖몸살을 할 수 있다.

가슴 뭉침은 뭉치기 시작하고 약 2~4일 정도가 지나면 아픈 게 덜해지기 시작한다. 그동안 수유와 유축을 통해서 젖을 배출하고 가슴용적도 조금씩 늘어나 차츰차츰 편해진다. 풍선을 처음 크게 불 때는 터질 것처럼 보이지만 며칠 지나면 부드럽게 보이는 것과 비슷하다. 고무가 늘어나는 것처럼 가슴도 처음보다 모유가 보관하는 것에 익숙해진다.

5. 분만 후 만 4일 이후

■ 자는 아기에게 붙들려 있지 마라

모유량이 조금씩 늘어나기 시작한다. 아기는 아직 그다지 잘 빨지 않는다. 아이러니하게도 엄마들은 아기가 잘 먹는다고 생각한다. 잘 먹는 것처럼 보이지만 실제로는 아직도 잠을 많이 잔다. 젖을 빼려고 할 때만 급하게 빨아먹는 것이다. 잠이 든 아기에게 엄마들이 붙들려 있다. 배가 차지 않은 아기가 잠은 오는데 물고 있는 젖을 놓기는 아쉬우니 입이 자극될때만 오물거리는 것이다. 이때는 아기가 수유하고 있다고 착각하지 말고 과감히 빼서 반대쪽 가슴에서 수유를 시작해야 한다. 반대쪽 수유를 하면서도 잠이 들어 깨지 않는다면 차라리 아기가 편히 잘 수 있도록 해주자.

열심히 수유했다고 생각하고 방으로 돌아가지만 금방 호출을 받고 수유하기를 반복하는 경우가 많다. 수유하고 와도 가슴이 편해지지 않는다. 모유를 먹이면 젖도는 느낌이 든다는 데 아직은 잘 느낄 수도 없다. 유축을 해도 가슴에 몽우리는 남아있고 딱딱하다. 모유량이 잘 늘지 않는 것 같아도 수유와 유축을 자주 하고 있다면 더이상 심하게 아파지지는 않는다. 가슴의 멍울은 모유가 만들어지는 것보다 이미 부어있는 상태이기 때문에 모유를 더 자주 더 많이 빼줘야 빨리 없어진다. 이 시기 대부분의 산모의 가슴 상태다. 아기를 재우기 위해 침대에 내려놓으면 잠에서 금방 깬다. 잠을 깬 아기가 더 열심히 젖을 빨아준다.

■ 유두 상처, 손수건 똬리

처음 수유를 하자마자부터 아프기 시작해 상처가 생긴다. 피가 나고 딱지가 생기면서 유두가 속옷에 스치는 것도 아프다. 손수건으로 똬리를 만들어 유두에 속옷이 스치지 않도록 하면 덜 아프다. 손수건 똬리는 상처보호와 상처건조에 도움이 되며 약을 발랐을 때 약이 옷에 닦이는 것을 방

손수건 똬리 만들기

❶ 손수건을 삼각으로 접는다.

❷ 접은 손수건을 반으로 길게 접는다.

❸ 길게 접은 손수건을 몇 번 더 말아서 손가락 정도 굵기로 만든다.

❹ 얇게 말은 손수건을 꼰 후에 손가락 두 개를 넣고 매듭을 감아준다.

❺ 길게 남은 손수건 꼬리를 계속 감아서 돌린 후 끝을 묶어서 마무리한다.
도넛 모양과 유사하다.

지해준다.

손수건 똬리 이점 중의 또 하나는 유륜을 눌러줄 수 있다는 것이다. 가슴이 크고 유륜이 부드러우며 유두가 짧은 엄마들에게 적용하면 좋다. 속옷 안에 똬리를 넣고 있으면 부어있는 유륜을 눌러서 유두의 돌출을 도와준다. 모유가 차면서 유륜이 붓고 가슴에 젖이 차올라 전체적으로 팽만해지면 유두가 짧은 산모는 더욱더 짧아지게 된다. 아기가 물기 힘들어진다. 손수건 똬리는 유륜을 붓지 않게 눌러주는 효과가 있다.

■ 30분씩 빨고도 배고픈 아기

아기가 실컷 먹고도 배고프다고 울어요. 이게 무슨 말일까? 실컷 먹고도 배가 고파 우는 아기는 없다. 배가 고프기 때문에 운다. 아기들은 배만 부르면 잘 잔다. 모유가 부족한 엄마가 분유를 주는 이유이기도 하다. 계속 울어대던 아기가 분유를 먹고 배가 부르면 그때야 잠을 잔다. 엄마도 아기가 잠을 자야 쉴 수가 있다. 모유량을 늘리지 못하면 분유수유를 늘려가게 된다. 초산모들은 수유를 하면서도 아기가 먹고 있는 지 자고 있는지 알아채지를 못 한다. 양쪽 수유를 15분씩 했다고 생각하고 병실로 돌아가면 5분도 안 돼서 다시 아기가 깨서 젖을 찾는다고 호출을 받는다. 다시 수유실로 가서 수유하고 이제는 됐겠지 하고 생각하며 방으로 돌아간다. 엄마 품에 안겨 잠만 잔 아기는 다시 젖을 찾아 울고 다시 젖을 물리면 이제는 엄마 젖을 거부하기 시작한다. 엄마는 할 수 없이 분유수유를 하게 되는데 낚아채듯이 젖병을 물고 단숨에 들이키는 아기를 보면서 여태껏 '내가 뭐했나, 젖이 많이 부족한가봐'하며 혼자 속상해한다.

초산모는 내 아기만 수유를 열심히 하는 것 같지 않고 나만 모유가 적은 것 같은 생각에 방에서 혼자 속상해하는 울기도 한다. 우울해 하는 산모들에게 다들 똑같다고 한자리에 모여서 마음을 터놓고 얘기해보는 시간을 가져보라고 농담을 하기도 한다. 처음엔 누구나 그렇게 시작한다. 잘하는 것처럼 보이는 둘째 산모도 처음에는 그렇게 시작을 했다. 초산모들이 분유를 떼고 모유로만 수유하는 데 걸리는 시간이 대략 1달 반에서 2달 정도다. 산후조리원에서 다른 산모들과 비교하면서 힘들어하지 말자. 조급하게 마음먹고 빨리 완모가 되지 않아도 포기하지 않으면 가능하다.

■ 목, 어깨, 허리, 등의 통증과 두통

수유한 지 며칠 지나지 않아 호소하는 통증들이다. 수유를 시작하자마자 목이 아프고 어깨가 아프다. 고개 숙여 수유하는 아기를 계속 쳐다보기 때문이다. 아기에게 잘 먹여주기 위해 고개와 상체를 숙여 몸이 기울어져 있다. 이런 자세로 수유를 몇 회만 하다 보면 하루 이틀도 안돼서 몸이 아프다는 얘기가 나온다. 엄마들이 알고 있는 기본 수유하는 시간인 양쪽 15분씩 30분을 틀어진 자세로 버티고 있기 때문이다. 혹시나 움직이면 젖꼭지가 빠질까 온몸을 긴장하고 있다. 모유수유만 하게 된다면 하루에 기본 10회 이상을 하게 된다. 이런 자세로 하면 아프지 않을 수가 없다. 올바르게 아기를 안고 수유를 하는 연습이 필요하다. 허리를 제대로 펴고 자세만 바로잡아도 수유가 한결 편해진다. 허리를 펴기 위해서는 쿠션이 엄마의 가슴 뒤 등 쪽에 위치해야 한다.

이것과 더불어 아기의 코가 눌린다고 해서 코를 누르는 가슴을 눌러주고 있다. 이 자세도 전혀 불필요하다. 아기의 몸을 발치 쪽으로 조금만 내려주면 해결이 된다. 아기의 턱이 유방에 닿도록 해주면 된다. 이렇게 하면 코는 저절로 유방에서 떨어진다. 아기가 숨을 쉬는데 아무런 지장이 없다. 아기의 턱이 유방에 닿아야 모유가 모여 있는 젖주머니를 물고 수유하기에 좋다.

6. 분만 후 일주일

■ 수유를 거부하는 아기

뭉쳤던 가슴은 조금씩 편해지고 있다. 아기들이 깨어서 수유하는 시간이 점점 길어진다. 그에 반해 모유하기를 거부하는 아기들도 한두 명씩 보인다. 출생 후 일주일쯤 되면 아기의 배구레는 많이 늘어나 있다. 그에 비해 모유량은 아기의 필요한 양을 맞추기에는 아직 한참 부족하다. 일주일쯤 되면 아기들은 엄마 젖과 젖병 젖꼭지를 구분하기 시작한다. 아주 똑똑한 아기들이다. 젖병이 편하다는 것을 알아차린다. 잘 나오는 젖꼭지와 잘 나오지 않는 젖꼭지를 구분할 수 있다.

모유수유는 젖병으로 수유하는 것보다 60배나 더 많은 노력을 필요로 한다. 모유수유는 힘이 들고 엄마 젖은 아직 많지 않다. 아기들은 힘든 엄마 젖을 빨고 싶지 않다. 당연히 아기들은 모유수유를 거부하기 시작한다. 지금까지 열심히 엄마 젖을 빨아주던 아기들이 수유하려고 하면 몸을 뒤로 젖히면서 거부하고 우는 아가들도 보인다. 이것이 심해지면 수유하기 위해 엄마 방향으로 몸을 돌리기만 해도 떼를 쓰며 울기 시작하는 아기도 있다.

아기와 굳이 힘든 기 싸움을 하지 마라. 먹지 않으려고 용을 쓰며 거부하는 아기에게 어떻게든 수유를 하려고 애쓰다 결국엔 유축한 모유나 분유를 주게 된다. 아기가 심하게 엄마 젖을 거부할 땐 잠시 쉬어가도 된다. 배가 많이 고플 때는 아기가 사력을 다해서 거부한다. 이때는 억지로 젖을 물리려고 하지 마라. 젖병으로 유축한 모유나 분유를 조금 먹여서 아기를 진정시키도록 한다. 아기가 잠이 들기 전에 다시 젖 물리기를 시도한다. 여태껏 젖병으로 분유를 먹고 왔던 아기다. 분유량을 차츰차츰 줄여 가며 모유량을 늘려가야 한다.

모유의 양도 눈에 띄지는 않지만, 분명히 조금씩 늘고 있다. 가끔 수유하는 산모가 모유량이 늘지 않는다고 걱정을 하기도 한다. 이때는 수유후 아기가 어떤 식으로 시간을 보내는지도 관찰해보기를 권한다. 병원에서 퇴원 후 산후조리원이나 집으로 간 후에는 젖을 물리는 횟수가 훨씬 늘게 된다. 거기다 유축도 이전보다 더 열심히 한다. 젖이 유선에 고일 시간이 없다. 이전보다 유축하는 양이 더 적어진 거 같다. 젖양이 늘지 않는다고 생각하는 이유 중 하나다.

먹는 분유량에 비해 아기의 몸무게는 시시각각 늘고 있다. 신생아들은 하루 20~30g 이상만 늘면 정상성장으로 간주한다. 생리적인 체중감소기간을 지나고 아기 몸무게를 확인해보는 젖이 도움된다. 초기 먹던 분유양은 더 이상 늘지 않는데 아기 몸무게가 늘고 있다면 걱정하지 않아도 된다. 모유를 먹고 있다는 증거이므로 너무 조급해하지 말자. 아기가 젖을 빨아먹는 능력에 따라서 직접수유를 통해 아기가 먹는 양도 늘게 된다. 워낙 자주 수유하고 유축도 열심히 하는 시기라 젖양이 늘어도 알아채지 못할 수 있다. 아기가 수유 후 잠을 자거나 먹지 않고 깨서 놀면서 시간을 보내기 시작했다면 먹는 양이 늘고 있다고 생각하자. 아기의 소변과 대변 배출이 원활하다면 걱정하지 말고 수유를 계속 열심히 하면 된다.

출생한 지 일주일쯤 수유 거부

정상분만으로 태어난 아기는 엄마보다 육체적인 스트레스를 9배나 더 많이 받는다고 한다. 성인인 엄마도 자연분만 후에는 힘들고 떨어진 체력을 회복하는 데 시간이 걸린다. 요즘은 초산연령이 높아져 출산 후에 몸이 많이 붓는다. 부기가 빠지는데도 예전보다 시간이 더 많이 걸린다. 아기는 출산할 때 엄마보다 육체적으로 더 힘들었다. 체력을 회복하는 데 시간이 더 필요하다. 체력을 회복하는 방법 중 가장 기본은 잠을 잘 자는 것이다. 잘 먹고 잘 자는 아기들의 몸무게가 빨리 는다.

출산 직후 처음 수유를 시도할 때 유두 모양 때문에 잘 물지 못하는 경우를 제외하고는 아기들이 거부하지 않는다. 짧은 시간이지만 열심히 젖을 찾고 빠는 것을 볼 수 있다. 아기들이 젖을 물고 잠이 들지 않도록 엄마들이 열심히 깨워가면서 수유를 해야 한다. 수유하면서 점점 아기들이 젖을 물고 빠는 시간이 길어진다.

생후 일주쯤 되면 거부하는 아기들이 보이기 시작하는 데 엄마의 젖양이 많이 늘지 않아 열심히 빨아도 잘 안 나온다는 것을 아는 아기들이다. 특히, 잘 먹는 아기들이 이런 태도를 많이 보인다. 아기가 거부하는 상황이 되지 않도록 모유수유를 자주 시도해야 한다. 유축해서 나오는 양이 별로 없더라도 실망하지 말고 자주 하는 것이 좋다.

지금 당장 아기가 모유수유를 거부한다고 해서 포기하면 안 된다. 아기가 수유를 거부하는 데는 젖양부족과 젖물기가 힘들어서다. 젖양은 시간이 지나면 늘게 되어있고 젖물기가 안 되는 요인인 유두 조건은 아기의 몸무게가 늘고 아기의 입이 커지면 아기가 유륜까지 물면서 해소가 되는 경우가 대부분이다. 아기가 어느 순간 젖을 물었을 때 잠깐 시도를 하는 데 이때 아기가 젖이 입안으로 쏙 빨려 들어올 정도로 젖양을 늘려봐야 한다. 젖병으로 수유하다 몇 달 만에 엄마 젖을 물었는데 몇 번 빨아보니 젖이 나오지 않더라 싶으면 더 강하게 거부할 수 있다.

당장 젖을 물기가 안 좋을 때는 보조기를 사용하면서 수유를 계속 시도하는 것이 좋다. 보조기는 엄마 젖을 먹을 때보다는 쉽고 분유를 빨 때보다는 더 힘이 든다. 보조기 사용은 아기의 젖 빠는 힘을 유지하고 부황기처럼 음압을 형성해 아기가 빨 때마다 유두를 자극해 돌출되게 한다. 젖양도 별로 없는데 빠는 것도 힘들면 아기가 짜증을 내기도 한다. 이때 보조기의 위쪽에서 분유나 유축된 모유를 흘러내려 보자. 아기가 입으로 흘러들어오는 모유를 먹기 위해 보조기를 계속 빨기도 한다. 아기가 모유수유를 거부하지 않도록 여러 가지 방법을 이용해봐야 한다.

아기가 유륜까지 물게 되면 모유수유는 굉장히 빠른 시간안에 자리를 잡을 수 있다. 양쪽 가슴을 비우는데 걸리는 시간은 약 10분 정도면 충분하다. 세시간에 한 번씩 10분마다 수유를 한다면 모유수유가 힘이 들 이유가 없다.

■ 다른 산모와 비교하지 말자

산후조리원에 입소하는 산모들이 속상해하는 이유 중 하나가 다른 산모와 모유량을 비교하는 거다. 젖몸살을 할 때는 아파서 다른 사람과 비교할 여유가 없다. 가슴이 딱딱하고 아프니 모유는 많을 것으로 생각하기도 한다. 유축하기 시작하면서부터 비교가 시작된다. 이제 막 유축할수 있는 상황이 돼서 짜놓은 모유를 신생아실에 갖다 주면서 다른 산모들이 짜놓은 모유를 보게 된다. 가슴은 붓고 아프지만, 막상 유축을 해보면 10cc조차 나오지 않을 수도 있다. 이렇게 짠 모유를 들고 갔다가 다른 산모가 짜놓은 모유량을 보고 충격을 받는다. 겨우 젖병에 깔린 모유를 들고 '나는 뭐지? 저 사람은 저렇게 많이 나오는데 난 이게 뭐야?' 하고 속상해한다.

절대로 남과 비교할 필요가 없다. 대부분 그렇게 많은 모유를 짜는 산모는 산후조리원에 입소한 지 최소 일주일은 지난 경우가 많다. 또 초산보다는 둘째 산모일 가능성이 크다. 젖이 잘 나오는 산모도 초산 후 모유가 나오는 데는 똑같은 과정과 시간을 거쳤다. 첫아기를 수유하면서 힘들게 보낸 시간도 있다. 둘째 산모라도 첫날부터 그렇게 많이 나오지는 않는다. 모유를 만들어내는 데는 출산 후 필요한 시간이 있다.

첫아이에게 완모를 한 후 몇 년 만에 둘째를 분만하고 입소한 지 며칠 지나지도 않았는데 수유 후 가슴이 편해지지 않는다고 얘기를 하기도 한다. 초산 후 모유가 잘 나올 때까지 초기 몇 달 동안 수유하면서 고생한 것은 잊어버린 것이다. 완모하면서 수유를 잘한 기억만 남아있기 때문에 '이상하네. 이번엔 왜 모유가 빨리 안 늘지? 수유하면 가슴이 편했는데 둘째 땐 왜 안 시원하지? '하는 것이다. 초산 때 모유수유를 잘 했다 하더라도 둘째는 몇 년만 에 다시 시작하는 것이다. 둘째든 셋째든 몇 년 만에 분만 후 모유수유가 자리 잡는 데는 최소한 거쳐야 할 시간과 과정이 있다.

15-44세 유배우부인의 출생아 월령별 모유수유율 추이(단위: %)

구분	모유수유율 (A) [1]					모유수유율 (B) [1]				
	2000[1]	2003[2]	2006[3]	2009[4]	2012[5]	2000[1]	2003[2]	2006[3]	2009[4]	2012[5]
1~2개월 미만	35.2	45.6	51.9	65.6	56.7	35.7	45.6	52.0	65.0	56.7
3~4개월 미만	22.1	34.1	43.4	57.0	50.0	26.5	34.1	46.0	57.4	51.6
5~6개월 미만	9.5	29.5	26.8	36.2	32.3	20.7	29.5	42.8	51.0	44.5
11~12개월 미만	1.9	15.5	3.3	1.9	2.0	9.4	15.	30.0	34.5	33.7

주: 1) 모유수유율(A)은 주로 모유만 먹인 완전 모유수유, (B)는 모유수유와 보충식을 같이 먹인 경우를 합한 모유수유율로 산출함; 2)2003년에는 모유+보충식에 대한 항목이 조사되지 않고 모유수유에 포함되어 조사됨, 3) 1~2개월에서의 모유수유율(A)와 모유수유율(B)가 같은 것은 1~2개월에서는 보충식을 먹이지 않기 때문임.

자료: 1) 김승권 외, 『2000년 전국 출산력 및 가족보건실태조사』, 한국보건사회연구원, 2000; 2) 김승권 외, 『2003년 전국 출산력 및 가족보건 · 복지실태조사』, 한국보건사회연구원, 2003; 3) 김승권 외, 『2006년 전국 출산력 및 가족보건 · 복지실태조사』, 한국보건사회연구원, 2006; 4) 김승권 외, 『2009년 전국 출산력 및 가족보건 · 복지실태조사』, 한국보건사회연구원, 2009; 5) 본 조사결과

아기에게 맞는
젖양 만들기

아기가 먹을 젖양은 누구나 만들 수 있다. 다만, 편한 수유 자세와 유선 관리가 힘들 뿐이다. 젖양은 엄마가 얼마든지 조절할 수가 있다. 아기가 먹기에 너무 적거나 많아서 힘들다고 수유를 포기하지 말자.

1. 젖양 늘리기

수유를 포기하는 엄마들의 가장 많은 이유가 뭘까? 젖양부족이다. 분만 초기 산모들의 고민은 젖이 생각보다 빨리 늘지 않는다는 것이다. 처음부터 모유가 많이 나오는 산모가 일미니 될까? 수유하다 젖이 너무 많아서 고생하는 산모도 처음에는 전혀 없이 시작한다. 다만, 젖양 관리 실패로 인해 젖양 과다로 진행이 될 뿐이다.

모유수유는 하면 할 수록 아기의 빠는 능력이 좋아진다. 우리 몸은 유방을 자주 비울수록 모유를 더 채우려고 한다. 아기를 키워본 선배들이 물리면 물릴수록 젖양은 늘어난다고 한다. 실제로 맞는 말이다. 단, 유선을 뚫고 수유할 때만 적용이 되는 말이다. 그저 열심히 물리고 빨린다고 해서 젖양이 늘지 않는다. 유선을 통해 모유가 빠져나가야만 젖양은 늘기 시작한다. 젖양이 적은 산모는 몇 번 수유 시도를 하고 난 후에 아기에게 분유로 보충을 할 때 쉬고 있으면 안 된다. 아기가 먹는 시간에 맞춰 2시간 반에서 3시간 간격으로 유축을 해야 한다. 아기에게 수유하지 않고 분유만 먹이고 있다면 아기가 먹는 시간을 기준으로 유축을 해야 한다. 규칙적으로 유방이 젖을 만들고 내보내는 시간을 맞출 수 있도록 유선조직을 훈련시켜야 한다.

유축하는 시간을 이렇게 아기가 먹을 시간에 맞춰서 해야 출산 2주 후에는 엄마가 젖을 비워준 시간에 맞춰 유선이 젖을 배출하려고 하기 때문이다. 모유는 아기를 낳은 엄마는 본인도 모르게 만들어낸다. 다만, 규칙적으로 만들고 스스로 시간 맞춰 배출을 할 수 있게 되려면 2주 동안의 훈련이 필요하다. 모유가 적다 싶어 유축을 자주 하지 않고 보관하고 있으면 뇌는 빼 나간 만큼의 모유만 필요하다고 생각하기 때문에 더 만들려고 하지 않는다.

분만 초기 수유는 모유수유 적응 기간이다. 아기가 수유하고 배가 불러서 잔다고 생각하지 말자. 반복된 수유와 유축 외에 온찜질을 자주 해야 한다. 모유의 원료인 혈액순환을 증가시킨다. 근육을 이완시켜 모유를 만드는 기능을 활성화해준다. 모유의 구성은 80~90%가 수분이다. 아무리 엄마가 영양가 있는 음식을 먹어도 물을 먹지 않으면 양을 늘릴 수 없다. 하루 2ℓ 이상의 물을 먹도록 하자.

2. 젖양 줄이기

젖양이 적은 산모입장에서 본다면 어쩌면 행복한 고민일 수 있다. 하지만, 젖양이 과다인 산모는 너무 많아서 힘들다. 수유와 유축 때문에 쉴 시간이 없다. 만들어진 젖을 비워주지 않으면 가슴이 아파서 고통스럽다. 누가 시키지 않아도 유축을 자주 한다. 몇 번만 유축을 쉬거나 방심하면 젖울혈을 비롯해 잦은 젖몸살과 유선염을 할 가능성이 크다. 출산보다 힘들다는 젖몸살은 수유를 포기하게 쉽게 만든다.

젖 만드는 기능이 좋은 산모는 분만 초기부터 다른 산모들에 비해 모유를 많이 만들어낸다. 수시로 수유나 유축을 해서 비워도 다른 산모에 비해 모유가 금방 만들어져 견딜 수 없이 가슴이 아프다. 유축을 하면 잠깐이라도 가슴이 편해지니 누가 시키지 않아도 알아서 유축을 하게 된다. 출산 초기 잦은 수유와 유축은 모유량을 과하게 늘려 젖몸살의 원인이 된다.

산후조리원에서 200~300cc를 짜내는 산모들이 있다. 산후조리원에서야 많은 산모의 부러움의 대상이다. 퇴소 후 집으로 가면 그때부터 고생길이다. 집에서 수유하기 시작하면서 젖양이 더 늘기 시작한다. 아기가 먹는 양보다 많이 만들면 어떻게 해야 할까? 나머지 모유는 짜줘야 가슴이 편해진다. 하지만, 집에서 아기를 혼자 돌봐야 하는 시간이 길어지면 유축할 시간이 부족해진다. 수유하고 남은 모유를 유축하지 못 하고 가슴에 고여 있게 되면 문제가 생길 수밖에 없다. 아기는 100cc를 먹는데 200cc를 만들 이유가 있을까? 아무리 좋은 것도 과하면 문제가 생긴다.

만약 필요한 양보다 더 많은 모유가 만들어지면 어떻게 될까? 모유는 순수한 물이 아니다. 80% 이상의 수분에 단백질, 칼슘, 지방, 무기질 등

각종 영양소가 섞여 있는 아기의 음식이다. 모유가 빠지지 않고 유선 안에 오래 고여 있으면 농도가 진한 젖이 된다. 끈적거리고 덩어리가 생길 수 있다. 모유가 뭉쳐서 치즈처럼 끈적이는 덩어리를 만든다. 이렇게 뭉친 것을 유전이라고 부른다. 유전은 가는 유선을 막아 젖몸살과 유선염을 유발하기가 쉽다.

젖양을 줄이기 위해서는 늘리는 방법과는 반대로 하면 된다. 냉찜질을 자주 해서 가슴 기능을 떨어뜨린다. 혈액의 유입을 막아준다. 탄탄한 속옷을 착용해 가슴을 고정해 운동성을 떨어뜨린다. 수분섭취를 억제한다. 수유는 아기가 원하는 대로 하되 유축하는 양을 조금씩 줄여나간다.

■ 수유 중 젖울혈과 젖몸살

수유 중의 젖울혈은 분만 초기의 젖울혈과는 원인과 형태가 다르다. 출산 초기 젖울혈은 전체적인 유선과 유방 내 조직의 비대로 순환에 문제가 생겨서 유발된다. 가슴 전체가 뭉치고 딱딱해진다. 수유 중에 경험하는 젖울혈은 전체가 아닌 가슴 일부분의 문제다. 유두에서 가슴 아래로 내려오는 유선 일부의 정체로 인해 유선이 막히고 그 아랫부분에 부분적으로 뭉치게 된다. 통증은 분만 초기에 했던 젖몸살과 같이 심하게 아프다. 이런 증상을 반복해서 경험하게 되면 아파서 모유수유를 포기하게 된다. 특정한 유선부위가 정체되지 않도록 다양한 수유 자세(요람형, 풋볼형, 캥거루형, 누운 자세 등)를 활용해 수유하는 것이 좋다. 모유가 빠지지 않고 정체되거나 아기가 먹고 나서 짜야 할 정도로 젖양이 많아지지 않도록 초기부터 관리를 해야 한다.

젖양이 많은 산모가 수유 후나 유축 후 가슴이 편해지기 시작하면 유축하느라 힘들 뿐 모유를 만드는 데는 문제가 없어진 상태다. 문제라면 단지 너무 빠른 속도로 필요 이상의 젖을 만들어내는 것이다. 이런 산모들은 이미 산후조리원에 있을 때부터 냉동실을 본인이 짜놓은 모유로 채워둘 가능성이 크다. 아마도 퇴원 후 집에서도 냉동실에 모유를 채워놓고 있을 것이다. 모유량은 아기가 먹기에만 충분하면 된다. 냉동실에 보관했다가 결국은 다 버리기도 한다. 산후조리원에서 젖양 과다로 유축을 열심히 하는 산모를 보면 항상 모유량을 줄이라고 한다. 혹시나 그렇게 했다가 아기가 먹기에 부족해지지 않을까 걱정하는 엄마도 있다. 쓸데없는 걱정이다. 젖양이 많은 산모는 젖양을 줄여도 필요하면 언제든지 다시 늘릴 수 있다.

■ 유축양 줄여나가는 시기

모유수유 초기에 엄마 젖만 물면 잠을 자던 아기가 언제부턴가 젖을 열심히 먹는 것 같다. 수유하고 나서 잠을 자는 시간이 길어지기 시작했다면 그때부터는 유축하는 양을 줄여나가야 된다. 아기가 먹는 양이 늘기 시작했기 때문에 수유 간격이 벌어지기 시작한 것이다. 수유하고 나면 조금씩 가슴이 편해지는 기분을 느끼기도 할 것이다. 이때부터는 가슴이 아파서 한 방울까지 쥐어짜던 모유를 양쪽 가슴에서 조금씩 덜 짜기 시작하자. 유축해오던 양을 줄이는 것으로 조절하거나 유축하는 시간을 조금 더 길게 잡아도 된다. 유축후에 가슴에 모유가 조금 남아있다는 느낌이 들도록 해야 한다.

예를 들어 초기 젖울혈 시기를 지나 수유나 유축을 하고 나면 가슴이 편해지는 시기가 되었다고 가정하자. 수유하고 나면 아기는 잠을 자기 시작하는 데 산모는 여전히 유축을 열심히 하고 있다. 이때 한 번 유축하는 양이 100cc가 넘고 냉동실에 모유가 보관되는 양이 많아진다면 양쪽 가슴에서 10cc를 남기고 유축을 한다. 남겨진 양이 그리 많지 않아 가슴에는 크게 부담이 되지 않을 것이다.

모유수유는 여전히 아기가 찾을 때마다 하면 된다. 매일 양쪽 가슴에서 유축하는 양을 10cc씩 줄여나가면 크게 부담되지도 않고 젖양조절이 가능하다. 매일 조금씩 양을 줄여나가면 하루에도 몇 번씩 유축을 하기 때문에 꽤 많은 양을 줄일 수 있다. 처음엔 초기 젖울혈처럼 가슴이 살짝 불편할 수 있다. 한 번에 많은 양을 줄이면 젖몸살을 할 수도 있다. 수유와 유축을 교대로 하고 있기 때문에 젖울혈이 올 확률도 그다지 높지 않다.

모유량을 줄여나갈 때 같이 병행할 것이 냉찜질이다. 차갑게 근육이 경직 되었을 때는 당연히 몸을 움직이기가 쉽지 않다. 몸이 굳은 상태에서는 일을 하기 힘이 든다. 유방도 마찬가지다. 차게 해주면 모유를 만드는 능력이 떨어진다. 유방의 혈액순환도 떨어진다. 모유를 빼주지 않으면 혈액도 고여 있게 되고 열이 날 수 있다. 냉찜질은 열을 떨어뜨리고 염증으로 진행될 가능성도 줄여주며 안전하게 젖양을 줄이는 데 도움이 된다.

■ 젖양 과다와 심한 갈증

젖양이 과도하게 많은 산모는 갈증이 심하다. 일반적인 산모의 경우 모유량을 늘리기 위해 수분섭취를 평소보다 더 마시려고 노력한다. 모유를 만드는 원료가 혈액이고 수분이기 때문이다. 젖양이 부족한 산모와는 달리 젖양 과다 산모는 젖을 만들어내는 기능이 너무 뛰어나 몸속의 수분까지 끌어와 젖 만드는 데 쓴다. 갈증을 심하게 느끼기 때문에 물을 많이 마신다. 유축으로 배출하는 모유를 점차 줄여나가기 시작하면 배출하는 수분감소로 인해 갈증이 조금씩 해소되기 시작하는 것을 느낄 수 있다. 아기가 먹고 나서 잠을 잘 자고 엄마는 수유 후에 가슴이 편해지면 더 이상 유축하지 않아도 된다.

모유량은 수유하고 비워내는 만큼 더 만들어낸다. 모유가 부족한 산모는 수유는 수유대로 자주 하고 유축을 반복적으로 해주는 것이 중요하다. 모유가 많은 산모는 모유를 비워주지 않고 가슴에 조금씩 남겨둬야 한다. 남겨두면 우리 몸은 이렇게까지 많이 만들 필요는 없구나 하고 젖양을 줄이려고 한다. 비워진 만큼만 전체 가슴에 모유를 채워 넣으려고 하기 때문에 만들어내는 모유량은 점차 줄게 된다.

Chapter

07

올바른
수유 자세

"허리가 끊어질 거 같이 아파요."

"등이 찢어지는 것처럼 아파서 수유를 그만하고 싶어요."

"목이 너무 아프고 두통이 심해요."

"머리가 아파서 눈알이 튀어나올 것같이 아파요."

모유수유를 하는 엄마들에게서 들을 수 있는 말이다. 수유하는 아기엄마들이 얼마나 힘들어하는지 알 것 같다. 출산한 지 한 달 내지 두 달 만에 분유 없이 완전 모유수유를 하기 시작한다. 힘들게 완모를 해내고 나서 아파서 수유를 포기하고 싶단다. 수유하는 엄마의 입장이 되어보지 않고는 그 심정을 알 수가 없을 것이다.

초보 엄마들이 완전모유수유로 자리 잡는 데는 대단히 많은 시간과 노력이 필요하다. 모유수유를 성공하기까지는 엄마들의 눈물 나는 노력이 있다. 단유를 하기까지 수유를 하는 기간이 대부분 6개월에서 1년 이상씩의 시간을 모유수유에 할애한다. 2년 이상 수유를 하는 엄마도 있다. 모유수유가 편하려면 엄마의 몸이 편하게 수유하는 자세를 익히는 게 중요하다.

편한 수유 자세

수유 자세에 있어 가장 기본은 엄마의 바른 자세다.

어떤 자세든 기본 세 가지만 기억하자.

첫째, 엄마 허리 펴기

둘째, 엄마 유두와 아기 입 높이 맞추기

셋째, 아기 허리 펴기

수유와 관련된 신체적인 통증들은 자세를 교정함으로써 해결할 수 있다. 다양한 모유수유 자세들이 있다. 가장 대중적인 요람형 수유 자세부터 먼저 살펴보자.

■ 요람형 자세

엄마가 모유를 먹이는 자세하면 제일 먼저 떠올리는 형태다. 요람형 자세에서도 제일 먼저 생각할 것이 엄마 몸이 편한 수유 자세 잡기다. 모유수유는 엄마가 아기를 안고 버티는 시간이 필요하다. 그런데, 잘못된 자세로 수유를 하는 엄마들이 너무나 많다. 제일 잘못된 자세가 몸을 아기에게 숙이고 한껏 비틀어진 자세다. 아기를 편하게 해주려는 마음에 엄마의 몸이 아기에게로 쏠리고 있다. 허리를 틀든지 어깨를 기울이든지 몸을 비튼 자세를 하고 아기가 수유를 잘하고 있는지 살피느라 항상 고개를 숙이고 있다. 아기의 코가 막혀 숨을 못 쉬는 건 아닌지 항상 고개를 떨구고 아기를 쳐다본다. 이런 자세로 수유하게 되면 어깨와 목, 두통까지 유발하게 되고 나중에는 허리와 등까지 아픈 통증을 경험하게 된다. 수유를 하는 엄마들이 두통으로 병원방문을 자주 한다. 잘못된 수유 자세 때문에 어깨와 목의 근육통이 두통까지 진행된다.

분만 초기부터 관리를 해오던 산모에게서 전화가 왔다. 뇌컴퓨터단층촬영을 해야 한단다. 완모중인데 촬영을 하기 위해서 약물을 먹어야 한단다. 의사가 수유를 하지 말라고 하는 데 어떻게 해야 하냐는 내용이었다. 국제모유수유 협회에서는 특정 질병에 쓰이는 약을 제외하면 엄마의 수유와 그다지 상관이 없다고 한다. 하지만, 모든 약물은 담당 의사와 상의해서 결정하기를 권하고 있다. 산모와 상담 후에 왜 그런 촬영을 하느냐고 물어봤더니 머리가 너무 아프단다. "아기한테서 영 눈을 못 떼더니 그래서 그런거 아니에요?" 했더니 산모가 웃으며 "안 그래도 의사 선생님이 수유 자세 때문에 그럴 거라네요. 수유하는 엄마들이 머리 아프다고 많이 온대요." 한다. 머리가 깨질 것처럼 아팠던 산모도 촬영에서는 아무것도 발견할 수 없었다. 수유할 때 아기 너무 쳐다보지 말라는 처방 아닌 처방을 받았다고 한다.

어떤 유형의 수유 자세든 엄마 몸이 아기에게로 무리하게 숙여지면 안 된다. 완전 모유수유를 하면서도 허리가 끊어질 거 같다는 통증을 호소하는 아기엄마들이 너무나 많다.

요람형 자세는 우리가 가장 쉽게 아기를 안는 자세다. 아기를 엄마 몸 앞에서 가로로 눕히듯이 안고 머리가 향한 쪽 가슴에서 수유하는 모양새다. 분만한 지 얼마 안 된 산모는 안타깝게도 생각만큼 배가 많이 들어가지 않는다. 엄마들이 많이 아쉬워하는 부분이다. 아직 뱃살도 안 빠진 상태인데다 자연분만 산모는 회음부가 많이 아플 것이고 제왕절개 산모는 배가 아직 아프다. 제왕절개 산모는 복부를 10cm 이상 절개를 하고 내장인 자궁을 절개해 아이를 출산했다. 절개부위의 모든 신경과 혈관이 다시 자리를 잡는데 6개월에서 1년까지도 걸린다고 하니 주의해야 한다. 앉는 것 자체가 너무 힘이 든다. 이런 몸으로 자리 잡고 앉아서 수유해야 되니 저절로 몸을 뒤로 젖혀진다. 뒤로 몸이 젖혀진 채 아기를 안게 되면 수유 쿠션은 쿠션대로 엄마 배 아래에 걸쳐지게 된다. 아기 몸이 점점 쿠션을 밀어내게 된다. 아기가 엄마 가슴에서 조금씩 밀려나면서 멀어지면 엄마 몸은 수유를 하기 위해 아기에게로 몸을 숙이게 된다.

"앉은키 잰다고 생각하고 앉아보세요. 가능한 엉덩이를 뒤로 붙이고 가슴을 펴세요." 엄마의 허리를 펴고 앉게 한 후 쿠션을 가슴 뒤 등에다 대어준다. 엄마 몸이 뒤쪽으로 넘어가고 몸이 주저앉는 것을 최대한 방지하기 위해서다. 최대한 가슴을 앞으로 나오게 하기 위한 자세다. 수유하기 전에 먼저 수유 쿠션이나 베개처럼 아기를 받칠 수 있는 것을 준비하고 자리를 잡는다. 아기를 안고 엄마와 정면으로 보도록 눕혀서 젖을 물리도록 한다.

아기를 똑바로 눕히고 고개만 돌려서는 수유를 오래 할 수 없다.

아기는 엄마를 정면으로 마주 보게 안는다.

수유 쿠션은 엄마 가슴 바로 뒤에 대준다.

수유하는 엄마들을 보면 아기는 쿠션에 거의 정면으로 누인 후 아기얼굴을 엄마 가슴으로 돌려놓고 있다. 그렇게 돌려도 아기의 얼굴이 엄마의 유두를 정면으로 보지 못 한다. 젖을 물리기 위해 엄마는 엄마대로 몸을 아기에게 숙인다. 아기 코가 눌려 숨을 못 쉴까 봐 손으로는 가슴을 쥐고 있다. 대부분의 엄마들이 이런 자세로 수유를 시작한다. 이런 자세로 수유하면 몸이 아프지 않는 게 이상하다.

모유수유는 젖병 수유에 비해 빨아내는 힘이 60배나 더 필요하다. 구멍이 뚫려있고 숨만 쉬어도 쉽게 먹을 수 있는 젖병에 비해 엄마 젖을 먹기위해서는 아기는 전력을 다해야 한다. 우리가 아기 입장이 되어 생각해보자. 굉장히 힘든 일을 해야 한다. 고개만 돌려서 힘을 써야 한다면 하기쉬울까? 쉽지 않을 것이다.

암벽타기를 하는 것을 본 적이 있을까? 본 적이 없어도 어떤 자세로 올라가는지 다들 짐작이 갈 것이다. 온 몸을 암벽에 밀착시키고 정면으로딱 붙어 올라간다. 몸을 옆으로 돌리지도 않고 얼굴도 정면을 보고 있다.당연히 그렇게 올라가야지 하는 생각을 한다. 모유수유도 마찬가지다. 수유를 하고 나면 아기들 얼굴에 땀이 송골송골 맺힐 정도로 힘이 든다. 많은 에너지를 써야 하는 일이다. 아기가 수유하기 쉽도록 안아주는 법을배워야 한다. 수유하기 힘들기 때문에 하다 말고 잠을 자 버린다. 수유할때는 가능한 깨어서 수유에 집중할 수 있도록 아기를 자극해줘야 한다.힘을 모으기 위해서는 힘의 방향으로 초점을 맞춰줘야 한다. 엄마의 가슴을 정면으로 보도록 옆으로 눕게 해주면 수유하기가 좀 더 쉬워진다.

수유하는 아기를 보기 위해 수유하는 동안 계속 고개를 숙이고 있는 엄마들이 많다. 엄마가 몸을 숙이고 있기 때문에 아기 몸이 엄마 가슴에 파묻혀있는 것처럼 보인다. 실제로 이런 자세일 때는 아기의 코가 엄마 가슴에 눌려 숨을 쉬기 힘들다. 엄마가 아기 코가 막히지 않도록 손으로 코위쪽 가슴을 누르면서 수유를 할 수밖에 없다.

요람형 자세 잡기

❶ 허리를 바르게 펴고 정면을 향한다.

❷ 수유 쿠션이나 방석을 반으로 접어 가슴 아래에 둔다.

❸ 아기를 안고 아기 입이 엄마의 유두 바로 앞에 오도록 위치를 잡는다. 아기가 엄마를 정면으로 보도록 자세를 잡는다.

❹ 한 손으로는 아기의 머리를 받치고 다른 한 손으로는 가슴을 잡는다.

❺ 아기의 아랫입술과 유륜이 닿도록 한 후 엄마의 유두를 아기의 입안으로 밀어넣어준다.

❻ 아기의 턱을 엄마 가슴에 붙여준다. 고개를 살짝 뒤로 젖힌 것처럼 보인다. 이 자세를 잡으면 아기의 코는 저절로 엄마의 유방에서 떨어져 숨쉬기에 불편함이 없어진다.

❼ 아기의 귀, 어깨, 골반이 일자로 편하게 펴지도록 자세를 잡는다.

❽ 엄마는 허리를 펴고 가슴을 내밀어 편한 자세를 잡고 수유를 한다.

수유할 때 숨 쉬는 게 걱정될 정도로 아기의 코가 엄마 가슴에 눌려있는 자세라면 반대로 아기의 턱은 어떻게 되어있을까? 엄마 가슴에서 떨어져있다. 아기의 얼굴은 숙여져 있을 것이다. 아기의 이마와 코가 유방에 붙고 턱은 떨어져 있는 자세로 수유를 잘 할 수 있을까? 우리가 아기 입장이 되어 생각해보자. 물을 마실 때 우리는 어떤 자세로 있을까? 아기처럼 고개를 숙이고 턱을 목에 붙여서 물을 마실 수 있을까? 쉽지 않을 것이다. 얼굴을 살짝 젖히고 목을 편 상태로 물을 삼킨다. 너무나 당연히 그렇게들 하고 있다. 그렇게 해야 물을 넘기가 쉽기 때문이다. 그런데, 아기가 수유를 할 때 편하게 수유하고 삼킬 수 있도록 해주지 않고 있다.

모유수유가 잘 되려면 아기도 편하고 엄마도 편해야 한다. 수유 자세를 잡으면서 아기를 편하게 해주기 위해 아기 높이에 엄마 가슴을 맞추려고 몸을 숙이면 안 된다. 엄마가 편한 자세를 먼저 잡고 아기를 엄마 가슴높이에 맞추는 게 중요하다. 수유 쿠션과 베게 등 자세 잡는데 도움이 되는 것들을 준비하자.

요람형으로 아기를 안고 수유를 할 때 주의사항이 있다. 처음부터 안을 때 아기에게 팔을 고여주게 되면 높이조절을 잘해줘야 한다. 팔 때문에 아기의 입이 엄마의 유륜높이보다 높아질 수 있다. 이렇게 물리고 수유를 하게 되면 수유 도중에 아기 입 아래로 유두가 빠질 수 있다. 아기에게 팔을 고여줄 때는 엄마가 허리를 더 펴서 아기 입과 유두의 높이가 일치하도록 해줘야 한다.

한 가지 더 주의할 것이 있다. 배가 고픈 아기는 젖을 찾기 위해 얼굴을 돌린다. 팔을 고이고 아기에게 가슴을 가까이하면 아기는 몸을 숙여 젖을 물려고 시도하는 것을 볼 수 있다. 여기서 문제가 중요한 문제가 생긴다. 아기가 몸을 숙이고 젖을 물려고 다가오면 엄마는 유두를 손으로 집어 아기에게 억지로 밀어 넣게 된다. 아기가 유두만 물게 되고 턱 쪽의 유륜이 아닌 코 방향의 유륜을 깊게 무는 경향이 있다. 이렇게 무는 경우에는 유

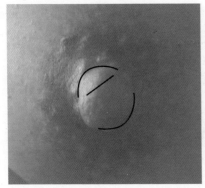
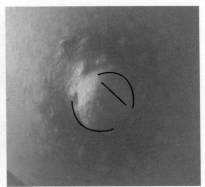

왼쪽 유두에 생기는 상처 부위   오른쪽 유두에 생기는 상처 위치

두를 중심으로 4등분 했을 때 사선 바깥으로 긴 선이 생긴다.

■ 풋볼형 수유 자세

미식축구선수들이 공을 옆구리에 끼고 달리는 것과 유사하다고 해서 붙은 이름이다. 이 자세는 제왕절개로 분만한 산모가 이용하기 좋은 수유 자세다. 아기를 옆으로 안고 수유를 하는 자세이기 때문에 복부의 압력을 줄여주고 아기의 얼굴을 살펴가면서 수유하기에 좋다. 가슴이 함몰된 형태인 새가슴인 산모가 하기에도 좋은 자세다. 이 자세는 앞으로 안고 수유하는 요람형보다 아기의 얼굴을 더 잘 관찰할 수 있다.

먼저 수유를 하기로 한 가슴 쪽의 팔과 옆구리 아래에 베게나 이불 등으로 아기의 몸을 받칠 수 있도록 준비를 한다. 수유 쿠션을 사용할 때는 쿠션을 옆으로 돌려서 아기의 몸을 지지할 수 있도록 하고 쿠션을 지지할 수 있도록 아래쪽에 이불이나 다른 쿠션을 사용해도 된다. 아기를 쿠션 위에

안정되게 올린 후 엄마의 팔로 아기의 등부터 감싸면서 목 뒤까지 잡아준다. 수유하는 반대쪽 가슴으로 유방을 잡고 아기의 아랫입술을 유륜에 갖다대고 넓게 물려준다. 요람형과 마찬가지로 아기의 턱을 유방에 붙여주고 코는 떨어뜨려서 목을 펴준다. 아기에게 젖을 물린 후 엄마는 허리를 펴고 자세를 바로 한다.

■ 누워서 수유하는 자세

밤이나 낮에 엄마가 피곤할 때 아기와 같이 누워서 수유할 수 있는 자세다. 누워서 수유를 시작했던 엄마가 앉아서 수유하는 법을 익히지 못해 단유를 할 때까지 끝까지 누워서만 수유를 했다는 얘기를 들은 적이 있다. 이 엄마는 수유하는 동안 바깥출입을 못 했다고 한다. 아기가 젖을 찾으면 누워야 되니 외출을 하기가 힘들었을 것이다. 누워서 완모한 경우를 쉽게 볼 수는 없지만 가능하다.

먼저 아기에게 수유하려는 가슴방향으로 몸을 옆으로 눕힌다. 왼쪽 가슴을 수유할 때는 왼쪽으로 눕는다. 왼쪽 다리는 길게 펴고 오른쪽 다리를 꺾어 무릎이 앞으로 오도록 '기역' 자로 굽혀준다. 오른 무릎 아래에 베개를 받쳐주면 더 편하게 엄마의 몸을 지탱한다. 아가를 엄마의 몸에 밀착시켜 젖을 물린다. 엄마는 약간 높은 베개를 이용하는 것이 도움되며 가슴은 살짝 앞으로 내밀듯이 한다. 아래로 내려간 왼팔에 아기 머리를 올릴 필요는 없다. 가슴이 큰 산모는 유두가 아래로 쳐져 아기가 물기에 힘들 수 있으므로 수건을 접어 가슴 아래에 받쳐주면 수유하기에 편하다. 아기는 엄마를 향하도록 세워서 눕힌다. 아기의 등에는 수건을 말아 뒤를 받혀준다. 이 자세는 앉아서 젖 물리기가 편해진 후 아기가 입을 크게 벌리고 젖을 잘 물때 시도하기에 좋다. 도와주는

사람이 있다면 분만 직후부터도 가능하다. 매번 한 자세로 수유하는 것은 좋지 않다. 밤중 수유를 할 때는 충분히 시도해볼 만한 자세다.

가끔 누워서 수유하면 아기가 중이염에 걸리기 쉬운 거 아니냐며 묻는 엄마들이 있다. 중이염은 바이러스성 질환이다. 누워서 수유한다고 중이염에 걸리지는 않는다. 다만, 중이염에 걸려있을 때 수유를 하게 되면 귀 내부의 압력이 높아져 있는 상태라 아프기 때문에 아기가 젖을 잘 빨려고 하지 않을 수는 있다. 중이염은 한 번 걸리면 재발을 자주 하는 편이라 처음 발병했을 때 관리를 잘 해주는 것이 좋다.

■ 세워서 수유하는 자세

엄마가 편하게 앉은 자세로 아기를 똑바로 세운 안은 후 엄마의 한쪽 다리 위에 앉힌다. 아기의 목 뒤를 한 손으로 가볍게 지지하고 얼굴을 살짝

젖힌 후에 반대쪽 손으로 가슴을 잡고 아기에게 유륜부터 물려준다. 아기에게 젖을 물릴 때는 엄마 몸을 살짝 앞으로 숙여서 아기 코가 눌리지 않게 얼굴이 살짝 들릴 정도로 위치를 잡는다. 아기에게 젖을 물린 후에는 쿠션을 요람형 수유와는 달리 엉덩이 뒤에 오게 해서 엄마의 상체가 살짝 뒤로 젖혀지게 한다. 아기를 세워서 수유할 때는 엄마가 바른 자세보다는 뒤로 살짝 기대줘야 아기가 앞으로 몸이 숙여져 안정감이 있다.

■ 사출이 심할 때 수유 자세

사출이 심한 산모는 등을 바닥에 대고 눕듯이 수유하는 것도 방법이다.

모유량이 많은 산모가 수유하기 시작하면 곧 유방에서 젖을 밀어내는 사출이 일어난다. 물이 많이 고여 있던 댐의 수문이 열리면 거센 기세로 물이 쏟아져 나오는 것을 볼 수 있다. 모유량이 많은 엄마가 수유를 하게 되면 강한 사출이 일어나는데 이런 경우에는 아기가 수유하기를 겁내기도 한다. 냉찜질과 수유와 유축을 같이 병행하면서 수유를 할 때 등을 대고 거의 눕듯이 하는 것이 좋다.

모유 사출은 중력의 영향을 받는다. 모유는 아래로 쏟아져 내리는 것보다 위로 뿜어 올리는 힘이 약하다. 아기를 엄마의 배 위로 올리고 엄마는 소파나 바닥에 큰 쿠션 등을 대고 거의 누운 자세로 수유하면 사출을 줄일 수 있다. 모유량이 줄기 시작하고 사출이 약해지면 엄마가 하기 좋은 자세로 수유하면 된다. 일전에 사출이 심한 엄마와 상담하면서 이 자세로 수유를 하도록 지도한 후 수개월이 지나서 젖몸살로 다시 만난 적이 있다. 관리 후 산모가 "언제까지 누워서 수유해야 돼요? 너무 힘들어요." 하기에 "무슨 소리예요?" 했더니 그때부터 몇 달 동안을 누워서 수유를 하고 있다는 것이다. 이이고, 싶었다. 얼마나 힘들었을까? 몇 개월을 그런 자세로 수유하고 있었으니. 물어보기라도 하지. 젖양이 아기에게 맞춰지면 다시 산모가 편한 자세로 수유하도록 하면 된다.

수유 자세를 다양하게 하는 이유는 엄마가 수유하기 편한 자세를 찾기 위한 것도 있지만, 아기의 빠는 힘이 입술 위치에 따라 다르기 때문이다. 빠는 힘이 다르면 유선 안의 젖을 비우는 차이가 생긴다. 아기의 입술 중앙부위의 빠는 힘이 가장 강하고 그와 연결된 턱으로 유관동을 짜서 먹게 된다. 반면에 입술 가장자리로 가면서 아기의 빠는 힘이 약해지고 입꼬리 쪽은 유관동을 짜서 먹기에는 힘이 든다. 같은 방향으로 계속 수유를 하

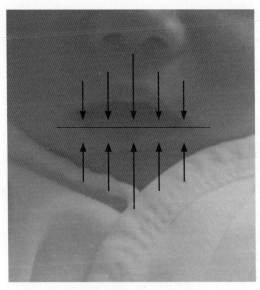

가슴과 입모양과 유선의 비우기

게 되면 아기 입 가장자리와 연결된 유선은 모유 배출에 지장을 줄 수 있다. 아기의 자세를 변경해가며 수유하는 것이 유선을 골고루 비우게 하는데 도움이 된다.

알면 편해지는
수유상식

유륜과 유두를 모두 물고 있는 아기는 입을 크게 벌려야 한다. 흔히 대문자 K, 또는 활짝 핀 꽃잎처럼 입 모양이 크게 벌려져야 넓게 유관동까지 물고 젖을 짜 먹을 수 있다. 아가 입 밖으로 유륜이 보이지 않게 물되 아가의 턱이 엄마의 가슴에 붙어야 제대로 된 수유를 할 수 있다.

1. 유두만 물면 무조건 다친다

모유수유가 짜서 빨아먹기라는 말은 좀 생소한 얘기일 수 있겠다. 일반적으로 우리는 아기가 젖을 뺀다고 얘기를 한다, 사실 아기가 빠는 것처럼 보이기도 한다. 하지만, 아기가 빨기 전에 유륜을 물고 유관동을 짜는 과정이 있다. 유관동을 물고 짜서 유두 밖으로 올라오는 젖을 삼키는 것이다.

아기가 그저 젖을 빨아 먹게 되면 열에 아홉은 엄마 유두를 다치게 한다. 아기가 단순히 열심히 빨아먹기만 해서는 제대로 된 수유를 하기 힘들다. 아기가 짜서 빨아먹는다는 것이 정확한 표현이다. 아기가 젖을 짜먹지 않고 빨아당기기만 해서 먹게 되면 유두에 상당한 자극이 가해져 아프다. 아기가 가는 유선만 있는 유두를 물고 빨게 하면 모유가 가슴에서 시원하게 배출이 안 되고 조금씩 빠지게 되니 젖양 늘리기도 힘이 든다. 모유는 많이 빠져나가야 많이 만들어진다.

■ 젖을 짜서 먹게 해라

젖을 짜서 먹게 해라? 처음 들어본 엄마들이 있을 것이다. 유륜까지 물리라는 말은 엄마라면 귀가 닳도록 들었을 것이다. 또, 다들 그렇게 물리려고 무진 애를 쓴다. 생각만큼 잘 안 돼서 다들 고생이다. 아기에게 유두만 물리면 아기는 아랫입술과 혀로 엄마의 유두만 열심히 자극하게 된다. 정확히 말하면 유륜에서 유두의 경계부위인 유경을 아기가 자극하게 된다. 먹기 위해 그렇게 할 수밖에 없다. 아기의 빠는 힘은 상상외로 굉장히 강하다. 아기가 좁은 부위를 물고 자극을 하게 되면 유경부위와 유두 윗부분의 피부를 강한 힘으로 뜯어낸다. 수유 초기에 이런 식의 젖 빨기가 반복되면 유경과 유두의 머리 부분이 아기의 입 모양대로 길게 뜯어지는 상처가 생겨 까맣게 피딱지가 생긴다.

젖이 모여있는 유관동에서 모유가 나오는 배유구까지는 다시 가는 유선으로 이어진다. 넓은 부위에서 좁은 곳으로 나오기 위해 다시 가늘어질 수밖에 없다. 유두만 물리면 컵에 가는 빨대를 꽂고 음료수를 빨아먹는 것과 같다. 음료수를 입을 대고 벌컥벌컥 마시는 것과 빨대를 꼽고 마시는 것은 아기가 먹는 양은 같아도 속도와 효율적인 면에서 차이가 난다. 아기가 유륜까지 넓게 물었다면 모유를 한 번에 쉽게 많은 양을 먹을 수 있다. 편하게 먹을 수 있는 모유를 가는 빨대를 꽂아서 먹게 하고 있다. 아기는 유두만 물고 힘들게 빨아야 한다. 반면에 실제로 아기가 먹는 양은 적다. 아기가 넓은 부위가 아닌 좁은 부위를 물고 빠는 힘을 집중해서 자극하게 되니 유두에는 상처가 생긴다. 이런 식의 수유가 계속되면 수유하는 동안 수시로 유두에 수포와 상처를 유발할 가능성이 크다.

아기는 뱃속에서부터 젖 빠는 훈련을 하고 있다. 아기들이 본능적으로 타고난 능력이다. 아무리 잘 빠는 아기도 엄마가 제대로 물려주지 않으면 잘 먹을 수 없다. 엄마의 젖 물리는 연습이 필요하다.

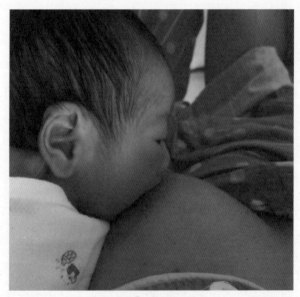

유륜을 깊이 문 모습

■ 유륜까지 물리기

젖을 잘 빠는 아기가 젖을 잘 물도록 하는 것은 전적으로 엄마가 할 일이다. 산전에 교육을 통해서 젖물리는 훈련을 하는 것도 작은 도움이 된다. 하지만, 인형을 안고 수유 자세를 익히는 것과 실제로 태어난 지 얼마 안된 아기를 안고 수유하는 것은 천지 차이다. 게다가 아기는 너무나 작은데 움직이고 울기까지 한다. 당황스럽다. 아무리 인형을 안고 연습을 많이 했다고 해서 쉽게 금방 되는 일이 아니다.

자전거를 타는 것을 배우기 위해서는 자전거를 갖고 바깥으로 나가야 한다. 방에서 세워둔 자전거를 타는 연습을 아무리해봐야 소용없는 일이다. 실제 자전거 안장 위에 앉아서 페달을 밟는 연습을 해야 자전거를 탈 수 있다. 수십번 넘어지는 건 당연한 일이다. 반복에 반복을 거듭해서 몸에 익혀야 몇 년이 지나도 금방 할 수 있는 기술이 된다. 아기에게 젖물리기도 처음부터 잘하는 엄마는 없다. 첫아기 때는 누구나 그렇게 힘들고 고생스러운 과정을 거친다. 엄마들이 둘째 때는 몇 년 만에 다시 수유를 시작하는 데도 아기를 낳자마자 익숙하게 물린다. 첫아기 때 모유수유를 수백번, 수천 번 해봤기 때문에 몇 년이 지나도 어제까지도 했던 것처럼 곧 익숙해지는 것이다.

이제 막 태어난 아기는 눈이 잘 보이지 않는다. 산후조리원에서 아기들을 안고 있다 보면 약 3주쯤 되면 아기의 눈동자가 사람을 따라 조금씩 따라 움직이는 것을 볼 수 있다. 아기는 한 달 정도가 되면 흑백으로 윤곽을 확인할 정도의 시력을 갖게 된다. 두 달쯤에는 색을 구분할 수 있을 정도로 시력이 발달한다.

아기에게 유륜까지 크게 물려주고 싶은데 잘 안될 때면 엄마들이 하는 말이 있다. "아기가 입을 크게 벌리지 않아요." "우리 아기는 입이 너무 작아요". "우리 아기는 젖을 잘 못 물어요." 등이다. 그러면 "하품할 때도 작던가요?"하고 물어본다. 엄마는 웃으면서 "그때는 커요. 울 때는 더 크던데요." 한다. 아기는 젖을 물 수 있을 만큼 입도 크고 벌릴 수도 있다. 단지 태어나서 처음으로 배를 채운 방식대로 입을 벌릴 뿐이다. 병원에서 해왔던 것처럼 젖병 젖꼭지가 들어올 정도로만 입을 벌리면 되기 때문에 그 정도만 입을 벌리는 것이다.

아기가 입을 크게 벌리게 하려면 도대체 어떻게 해야 할까? 우리가 아기 입장이 돼서 가정해보자. 우리 입보다 큰 먹을거리를 입에 넣어야 한다면 우리는 어떻게 하고 있을까? 간단한 예로, 햄버거를 먹는 모습을 상상해보자. 우리 입보다 크기가 큰 햄버거를 먹기 위해서는 입을 한껏 크게 벌린다. 햄버거를 아랫입술에 대고 윗부분을 눌러가며 입으로 집어넣는다. 아기가 유륜을 물도록 하는 것도 이렇게 하면 된다.

젖을 물릴 때는 아기의 아랫입술이 유륜에 닿아야 하고 아기의 턱이 유방에 닿아야 한다. 유륜부터 넓게 물고 있기 때문에 입은 대문자 K 또는 만개한 꽃잎처럼 벌여서 수유를 하게 된다. 턱이 유방에 닿아야 아랫입술이 스푼처럼 아래쪽에 있는 유관동까지 깊게 물 수 있다.

"우리 아기는 유륜까지 잘 물어요." 하는 엄마들도 보면 아기의 턱을 엄마의 가슴에서 떨어뜨리고 수유를 하는 경우를 종종 보게 된다. 깊이 물렸다고 하는 데 얕게 물리고 수유하는 모습도 자주 본다. 아기 입 밖으로 유륜이 안 보여 잘 물고 있다고 생각될 수도 있다. 이렇게 턱이 유방에서

유륜 물리기 실전

유륜을 잘 물리기 위해서는 엄마가 유륜을 볼 수 있어야 한다.

❶ 수유하려는 가슴을 같은 방향의 손으로 잡되 검지가 가슴 아랫부분에 위치하도록 해 유륜을 막지 않도록 한다.

❶ 엄지는 아기의 코 라인과 연결된 유륜에 대고 피부만 살짝 당겨준다. 이때, 엄지로 유륜 부위나 그 언저리를 무리하게 누르지 않도록 주의한다. 엄지가 유두에서 너무 멀리 떨어지면 유두를 밀어서 넣어주기 어려우니 유륜 안쪽에서 살짝 당기도록 한다.

❶ 반대쪽 손으로 아기의 뒤통수 아랫부분인 목을 위주로 받쳐서 뒤로 살짝 젖혀준다. 아기의 뒤통수에 손이 가면 아기 머리를 뒤로 젖히기 힘들다.

❶ 아기의 몸을 엄마에게 밀착시키고 아기의 아랫입술을 아래유륜에 갖다 댄다.

❶ 아기의 머리를 밀어주면서 엄마의 엄지로 당기고 있던 유륜을 아기 입에 밀어 넣어준다. 이렇게 물리고 나면 아기의 코가 엄마 가슴에 파묻히게 된다.

❶ 아기가 젖을 물고 있는 상태에서 아기의 몸을 발치 쪽으로 조심스럽게 내려준다. 아기의 턱이 엄마의 가슴에 붙고 자연스럽게 아기의 코는 살짝 떨어지거나 코끝만 엄마의 가슴에 붙게 된다.

❶ 엄마는 허리를 곧게 펴고 가슴을 최대한 펴서 바른 자세를 잡도록 한다.

엄지로 아기 입에 유두를 밀어넣기

떨어지게 되면 가슴 안쪽으로 포물선을 그리며 자리 잡고 있는 유관동은 물지 못하게 된다. 신생아는 아직 입으로 잡고 무는 힘이 약하다. 수유를 하다 보면 아기가 가슴에서 밀려 나가 유두만 물게 되는 경우를 흔히 볼 수 있다. 아기의 턱이 유방에 붙어있어야 한다. 그렇게 해야 아기가 수유하기 위해 아래턱을 움직일 때마다 유륜을 깊숙이 물면서 아래 유관동까지 짜서 한 번에 많은 양의 젖을 짜서 먹을 수 있다.

수유를 처음 시작하는 엄마들이 수유하려는 가슴 쪽의 팔로 아기의 머리를 받히게 되면 유륜 아래보다 유륜 위쪽을 깊게 물게 된다. 다시 한번 말하지만 아기가 젖을 물고 빨 때는 아래턱을 움직여서 수유를 하게 된다. 아기의 아래턱과 입술이 유륜을 깊게 물도록 잡아주기 위해서는 엄마가 아기의 뒤통수를 받히고 목을 뒤로 조금 젖혀줘야 한다. 한 손은 아기의 뒤통수 아래를 잡고 한 손은 가슴을 잡아서 유륜과 아기의 입술을 맞춰서 밀어 넣어야 한다. 수유를 할 때마다 입을 크게 벌려야 된다는 것을 알도록 해줘야 한다. 아기가 인식하고 나서부터는 수유를 할 때면 아기가 알아서 고개를 젖히고 입을 크게 벌리게 된다. 아기가 스스로 입을 크게 벌릴때까지는 양손을 이용해서 아기 입과 유륜을 붙여가며 물려줘야 한다. 아기가 입을 크게 벌리기 시작하면 팔 위에 아기의 머리를 얹고 한 손으로만 가슴을 쥐고 물릴 수도 있다.

2. 모유수유 시간 15분을 잊어라

■ 초기 모유수유 시간은 5분 이하

수유를 하는 엄마들이 가장 많이 들은 말 중 하나가 양쪽 가슴에서 15분씩 물려야 한다는 말이다. 모유수유를 할 때는 양쪽 가슴을 각각 15분씩 물려야 전유, 후유를 먹을 수 있으니 시간을 채워야 한다는 것이다. 언급하기가 불편할 정도로 산모들이 최선을 다해서 지키고자 하는 시간이다.

머릿속에서 15분이라는 시간을 지워버리자.

분만 초기 아기에게 수유하기 위해 젖을 물리면 대부분 아기는 금방 잠이 들어버린다. 젖을 물고 잠든 아기를 권장 수유 시간인 15분을 지키기 위해 엄마들은 시계를 보면서 안고 있다. 산후조리원에서도 제대로 수유가 안 되는 산모들이 병원에선들 제대로 수유를 하고 왔을까?

"병원에서 아기가 수유를 잘하던가요?" 하는 질문에 그렇다고 대답하는 산모가 열에 한 명도 되지 않는다. "네. 잘 아기가 잘 빨았어요."라고 대답하는 산모는 십중팔구 유두에 사선으로 상처를 갖고 있다. 아기의 입모양을 따라 검은 딱지가 길게 자리 잡고 있는 경우가 대부분이다.

아기는 15분 동안 수유하지 않는다.

왜 그렇게 시간을 채우려고 할까? 산전 기간에 또는 병원에서 수유 관련 교육을 할 때 양쪽 가슴을 각각 15분을 빨려야 전유, 후유를 충분히 먹을 수 있다는 얘기를 들었기 때문이다. 당신의 아기가 15분씩 열심히 수유를 한다면 또, 엄마가 유륜까지 제대로만 물려주기만 한다면 수유와 관련해서는 걱정할 일이 없다. 아기가 할 수 있는 최선을 다해줄 것이고 남들보다 모유수유도 쉽게 성공할 것이다. 하지만 불행히도 현실은 그렇지 않다.

5분씩만 물리라고요? 15분씩 물려야 하는 거 아니에요?

산후조리원에 오는 아기엄마들에게 15분씩 수유할 생각하지 마시라면 바로 나오는 질문이다. 당신의 아기가 15분씩 열심히 젖을 빤다면 그렇게 해도 된다. 하지만 앞에서도 얘기했듯이 불행히도 그렇게 열심히 빠는 아기가 많지 않다. 아기가 15분을 빨고 있어요? 하면 10명 중 9명은 '아니요.'라고 답한다. 대부분 아기는 젖을 물자마자 잠에 빠져든다. '3번 빨고 자 버려요.' '물자마자 잠이 들어버려요.' 흔히 들을 수 있는 말이다. 아기를 열심히 깨워야 한다. 턱을 만지고 귀를 만지고 발을 건드려서 가능한 한 번이라도 더 수유하도록 깨워야 한다. 수유하러 와서 엄마 품에 안겨 잠을 자도록 하면 안 된다.

병원에서는 현실적으로 잠이 든 아기를 재차 깨워서 다시 수유하는 게 좋은데 쉽지 않다. 아픈 아기 돌보기도 바쁜 곳이다. 신생아실 간호사는 너무 바쁘나. 모유수유 전문가가 상주해있는 수유실은 별로 없다. 병원에서는 아기에게 젖을 물리는 연습과 아기와 익숙해지는 과정이라고 생각해야 한다. 퇴원 후 산후조리원이나 집으로 가서 본격적으로 수유를 시작한다. 수시로 수유를 하고 아기가 잠이 들면 침대에 바로 눕히는 것이 좋다. 건강한 아기는 배가 고프면 금방 잠이 깨서 다시 젖을 찾는다. 활발하게 젖을 찾는 아기에게 수유 시도를 해야한다. 잠이 들어 비몽사몽인 아기에게 억지로 젖을 밀어 넣어가며 수유 시간을 지속하는 것은 아무 의미가 없다.

우리 몸은 쓰면 쓸수록 튼튼해지고 능률적이 된다. 유선도 마찬가지다. 수유하면 할수록 유선은 굵어지고 모유량은 늘어난다. 잠깐 수유하고 금방 잠이 들던 시간이 지날수록 아기가 깨서 수유하는 시간이 길어진다. 아기의 젖 빠는 힘은 점점 더 좋아진다. 모유가 나오는 길은 좋아지고 아기의 젖을 빠는 힘도 세진다면 어떻게 될까? 당연히 젖을 먹는 시간이 짧아진다. 전유와 후유가 비워지는 시간이 짧아지게 된다. 그렇다면 아기가 먹는 능력에 맞춰 수유하는 시간도 변화가 필요하다. 이제부터 젖먹는 시간이 어떻게 줄어드는지 알아보기로 하자.

	날짜	모유 수유	젖병 수유
섭취량	1일	1회 5~10cc 이하의 초유	1회 10~40cc 정도 섭취 가능
	2일	1회 15cc 이하의 초유	1회 30~50cc 이상의 분유
	3~4일	하루 30cc 정도의 초유, 이행유	1회 40~60cc 이상의 분유
	1~2주	1일 1회 45~70cc 정도의 모유	80~120cc 이하의 분유
비고	젖병 수유는 아이에게 공급되는 모유량에 비해 20~40% 이상을 필요로 한다.		

신생아들은 우리가 생각하는 것보다 위가 매우 작다. 개인차가 있지만 유리구슬만 하며 보관용적은 약 5cc 정도이기 때문에 분만 1~2일은 그리 많이 먹지 않아도 된다.

■ 5분에서 15분, 15분에서 5분으로 수유 패턴 잡기

한쪽 가슴에서 5분을 수유하고 잠이 들던 아기의 수유 시간이 늘어나 10분을 수유하고 잠이 들면 그때 가서 반대쪽 가슴으로 아기를 옮겨준다. 다시 아기가 잠에 빠지는 시간이 10분에서 15분으로 늘어나면 그때 다시 아기를 깨워서 반대쪽 가슴의 수유를 시도한다. 이렇게 수유 시간을 늘려 가며 하다 양쪽 15분씩 수유하는 패턴으로 맞춰준다. 너무 깊이 잠이 들어 반대쪽에서는 아예 입을 벌리지 않는 경우를 만들지 않도록 해야 된다. 모유수유는 항상 양쪽 가슴을 다 시도하도록 해야 한다. 수유를 시작할 때 마다 양쪽을 번갈아서 시작하는 것도 꼭 지켜야 할 규칙이다.

양쪽 수유 시간이 15분씩 총 30분간 수유를 하는 패턴으로 자리를 잡았다고 치자. 계속 이 수유 시간을 고수해야 할까? 아니, 이 수유 시간을 고수 할 수 있을까? 절대 그렇지 않다. 앞서도 얘기했듯이 유선도 우리 몸의 일부다. 아기가 수유를 계속하게 되면 유선도 튼튼해지고 단련된다. 기능이 향상되기 시작한다. 한쪽 가슴의 모유가 비워지는 시간이 점점 짧아진다.

■ 양쪽 10분이면 충분하다

모유량이 풍부해지고 아기가 잘 먹어준다면 수유 시간은 얼마나 짧아질 수 있을까? 놀랍게도 양쪽에서 각각 5분씩 총 10분 동안의 수유 시간으로 충분하다. 너무 짧은 것은 아닐까 하는 의심스러울 것이다. 하지만, 모유수유에 익숙해진 많은 아기엄마가 하는 말을 들어보면 아기가 그리 오래 젖을 빨려고 하지 않는다고 한다. 양쪽 10분을 수유하고 나면 아기가 젖을 더 이상 빨지 않고 놀다가 먹을 시간이 되면 젖을 찾는다고 한다. 이 패턴을 알아차리지 못하면 한쪽에서만 수유하고 다음 수유 시간에는 반대쪽에서만 수유하는 방식이 자리를 잡게 된다.

　15분을 빨아야 한쪽 가슴을 비워내던 것이 조금씩 알게 모르게 시간이 단축되기 시작한다. 젖이 만들어지고 가슴에 차기 시작하는 것을 몰랐던 것처럼 가슴을 비워내는 시간이 짧아지는 것을 엄마는 알아채지 못 한다. 15분씩 물려야 한다는 생각만으로 계속 아기를 안고 있지만, 모유를 비워내는 속도는 15분에서 14분으로 다시 14분에서 13분으로 조금씩 빨라진다. 나중에는 5분 안에 한쪽 가슴을 다 비울 수 있게 된다.

■ 교대로 수유하는 엄마들

　완모를 하는 엄마의 젖 사출을 한 번 살펴보자. 아기가 수유를 시작하면서 유두와 유륜을 자극하면 뇌로 신호를 보내게 된다. 약 1분간 아기가 자발적인 젖 빨기를 한다. 이때는 아기가 2~3번의 유두 자극과 한 번의 삼킴으로 수유를 한다. 수유로 인한 뇌의 반사반응으로 인해 옥시토신과 프로락틴이 분비되기 시작한다. 옥시토신은 유선소엽을 자극해 젖을 짜서 밀어내기 시작하고 1차 사출이 시작된다. 이때부터는 아기의 자발적인 젖빨기가 아닌 밀려 나오는 모유를 삼키기 시작한다. 아기가 연속적으로 꿀꺽 넘어가는 소리를 내면서 젖을 삼키는 것을 볼 수 있다. 약 1분간의 사출후 1차 사출은 정지되고 다시 아기의 자발적인 젖 빨기를 한 후 2차 사출을 한 번 더 반복한다. 이렇게 반복된 사출로 5분간 나오는 양이 75~85cc에 달한다. 양쪽 수유를 하게 되면 150~170cc의 모유를 먹을 수 있게 되면 1회 수유량은 충분해진다.

이렇게 5분 안에 다 비워지는 가슴을 15분씩 수유 시간을 채우기 위해 아기를 안고 있게 되면 젖이 다 비워졌어도 아직 아기는 배를 더 채웠으니 계속 젖을 자극하고 있다. 가득 채워져 있는 반대쪽 가슴으로 옮겨서 수유를 하면 아기가 쉽게 수유할 텐데 15분을 채우려고 한다.

아기가 젖을 계속 빨고 있으면 뇌는 모유를 더 만들라는 자극으로 인식하고 이미 아기가 다 비워낸 가슴에 모유를 더 채우게 된다. 계속적인 자극을 통해 빈 젖에 다시 모유를 채우는 것이다. 조금씩 더 만들어가며 수유를 하게 된다. 차츰차츰 반대쪽 가슴에서 수유하는 시간이 줄어들게 된다. 당연하다. 반대쪽에 차 있는 젖을 편하게 먹게 해주면 되는데 빈젖을 계속 빨려 젖을 새로 만들고 있다. 반대쪽 가슴의 모유는 남겨지게 된다. 시간이 지나면 처음 물린 쪽에서만 수유를 하고 남은 쪽 가슴은 젖을 먹지 않게 된다. 양쪽에서 먹어야 하는 젖을 한쪽 가슴에서 다 먹게 되니 배가 부른 아기가 반대쪽에서는 수유할 필요가 없다. 어쩔 수 없이 다음 수유에는 먹지 않고 젖이 차 있는 가슴에서 수유하게 되고 반대쪽 가슴은 수유를 하지 않는 형태가 반복된다. 천천히 오랜 시간을 반복해 자리잡는 수유 형태라 언제부터 교대로 수유를 시작했는지 알아차리기도 힘들다. 완모를 하는 산모 중에 교대로 수유를 하는 엄마들이 너무나 많다. 젖은 오래 고여있으면 문제가 생길 가능성이 커진다.

15분 수유를 지키다 보면 한 번 수유할 때 한쪽 가슴에서만 수유를 하게 된다. 수유할 때마다 양쪽 가슴을 교대로 하게 된다면 어떻게 될까? 아기가 수유를 하는 시간이 규칙적으로 자리를 잡았다면 대략 3~4시간마다 한 번씩 수유하게 된다. 교대로 한 번씩 수유를 하고 있다면 한쪽 가슴이 비워지는 시간은 6시간 텀을 갖게 된다.

15분씩 6시간마다 양쪽으로 교대하는 수유는 모유의 정체를 야기한다. 잦은 젖몸살이 그 증거다. 모유는 그저 단순한 물이 아니다. 수분이 주가 되고 그 안에 각종 영양성분이 녹아있다. 유선 안에 모유가 오래 고여 있게 되면 수분이 흡수되면서 점도가 진해진다. 상한 우유가 어떤 모양인지 알고 있을 것이다. 이와 비슷한 일이 일어난다. 유선 안에서 모유 입자가 뭉쳐 덩어리지게 된다. 유전으로 막힌 유선 아래로 모유가 배출이 안 되면 그 유선은 기능하지 않게 된다. 둘 중 하나의 현상을 볼 수 있다. 젖양이 줄거나 잦은 젖울혈과 젖몸살이다.

모유량은 아기가 먹으면 먹을 수록 늘릴 수가 있다. 쌍둥이도 먹을 수 있을 만큼 젖양은 늘릴 수가 있다. 엄마가 원하는 만큼 줄일 수도 있고 늘릴 수도 있다. 한쪽에서 15분을 수유한 후 반대쪽 가슴에서 수유하는 시간이 점점 짧아지면서 2~3시간 이상을 아기가 놀거나 잠을 잔다면 먼저 시작한 가슴의 수유 시간을 줄여나가야 한다. 다시 말해 한쪽에서 15분을 수유 후 반대쪽에서 10분 이하로 수유를 한다면 먼저 수유를 하는 가슴에서 시간을 줄여나가기 시작하자. 10분 정도만 수유를 하고 반대편으로 아기를 옮겨서 수유하자. 항상 반대쪽도 같은 시간 만큼 수유한다는 생각을 하면서 시간을 조절해나가야 한다. 거의 비워진 가슴을 빨게 하는 것보다 아직 많이 채워져 있는 가슴에서 수유하는 것이 아기도 편하다.

이런 식으로 아기의 수유 시간을 관찰하면서 수유 시간과 간격을 조금씩 수정해가다 보면 나중엔 수유 시간이 각각 5분으로 자리를 잡게 된다.

어떤 엄마가 "너무 짧게 수유를 하면 영양가 없는 전유만 먹는다는데요?" 하고 질문을 했다. 꿀꺽꿀꺽하고 삼킬 수 있는 모유를 쫄쫄쫄 나오는 샘물처럼 마시면 먹는 양은 같다. 시간이 오래 걸릴 뿐이다. 다시 말하면 15분 빨아야 다 먹을 모유를 5분 안에 먹을 수 있는 것이다. 아기의 요구량이 많아져도 수유 시간은 비슷하다. 유선이 굵어지고 아기의 빠는 능력도 향상되기 때문이다. 수유의 효율이 높아져 짧은 시간에 전유, 후유를 모두 먹을 수 있게 되니 걱정하지 않아도 된다.

모유가 너무 많으면 아기가 전유만 먹고도 배가 부를 수 있다. 젖이 많은 엄마는 영양가가 많은 후유를 먹이기 위해 전유를 유축해서 짜는 것을 볼 수 있다. 이렇게 했다가는 오히려 젖양을 너무 늘리게 될 수 있으니 유의해야 한다. 젖양이 너무 많은 엄마는 가슴에서 만들어내는 전체적인 젖양을 줄여야 한다. 젖양 자체를 줄여주면 전유도 줄고 후유도 줄어든다. 매번 짜고 수유하고를 반복하는 것은 엄마에게 너무 힘들고 큰 스트레스를 유발하고 결국은 모유수유를 실패할 가능성이 있다.

수유를 하다 보면 처음엔 아기가 열심히 몇 번을 빨고 삼키는 식으로 젖을 먹게 되지만 조금 시간이 지나면 반복적으로 꿀꺽꿀꺽하고 삼키는 것을 볼 수 있다. 이때 반대쪽 가슴에는 모유가 새어 나오거나 똑똑 떨어진다. 옥시토신의 분비증가로 인해 나타나는 사출 현상으로 가슴에서 유선이 스스로 젖을 밀어내 아기가 먹기 쉽게 나오고 있기 때문이다. 이때 사출 되는 양이 많으면 아기가 삼키기 어려워하고 사레가 걸려 힘들어하기도 한다. 젖양 조절로 아기가 편하게 수유할 수 있도록 하자. 아기가 편해야 엄마도 편하게 수유를 할 수 있다.

젖양이 너무 많으면 수유를 하는 동안은 외출하기도 힘들다. 아기가 충분히 먹고도 젖이 남아있으면 계속 유축을 해야 된다. 유축을 하지 않으면 수유패드를 넘어서 모유가 배어 나오기도 하고 가슴이 아프다. 아기를 돌보는 짬짬이 수유하고 유축하니 젖병도 씻어야 하고 잠시도 쉴 틈이 없다. 잠시 유축을 하지 못하거나 수유를 하지 못하면 젖몸살과 유선염을 번갈아가며 경험하는 것도 다반사다. 이렇게 힘들게 완모를 하고 난 후 둘째를 임신하게 되면 둘째 아기는 수유를 못 하겠다고도 한다. 큰아이를 돌보면서 작은 아기에게 그때처럼 수유할 자신이 없는 것이다. 엄마나 아기를 위해 젖양조절이 필요하다.

3. 젖울혈, 젖몸살, 유선염

출산 후에 젖몸살이라는 고비가 있다는 것을 대부분의 엄마가 막연히 알고 있다. 어느 정도로 힘들게 경험하게 될지는 그때가 봐야 알게 되지만 어쨌든 조금의 지식은 다들 갖고 있다. 젖울혈은 대부분의 산모들이 경험을 하게 된다. 출산 후 3일째 밤부터 가슴이 차오르고 땡땡해지면서 가슴에 열이 나는 상황은 젖울혈이라고 했다. 출산한 엄마들이 가장 먼저 모유와 관련해 가슴에 불편을 느끼기 시작하는 증상이다. 유방에 모유와 혈액이 고여 밖으로 빠지지 못해서 불편하고 열이 난다. 만지거나 문지르지 말고 냉찜질을 해주는 것이 좋다.

젖몸살은 감기몸살과 매우 비슷하다. 배출되지 못한 모유로 인해 염증이 생기게 되고 젖울혈과 달리 가슴뿐만 아니라 몸에 미열이 나기 시작한다. 이때의 열은 그리 높지 않다. 처음 겪어보는 증상이라 아기 낳고 힘들어서 몸살을 한다고 착각하기도 하다. 젖울혈과 동시에 온몸의 관절마디와 무릎, 어깨가 아프기도 한다. 몸이 으슬으슬 춥고 떨리며 이불을 찾게 된다. 감기몸살증상과 매우 유사하다. 그래서 모유수유 중에 젖몸살을 처음 겪게 되면 감기몸살로 착각하기가 쉽다. 젖몸살은 우리가 알고 있는 감기몸살에서 기침, 콧물 등 감기증상이 빠져있다고 생각하면 된다. 젖울혈이든 젖몸살이든 가슴에 몽우리가 만져지고 아프다. 이런 증상들은 유선에 고인 모유로 인해 유발되고 모유가 빠지기 시작한다면 대부분 개선이 된다.

일전에 젖몸살을 감기몸살로 착각하고 며칠 동안 일반병원에 다니던 아기엄마가 온 적이 있다. 주위에서 모유수유를 하는 중에는 젖몸살은 하지 않는다며 감기몸살이라고 했단다. 헷갈리게도 가슴은 그리 많이 아프지 않았다. 3일 동안 병원을 다니며 링거를 맞아도 호전이 없더니 어느 순간부터 가슴 한쪽이 뭉치고 아프기 시작해서 그제야 젖몸살이구나 싶어서 방문했다. 아프지 않아도 젖양은 줄기 시작한다.

유선염일 때는 가슴의 특징 부분이니 전체가 붉어진다. 젖몸살보다 훨씬 아프다. 고열이 동반되며 즉시 병원 치료를 필요하다. 유선염은 유선에 감염이 된 증상으로 수유 중이 아니라도 발병할 수 있다. 우리가 볼 수 있는 대부분 유선염은 젖이 고인 울혈이 염증으로 진행이 되는 경우로 모유수유를 하는 엄마의 30% 정도가 경험할 정도로 흔하다. 가슴에 손을 댈 수 없을 정도로 심한 통증이 있고 딱딱해지고 바늘로 찌르는 듯한 통증과 열이 나는 등 가슴과 관련한 모든 증상을 경험할 수 있다. 염증이 진행됐을 때는 유방 안에 고름 주머니가 생길 수도 있다. 주사기로 빼내거나 심할 경우 입원치료를 해야 한다. 유선염으로 진행이 되는 엄마들이 모유수유에 대한 의지가 강한데 혼자서 열심히 하려는 경우가 많다. 아프고 힘들지만 어떻게든 해보려다 증상을 악화시킨다. 주사기로 고름을 빼낸 유방은 아물기 전까지 주사를 맞은 부위로 고름이 새 나오는 것을 볼 수 있다.

유선염도 젖몸살과 마찬가지로 수유를 규칙적으로 못했거나 젖이 제대로 안 비워졌거나, 유두의 상처로 인해 감염이 유발되었거나, 젖울혈이 지속되었거나, 엄마의 건강상태가 안 좋아졌을 때 발생할 수 있다. 유선염은 한 번 발병하면 치료가 힘들고 통증의 강도가 훨씬 크므로 주의해야 한다. 발목을 한 번 삐게 되면 수시로 삐는 것을 경험해봤을 것이다. 마찬가지로 유선염을 한 번 하게 되면 같은 부위에 반복적으로 문제가 생길 수 있으므로 초기에 빨리 치료를 하는 것이 좋다.

가슴이 무겁고 불편할 때는 수유를 할 때 불편한 가슴을 먼저 수유를 하도록 한다. 쉴 때는 냉찜질을 하고 수유하거나 유축을 할 때는 온찜질을 해서 고인 젖이 최대한 배출될 수 있도록 해야 한다. 유선염은 의사의 진단을 받고 약 처방과 함께 관리를 해나가는 것이 중요하다.

■ 젖몸살, 유선염 후 젖양부족

젖몸살과 유선염을 자주 하면 젖양은 줄게 된다. 가슴이 심하게 아프면 병원을 찾는다. 먹는 약으로는 막힌 유선을 뚫을 수 없다. 병원에서는 통증을 줄여주고 염증이 악화되는 것을 방지하는 처방을 한다. 먹는 약으로 유전을 녹여 유선을 뚫을 수는 없다. 치료로 젖몸살 증상만 치료를 했을 경우 차후에 젖양이 줄어든 것을 볼 수 있다. 막힌 유선은 더 이상 모유를 만들어내지 못하기 때문이다. 유선이 막힌 부위를 뚫어서 다시 쓸 수 있도록 해야 한다. 단지 염증으로 가는 것만 막아서는 제대로 치료가 되었다고 보기 힘들다. 유선을 뚫지 않은 채 염증 증상만 가라앉히면 부분 단유가 된다. 이런 젖 뭉침이 자주 있거나 군데군데 뭉친 몽우리가 있으면 젖양은 줄게 되어있다.

수유하는 엄마들은 젖이 나오는 배유구의 개수가 젖양이 많이 나올 때보다 줄지는 않는지 관찰할 필요가 있고 다른 유선보다 가늘어진 유선을 주의해서 살펴봐야 한다. 젖몸살이나 유선염으로 치료 후에는 젖양이 이전으로 회복되는지 살펴봐야 한다.

4. 출산 직후 모유만으로 수유할 수 있을까?

결론적으로 말하면 가능하다. 산후조리원에서도 그런 경우를 종종 본다. 초산모인 경우에도 가능하다. 단, 아기를 분만 후 모자동실을 하면서 수유를 계속 시도했을 경우다. 초산인데 조산원에서 분만 후 모유수유만 했다는 산모를 만난 적이 있다. 분만하자마자 아기를 데리고 있으면서 젖을 찾을 때마다 물렸단다. 초기 30cc 정도의 분유를 먹은 것외에는 오직 모유로만 수유했다고 한다. 유두 모양이 아기가 물기 좋은 경우라면 초기 모유수유가 훨씬 더 쉬워진다.

조산원이 아닌 병원에서 셋째를 분만한 산모가 입소한 날부터 모자동실을 선택하면서 완전 모유수유로만 성공한 적이 있었다. 이 산모는 첫째 아기 때 완모를 했던 경우였다. 둘째부터는 출산한 산부인과에서부터 24시간 모자동실을 하면서 모유수유만 했다고 한다. 산후조리원에 입소 후에도 퇴소할 때까지 밤에는 아기를 데리고 자면서 완모를 했다.

가끔 모유수유를 강력히 원하는 산모 중에 산후조리원에 입소하자마자 아기가 찾을 때마다 계속 불러주기를 원하는 산모가 있다. 하지만, 병원에서부터 분유로 보충하고 온 아기라면 당장 모유만으로는 아기 배를 채우기는 힘들다. 이제 막 젖이 조금씩 배출되는 엄마의 젖으로는 벌써 뱃구래를 늘려서 온 아기를 만족시키기가 쉬운 일이 아니다. 병원에서 신생아실을 왕래하며 수유를 한 경우 엄마가 방으로 돌아간 뒤에 분유로 보충을 하는 것을 알아야 한다. 3시간마다 수유하기 위해 엄마를 호출한다고 해서 아기가 엄마 젖을 먹고 난 후 편하게 잠이 드는 게 아니다. 아기는 엄마를 보내고 난 후 분유를 먹고 있다. 또, 아기가 먹는 양이 의외로 작지 않다는 것도 알아야 한다. 3일 만에 퇴원하는 아기가 먹는 분유는 3시간에 한 번씩 30~40cc다. 제왕절개수술을 하고 퇴원하는 아기는 60~70cc를 먹는다. 이렇게 먹던 아기가 모유로 배를 채우려면 시간이 필요하다. 엄마가 모유를 만들어내는데, 시간이 필요하기 때문이다. 갑자기 아기의 주식이 분유에서 모유로 바뀔 수는 없다. 인내심을 가지고 꾸준히 노력해야 한다.

한 번은 조리원입소를 한 산모가 아기에게 절대 분유를 주지 말고 울 때마다 수유콜을 해주기를 강력하게 원했다. 계속 수유를 시도하다 너무 자주 수유실에 오게 되니 모자동실을 하겠단다. 산모의 요구대로 모자동실을 하고 분유 보충은 산모의 거부로 할 수 없었다. 산모는 방에서 계속 모유수유를 시도했다. 그런데, 아기가 몇 시간 동안 소변을 보지 않았다. 몇 번을 확인해도 소변 기저귀를 확인할 수 없었다. "모유가 아직 충분하지 않아서 배가 고플 겁니다. 먹은 게 없어서 소변을 못 보는 거예요. 분유 먹고 온 아기라 보충해줘야 합니다." 이런 말이 소용이 없었다. 천만다행으로 아기가 처지거나 기운이 빠지지는 않았지만, 다음날부터 미열이 나기 시작했다. 원인 모를 발열 진단을 받고 입원치료를 한 후 퇴원했다.

병원에서보다 산후조리원이나 집으로 가면 아기에게 수유하기가 훨씬 쉬워진다. 아기를 바로 옆에 데리고 있을 수 있기 때문이다. 아기가 배가 고파 보내는 신호를 빨리 알아챌 수 있고 짜증을 내기 전에 젖을 물릴 수가 있다. 모자동실을 권하는 이유다. 산후조리원이나 집으로 퇴원 후 본격적으로 모유수유하려는 엄마의 열정은 칭찬받아 마땅하다. 다만 엄마의 생각만큼 모유량이 그리 빨리 늘지 않는다는 것을 알고 실망하지 말자. 분유에 담은 젖병만으로 배를 채운 아기는 엄마 젖을 빠는 것이 무척 힘이 든다. 아기가 엄마 젖보다 분유 젖병을 더 열심히 빤다고도 실망하지 말자.

아기가 배고플 때 신호
· 잠을 자던 아기가 몸을 꼼지락거리며 움직이기 시작한다.

· 손가락을 입으로 가져간다.
· 입술을 쩝쩝거리며 빤다.
· 입 가까이 손을 대면 입을 오물거리며 얼굴을 돌린다.
· 힘차게 운다.

 분유를 먹던 아기에게 갑자기 모유수유만 시도하게 되면 시간이 지나도 기저귀를 갈지 않는 경우가 있다. 부족한 모유량 때문에 소변횟수와 소변 양이 줄어들었기 때문이다. 엄마 가슴은 아직 아기를 위해 충분한 모유를 만들지 못 하고 있는데 모유수유만 고집하게 되면 아기는 탈수증상을 보일 수 있다. 아기는 어른보다 수분의 함량이 많다. 성인은 신체의 70%가 수분이다. 아기는 성인보다 더 많은 비율인 약 80%가 수분으로 구성되어 있다. 아기는 모든 영양소를 수분인 모유를 통해서 공급받는다. 모유량이 부족하면 탈수가 오게 된다. 탈수 증상으로는 소변 색이 짙어지고 소변 보는 횟수가 줄면서 수분부족으로 인해 미열이 나기 시작한다. 배가 고픈 아기는 잠을 자지 못 한다. 신생아는 탈수로 인해 금방 상태가 나빠질 수 있다. 분유수유에서 모유수유로 이행 시 아기의 신체 반응을 유심히 관찰 하면서 조절해가야 한다.

■ 출산 초기 밤중 수유

 모유량을 늘리기 위해서는 밤중 수유를 하는 것이 도움된다. 젖분비 호 르몬인 프로락틴은 밤에 특히 많이 분비되는 호르몬이다. 프로락틴의 분 비증가는 모유 만드는 기능을 상승시킨다. 밤중 수유를 위해서는 모자동 실을 하는 게 좋다. 아기와 같이 자다가 젖을 찾으면 바로 물릴 수 있어야 하기 때문이다. 집에서 산후조리를 하게 되는 경우에는 아기와 같이 있으니 병원이나 산후조리원처럼 많이 움직이지 않고 아기가 찾을 때마다 바로바로 젖을 물릴 수 있다. 하지만 수유 자세를 잡기 힘들어 고생하기도 한다. 집에서 아기가 울 때마다 수시로 젖을 물리되 금방 잠이 들면 아기를 침대에 내려놔야 한다. 잠이 깨서 활발하게 젖을 찾을 때 다시 수유를 시도해야 한다.

산후조리원에서의 밤중 수유는 개인적으로는 권하지 않는다. 체력적으로 감당이 되는 산모는 하면 좋다. 근래 산후조리원에 입소하는 산모의 연령대가 30대 초반이다. 최근 발표된 조사에 의하면 여성들의 결혼연령이 30세가 넘는다고 한다. 그러니 출산연령은 더 높을 수밖에 없다. 산모의 연령으로만 봐도 노산에 속한다.

나이가 많은 산모는 20대 젊은 여성들에 비해 임신과 출산에 따른 체력 소모가 너무 많다. 자연분만이든 수술이든 20대 산모와는 확연히 다르다. 이런 산모가 밤낮으로 수유하느라 아기를 안고 버티게 되면 며칠 안 가서 너무 힘들다는 소리를 입에 달게 된다. 20대 산모보다 출산 후 몸도 많이 붓는다. 신체기능이 떨어져 혈액순환이 정체되고 노폐물 배출이 더디기 때문이다. 일반사람들도 밤에 잠을 자지 않고 일을 한다면 힘이 든다. 게다가 아기가 잘 먹는다면 모를까 엄마는 아기를 안고 자고 아기는 엄마에게 안겨 자기 일쑤다. 잠을 설쳐가며 힘든 몸으로 몇 번 수유실을 왕래하다 보면 오히려 지쳐서 낮에 수유하기 힘들어진다. 산모를 호출해도 듣지를 못 하고 정신없이 깊이 잠든 산모들을 볼 수 있다.

모자동실을 하게 되면 밤새 우는 아기를 안았다 내려놓기를 반복해야 한다. 분만하고 아직 회복이 덜 된 데다 수유하느라 잠까지 못 잔 산모는 밤중 수유를 며칠하고 나면 2~3일 뒤부터는 몸살을 하게 된다. 수유 후 회복이 안될 뿐 아니라 엎친 데 덮친 격으로 몸살까지 나게 되면 오히려 모유수유를 며칠 쉴 수 밖에 없는 상황을 만들 수도 있으니 주의해야 한다. 모자동실을 할 때는 옆에서 같이 도와줄 사람이 있어야 한다.

엄마들이 한 번 젖을 물리면 양쪽 15분씩은 안고 물려야 한다는 생각에 잠든 아기를 안고 있는 경우가 흔하다. 잠든 아기를 안고 젖만 물리는 것은 모유수유에 전혀 도움이 되지 않는다. 제대로 된 수유를 하는 것이 아니다. 아기가 젖을 물고 수유는 하지 않은 채 안겨서 잠을 자는 훈련만 하고 있다. 아기가 잠이 들었다 싶어 자리에 눕히려고 하면 다시 입을 오물오물하면서 젖을 빠는 것 같으니 자면서 먹는구나 싶어 계속 안고 있는데 먹은 게 없으니 입에서 젖을 떼지 않으려는 자연적인 반응일 뿐이다. 이럴 때는 과감하게 아기를 자리에 눕혀놓는다. 건강한 아기는 배가 고파 금방 깨서 활달하게 젖을 찾을 때 잠이 깬 아기에게 수유를 다시 시도하면 된다.

5. 보조기와 모유수유

"수유보조기를 사용하면 아기가 엄마 젖을 빨기 싫어한다던데요."

"초기에 젖을 못 물리면 엄마 젖을 못 물린다면서요?"

남들보다 시간이 더 필요한 사람들이 있지만 엄마 젖을 못 물리는 일은 없다.

지금 당장 아기가 젖을 못 문다고 해서 실망하거나 포기하지 말자.

산후조리원에 막 입소한 산모는 어떻게든 아기가 직접수유를 하기를 원한다. 젖병 젖꼭지에 익숙해져 엄마 젖꼭지를 물지 않으려고 할까 두려워한다. 병원에서는 잘 물던 엄마의 젖꼭지를 조리원이나 집에 와서는 물기 힘들어하는 것을 보면서 이러다 아예 물지 않으면 어쩌나 걱정이 되기 시작한다. 아기에게 계속 젖 물리기를 시도한다. 이런 엄마들일수록 유경과 유두에 상처를 많이 만들 가능성이 크다.

엄마들이 주로 하는 얘기가 "아기가 벌써 젖병만 좋아해요. 젖만 물리면 자다가 젖병만 주면 너무 잘 먹어요. 쉬운 것을 아나 봐요." 라고 한다. 당연하다. 아기도 쉬운 젖꼭지와 어려운 젖꼭지를 구분한다. 배가 고픈데 엄마는 아기가 잘 물 수 있도록 유두와 유륜을 부드럽게 준비해놓지 않고 잘 물기만을 바라고 있다. 아기가 잘 물 수 있도록 잡아주지 못하면 아기는 수유하기가 너무 힘들다. 아기가 수유하기 좋도록 가슴과 유두를 수시로 부드럽게 마사지해주는 것이 좋다.

유두가 짧아지고 유륜이 부어서 아기가 물기 어려워지면 수유를 도와주는 부조기를 사용하자.

■ 보조기 사용 후 직수 하기

젖이 차서 유륜이 부풀게 되면 짧은 유두를 가진 엄마는 유두가 더욱 짧아지게 된다. 젖이 아직 많지 않을 때는 유륜이 말랑말랑하면서 유두도 돌출이 되어 있는데 젖이 만들어지면서 유륜 아래있는 유관동에도 젖이 고여있게 된다. 마치 유륜 아래 젖주머니가 받히고 있는 것처럼 탱탱해지게 된다.

출산 후 3일쯤 되었을 때 탱탱해진 유륜을 아기가 물게 되면 아기 입술이 유륜에서 미끄러져 튕겨 나가기 쉽다. 유두의 길이가 짧은 엄마는 그 길이가 더 짧아지게 된다. 당연히 아기가 물기가 힘들어진다. 아기가 힘들게 유두를 물어도 끝에만 물게 되서 유두 끝에 길에 찢어진 상처를 만들게 된다. 아기의 성격에 따라 조용히 열심히 엄마의 유두만 물고 젖을 빨다 자다를 반복하기도 한다. 어떤 아기는 잘 물리지 않으니 짜증내고 힘껏 울어 젖히기도 한다.

가슴이 부풀어서 유두가 짧아지는 엄마도 있지만, 원래부터 짧은 유두를 가진 엄마들은 처음부터 아기에게 물리기가 힘이 든다. 병원에서부터 유두보호기 사용을 권하는 것을 많이 보게 된다. 개인적으로는 함몰유두용 젖꼭지를 쓰도록 권유하고 있다. 편평유두라도 아기가 성장하고 유륜까지 물고 수유하는 힘이 세지면 그때부터는 보조기구 없이 직접수유가 가능해진다. 신생아는 물기에 적당하지 않은 유두를 물고 수유하기엔 힘에 부친다. 모유수유의 기본조건 중의 하나인 아기의 입과 엄마의 젖꼭지 크기가 맞지 않다. 수유하기에 적합하지 않은 유두는 아기가 잘 물 수 있을 때까지 시간이 필요하다. 이 힘든 시간을 잘 버티게 해주는 도구가 함몰유두용 젖꼭지다.

유두보호기는 초기 몇 번의 수유 후 유두가 다쳐서 아기가 직접 빠는 것이 엄마에게 고통을 줄 때 유두에 직접적인 힘이 가해지지 않도록 덮어서 보호해주는 기능을 한다. 지금 당장 젖을 물 수 없을 때 사용하기에도 좋지만 향후 길게 봤을 때 수유를 하는 데 그리 큰 역할을 하지는 못 한다.

함몰유두용 젖꼭지를 이용하지 않으려는 산모를 가끔 보게 된다. 무조건 엄마 젖만 물리려고 시도를 한다. 출산 후 엄마 젖을 빨리 물리지 않으면 영 직수를 할 수 없을까 걱정해서다. 아기가 지금 당장 젖을 물지 않는다고 해서 계속 직수를 못하게 되는 건 아니다. 아기가 물 수 있을 때까지 여유를 가지고 보조기를 이용해서 수유하다 직접수유로 전환하면 된다. 지금 물리기 힘든 상황인데 억지로 물리려고 하면 아기는 아기대로 힘들고 엄마는 엄마대로 지치고 힘든 상황을 끌고 가다 나중에는 지쳐서 모유수유를 포기하는 경우가 흔하다. 보조기를 사용하게 되면 젖병보다는 아기가 빠는 데 힘을 많이 써야 하고 모유를 먹을 수 있기 때문에 아기의 빠는 힘을 유지해줄 수 있다. 보조기를 사용하면서 수유 연습을 시키는 동안 엄마는 모유량을 늘려나가야 한다.

유두가 짧거나 물기 좋지 않은데 억지로 물리다 보면 유두 끝만 물고 수유하는 것을 보게 되는 경우가 있다. 엄마가 보조기 없이 직수를 해야 한다고 생각하기 때문이다. 이렇게 물리면 유두에 상처가 없을 수가 없다. 유두의 상처 때문에 아파서 도저히 참을 수 없을 지경이 돼서야 상담을 하는 경우가 상당히 많다. 이런 엄마들은 무조건 많이 물려야 젖양이 늘어난다는 말만 듣고 모유수유 시도만 정말 열심히 해온 산모다. 수유하는 엄마들은 다 '유두에 상처가 있던데요.' 한다. 이런 젖물기는 젖양을 늘리지도 못 한다.

모유는 먹이고 싶은데 유두는 아프고 모유량은 늘지 않으니 엄마는 힘들다. 아기는 배고프다고 울고 엄마는 그런 아기를 붙들고 같이 몇 달을 밤낮으로 운다. 참, 안타까울 뿐이다. 생후 두 달 정도가 지나면 아기는 여태껏 수유해온 방식대로 젖을 물려고 한다. 수유교정을 하기 위해 유륜까지 물리게 되면 구역질을 하는 아기도 있다. 평소보다 입에 많이 밀어 넣으니 거부반응을 보이는 것이다. 아기가 당황해하는 게 눈에 보인다. 힘도 세지고 고집도 생겨 온몸으로 거부하면서 엄마 몸을 밀어낸다. 고개를 도리질하면서 큰소리로 울음을 터뜨린다. 쉽게 교정이 안 된다. 너무 늦기전에 수유 자세 교정을 하는 것이 좋다.

■ 유축 수유에서 직수로 전환하기

모유량은 충분한데 아기가 젖물기를 못해서 또는 거부를 해서 유축으로 모유를 먹였던 엄마가 큰마음 먹고 직수를 시도하기도 한다. 이때는 아기에게 젖병으로 절대 주지 않고 배가 고파 울 때마다 젖 물리기만 계속 시도해야 한다. 처음에는 아기가 젖물기를 강하게 거부한다. 안 해봤기 때문에 낯설어하고 거부한다. 여태까지 해와서 익숙한 젖병 젖꼭지를 요구한다. 계속 수유 시도를 반복했더니 결국은 아기가 먹더라 하는 경험담을 들어봤을 것이다. 삼일 밤낮을 굶겨가면서 직수를 시도했더니 성공했다는 얘기도 들린다. 젖병으로 모유를 먹던 아기를 직수로 전환하는 것은 한 번의 시도로 되지 않는다. 아기가 탈수 되지 않도록 살펴가면서 계속적인 직수를 시도해야 한다. 탈수방지를 위해 컵이나 숟가락으로 아기에게 모유를 먹이는 것을 잊지 말아야 하며 소변 기저귀와 소변 색깔을 살펴가면서 시도해야 한다. 유축수유에서 직수로 전환을 할 때도 가능하면 두 달을 넘기지 않는 것이 좋다. 대부분의 경우 한 달 정도가 지나면 아기도 커지고 유두도 어느 정도 교정이 돼서 직수를 시도할 만하다. 출산 후 시간이 너무 경과한 후 직수를 시도하면 아기의 거부로 실패할 확률이 높다.

6. 유두혼동

■ 흔치 않은 유두혼동

유두혼동이 왔는지 아기가 젖을 못 물어요.

유두혼동 오면 아기가 엄마 젖을 안 빤다면서요?

아기가 유두혼동이 온 건가요? 왜 못 빨죠? 엄마들이 흔히 하는 질문이다. 유두혼동을 하는 아기가 없지는 않다. 하지만 그렇다고 많은 엄마가 걱정할 만큼 그리 흔하지도 않다. 산후조리원을 하고 수유 클리닉을 하고 있는 지금까지 16년간 유두혼동으로 고생하는 아기를 그리 많이 보지는 못 했다. 미리부터 걱정할 필요는 없다.

유두혼동은 엄마 젖을 빠는 방식과 젖병 젖꼭지 빠는 방식이 다르기 때문에 아기가 수유할 때 겪는 어려움이다. 아기는 태어나자마자 병원에서 젖병으로 수유하는 것에 익숙해진다. 이런 아기들이 엄마 젖을 잘못 빨고 헛빠는 것처럼 보일 수 있다. 초기수유 때 젖양이 부족해서 분유와 혼합을 하는 중에 아기가 갑자기 유두혼동을 겪기도 하고 수유 도중에 경험하기도 한다. 그래서, 유두혼동이 오기 전에 빨리 아기에게 엄마 젖을 자주 물려야 익숙하게 해야 한다고 한다. 실제로 엄마들이 아기에게 수유하는 현장에서 아기에게 젖을 어떻게든 잘 물도록 도와주는 사람으로서 내 경험이 모든 경우를 다 얘기할 수는 없다는 것을 알고 있다. 하지만, 나는 유두혼동을 겪는 아기를 그리 많이 보지 못 했다. 16년 동안 산모와 아기만 보고 살았으니 짧은 시간은 아니다. 산후조리 시기뿐만 아니라 집에서 수유하는 경우도 마찬가지다. 아주 가끔씩 하기 힘들어서 싫다고 거부하는 아기를 볼 수 있다. 대부분 아기는 엄마 젖이든 젖병이든 둘 다 잘해낸다.

엄마들이 유두혼동을 얘기할 때는 아기가 엄마 젖을 못 빨 때를 얘기하지 젖병을 못 빨 때 하는 얘기가 아니다. 젖병을 못 빤다고 하소연하는 엄마는 정말이지 쉽게 보기 힘들다. 유두혼동이 아니라 젖 물리기 훈련이 안 된 것이다. 산후조리원에서 '아기가 유두혼동이 왔는지 젖을 잘 못 물어요.'해서 관찰을 해보면 엄마가 아기에게 유두를 깊이 물려주지 않고 대충 젖 물리기를 하는 경우가 많다. 아기가 젖을 물고 싶어도 깊이 넣어주지 않아서 입을 크게 벌리고 고개를 도리질하고 있는 경우가 많다. 아기가 젖꼭지를 찾고 있는 것이다. 아기 입에 유륜이 꽉 차도록 물려주면 덥석 물고 수유를 하는 것을 자주 볼 수 있다. 오히려 이렇게 젖을 못 무는 것처럼 도리질을 하는 아기들이 입을 굉장히 크게 잘 벌리고 수유를 할 수 있는 아기들이다. 아기에게 유륜까지 깊이 물린 후 엄마의 검지나 중지로 아기의 턱을 밀어서 입을 다물게 해주면 몇 번의 시도 후에 젖을 빨아 먹는 것을 볼 수 있다.

아기가 젖을 못 물고 유두 앞에서 입을 벌리고 얼굴을 양옆으로 흔들고 있었다. 엄마에겐 유두혼동처럼 보였나 보다. 아기에게 유두를 깊이 물려주기 위해 아기 머리를 엄마 가슴으로 밀어주었다. 초산모인 엄마가 눈을 동그랗게 뜨면서 아기 머리를 그렇게 강하게 눌러도 되냐고 물었다. 그 말을 듣고 오히려 내가 깜짝 놀랐다. 엄마들이 그런 걱정까지 하나 싶어서. 머리를 밀어서 아기의 뇌를 다칠 정도라면 그 아기는 누워있을 수 없다. 그런 이론이라면 누워서 아기 스스로 뇌를 압박하기 때문이다. 손으로 밀어서 아기 뇌를 다치는 일은 없다.

출산 후 두 달 정도가 되면 아기가 엄마 젖이든 젖병이든 둘 중의 하나를 선택한다는 말이 있다. 아기가 스스로 젖병을 선택한다고 생각하지 않는다. 배를 채울 수 있는 젖양이면 어떤 아기든 모유를 택한다. 하지만, 모유만 먹어서는 도저히 배를 채울 수 없을 지경이라면 아기는 모유를 포기한다. 유두혼동이 아니라 유두 거부를 하기 시작한다.

■ 분유보다 맛있는 모유

딸기우유, 포도우유

출산한 지 3주 정도 된 셋째 산모를 만났다. 처음 봤을 때 젖양이 부족한 것도 문제였지만 잘못된 젖 물리기로 심하게 유두 상처가 생긴 흔적이 깊게 있었다. 왜 이렇게 상처가 심할 때까지 수유를 하셨냐 했더니 "동생도 몇 년 전에 아기를 낳았는데 다들 그렇게 피고름 짜내면서 수유한다고 하던데요" 한다. 참 안타까울 따름이다. 자세교정과 유선관리를 하면서 젖양을 늘려가던 중에 산모에게 "젖양만 괜찮게 나오면 모유가 분유보다 훨씬 맛있기 때문에 아기가 분유를 먹지 않으려고 할 거예요." 했더니 웃으면서 "그런가 봐요. 둘째가 맛있대요." 한다. "그게 무슨 얘기예요?" "아기가 먹는 걸 보더니 열 살짜리 둘째가 먹고 싶대요. 그래서, 유축해둔 모유를 줬는데 둘째가 "엄마, 맛있어요. 딸기 맛이 나요." 하대요. 그래서 내가 먹어봤더니 내 입에는 별맛이 없네요." 하며 애들 입맛은 다른가보다 하며 웃는다.

이 사례 말고도 모유를 제대로 못 먹은 큰 아이에게 유축한 모유를 주는 엄마들 얘기를 들어보면 첫째 아이들이 '딸기 우유, 포도 우유'라고 하며 좋아한다고 한다. 이런 얘기를 하면 큰 아기한테 줘도 돼요? 하고 묻는 산모들이 있다. 안 될 이유가 뭐가 있을까? 모유를 사서 먹는 중국 부자들 얘기가 TV 뉴스에 나온 적이 있다. 세상에 둘도 없는 보약이라고 초유에 가까울수록 가격이 비싸다고 한다. 중국에서 살다 온 산모를 만난 적이 있다. 산부인과대기실에 앉아있으면 모유 브로커들이 명함을 준다고 한다. 실제 모유는 분유보다 더 달고 맛있다. 단맛을 내는 당 성분이 분유보다 1.5배 더 들어있다. 아기들이 모유를 훨씬 좋아할 수밖에 없다. 실제 자신의 모유를 먹어본 어떤 엄마는 달다고 얘기를 한다. 모유는 엄마 가슴에서 바로 만들어지고 아기가 먹기 좋게 알맞은 온도로 유지되는 최상급의 아기 먹거리다.

그런데, 어떤 아기가 모유를 거부하고 젖병을 선택할까?

배가 고픈 아기는 젖병을 택한다. 엄마 젖이 아무리 맛있고 신선하고 영양가가 많은들 양이 너무 적다면 어떨까? 아기가 매번 먹고 나서도 배가 고프다면 어떨까? 계속 엄마 젖을 먹겠다고 고집할 수 없을 것이다. 아기가 먹을 때마다 힘들고 젖을 빨면서도 짜증이 나고 먹고 나서도 만족스럽지 않다면 아무리 순한 아기라도 언젠가는 포기하게 된다. 편하고 쉽고 배부르게 먹을 수 있는 분유를 외면하고 언제까지나 모유를 먹겠다고 고집을 피울 수 없을 것이다. 그것도 하루 이틀이지 태어나서 한 두 달 동안 하루에 열 번 이상을 모유와 분유를 번갈아 먹으면서 수유할 때마다 아기들은 갈등하고 있었을 것이다.

아기가 포기하기 전에 엄마의 젖은 충분한지 모유가 나오는 길은 제대로 확보가 되어있는지를 확인해볼 필요가 있다. 유선이 제대로 뚫리지 않은 상태에서 아기만 열심히 빨아주기를 기대하면 안 된다. 유선은 우리 몸의 다른 기관처럼 훈련이 필요한 기관이다. 수유 초기에는 유선이 굉장히 가늘게 나오지만, 자꾸 수유하다 보면 유선이 굵어지게 되고 아기가 먹는 젖양에 맞춰지게 된다. 한 번 뚫린 유선이 수유 중에 막히지 않는지 관찰하면서 수유하는 것이 중요하다.

어쩌다 보니 아기가 젖병이나 모유중에 선택하는 기간도 두 달이라고 얘기되고 있고 필자가 얘기하는 엄마젖 물리기 시한도 두 달이라고 하는 거 보니 대충 아기들의 수유 관련 갈등이 정리되는 기간이 생후 두 달째가 일반적인 거 같다. 수유가 안 돼서 힘들어하는 엄마들은 그것이 젖양 문제든 젖 물리기 문제든 아기가 생후 두 달이 되기 전에 주위의 모유수유 클리닉을 방문해서 본인의 유선 상태와 젖양파악, 아기의 젖 물리기 문제 등을 상담해보는 것이 도움된다.

모유수유를
방해하는 것들

1. 엄마와 관련된 문제들

■ 치밀유방

모유를 만들지 못하는 가슴은 없다. 아기를 출산한 여성이라면 누구나 모유는 만들어낸다. 다만, 수유가 힘든 사람들은 만들어진 모유가 아기에게 전해지는 통로인 유선이 쉽게 트이지 않는다. 대부분의 엄마가 출산 후 2~3일이 지나면 젖울혈과 젖몸살을 경험하게 된다. 가슴조직이 치밀한 여성들은 젖몸살을 더 길게 통증은 더 심하게 경험할 가능성이 크다.

치밀유방은 말 그대로 조직이 치밀한 유방이다. 이런 유방들은 유선조직과 결합조직이 많고 지방이 적다. 방사선촬영을 통해 관찰해보면 빽빽한 조직이 많아 전반적으로 하얗게 밝아 보인다. 방사선촬영을 하면 뼈가 하얗게 보이는 것처럼 유방조직이 치밀하기 때문이다. 같은 가슴 크기 안에 훨씬 더 많은 유선조직이 있으면 만들어진 모유가 나오기 힘들다. 유선조직이 너무 많으면 밖으로 나오는 길이 길고 멀어질 수밖에 없고 나오는 중에 막히기도 쉽다. 초기 유방울혈이 심하고 유선이 뚫리는 데도 시간이 많이 필요하나. 모유가 유선 안에 오래 고여있으면 모유가 덩어리지기 쉽다. 유선이 확보되고도 초기 몇 달은 수시로 막히고 문제가 생겨 고생하는 산모를 흔히 볼 수 있다.

치밀유방은 손으로 만져봤을 때 질감이 부드럽지 않다. 마치 표면이 거친 공처럼 우툴두툴한 느낌이 든다. 유방의 질감이 거칠고 단단할 수록 젖배출도 힘들고 울혈이 오래 지속하는 경향을 볼 수 있다. 이건 어디까지나 산모를 오랫동안 접해온 개인적인 경험담이다. 치밀유방의 치밀도에 따라 단계별로 나눌 수가 있다. 치밀도가 높을수록 유방암의 발생 위험이 높다는 연구보고도 있다. 한국 여성들은 70% 이상이 치밀유방에 속한다. 출산 초기부터 수유와 마사지를 자주 해서 부드럽게 유지하는 것이 무엇보다 도움이 된다. 모유수유 초기에는 힘들다. 하지만 유선조직이 많기 때문에 관리만 잘 된다면 모유량은 많이 증가할 수 있다.

■ 모유에 피가 섞여 나오는 경우

상처도 없는데 유두에서 피가 나온다면? 유선 안에 고여있다 나오는 피일 가능성이 크다. 유두의 상처 없이 나오는 피는 색깔이 짙고 검은빛에 가깝다. 오래 고여있던 피라 거무튀튀한 색깔을 띤다. 수유하다 유두에 상처가 나서 나오는 피는 선명한 붉은 색이다. 이때는 상처가 회복되면 피가 나오는 증상도 없어진다.

검고 짙은 색의 갈색 피는 유선이 발달하는 임신기에 유방의 모세혈관이 유선으로 흡수돼있다가 모유수유를 하면서 유선을 빠져나오는 경우에 해당한다. 초산 후 유축할 때 녹이 쓴 것 같은 짙은 갈색 피가 섞여 나오면 엄마는 당황스럽다. 아기의 구토물로 피가 나오는 것을 알게 되기도 한다. 이런 모유를 먹였을 때 잘 토하는 신생아일 경우 피딱지처럼 보이는 것을 내놓기도 한다. 유축을 했을 때 피가 섞여 있다고 굳이 버릴 필요는 없다. 황달이 있는 아기일 경우 피가 조금이라도 섞이면 유축한 모유를 먹이기를 꺼리기도 하는 데 아기의 생리적인 황달과 엄마의 피는 상관없다. 아기가 먹었다고 해서 크게 잘못되지는 않는다. 토하지 않았다면 모르고 먹었을 것이다. 정상분만을 하고 처음부터 아기에게 모유만 먹였다면 피가 섞여 나오는지도 몰랐을 것이다. 대부분은 며칠 내로 증상이 없어진다. 유선 안의 피가 길게 나오면 1~2주까지도 나올 수 있다. 그 이상 지속적으로 피가 나오면 의사와 상담하는 것이 좋다.

　초유에 피가 나오는 산모는 15% 정도로 흔히 볼 수 있으며 다른 원인으로는 모세혈관 외에 유관 내 유두종이 원인일 수 있다. 경산모보다 초산모에게 더 흔하다.

■ 유두, 유경 상처로 인한 통증

대부분 엄마가 한 번쯤은 경험하는 유두, 유경의 상처는 잘못된 젖물리기로 인해 유발된다. 이렇게 생긴 유두 상처에서는 선홍색의 피가 나온다. 상처가 심할 때는 직접수유를 잠시 쉬는 것도 괜찮다. 상처가 회복된 후에 다시 수유하는 것이 좋으며 아기가 직접수유를 하지 않는 동안에는 유축을 하든지 손으로 짜서 젖병에 담아서 주도록 한다. 경미한 상처일 때는 유두 보호기 등으로 유두를 최대한 자극하지 않게 하면서 수유를 시도해본다. 유두의 상처는 다른 부위의 상처와는 다르게 자극을 멈추고 상처가 회복될 수 있도록 쉴 수가 없다. 엄마들이 아파도 아기에게 계속 수유를 시도하기 때문이다. 유두의 상처가 쉽게 낫지 않는 이유다.

유두는 아기를 분만하기 전 까진 옷 속에 보호되던 속살이라 자극에 상당히 예민하다. 막 태어난 아기의 젖 빠는 힘도 상당히 강하다. 하루에 몇 시간씩 젖을 물리게 되면 아프지 않은 경우가 오히려 이상하다. 상처가 났을 때는 수유를 잠시 쉬도록 하고 수유를 하지 않는 동안에는 약을 발라주고 건조시켜서 회복을 돕도록 한다. 이때 손수건 똬리를 만들어서 브래지어안에 착용하면 유두주위에 공간을 만들어 상처가 스치는 것을 막아주고 공기 중에 노출해주면 약이 닦이는 것도 방지할 수 있다.

■ 유두 수포

짧게 물려 피부가 떨어져 나가는 상처도 아프지만 바로 그 전 단계인 수포도 아프기는 마찬가지다. 물집이 배유구를 포함해서 생기면 물집 아래로 모유가 고여있는 것을 볼 수 있다. 모유가 빠지지 않으면 두 가지 현상이 생긴다. 유선이 막혀 젖양이 줄거나 뭉치거나 둘 중 하나다. 만약 물집 안에 모유가 고여있다면 구멍을 내서 모유가 나올 수 있도록 해준다. 상처난 피부는 다시 재생된다. 배유구를 막지 않고 회복될 수 있도록 수포를 잘 살펴보고 연고를 바르면서 상처가 나을 수 있도록 관리한다.

■ 칸디다 감염

곰팡이균에 의한 감염으로 인해 젖을 먹일 때나 젖을 먹이고 난 후에도 계속 아픈 게 특징이다. 수유 후 찌르거나 타는 듯한 통증이 지속하면서 유두에서 등 쪽으로 찌르는 듯한 통증을 느끼기도 한다. 육안으로 발견하기 힘든 경우도 있고 유두가 하얗게 변하거나 갈라지는 것을 볼 수도 있다. 또, 유두가 붉게 변하기도 하고 껍질이 벗겨지기도 한다. 엄마가 최근 항생제 치료를 받았거나, 유두에 상처가 났을 때 상처를 통해 감염이 될 수 있다. 또, 아기가 아구창에 걸렸을 때 발병할 수 있다. 병원 진료를 통해 항진균제 연고를 2주 이상 도포 치료해야 한다. 아기도 같이 치료를 하도록 한다. 모유수유에는 지장이 없으니 중단하지 말고 수유를 계속하면 된다.

유방울혈과 짖몸실 때 짖 찌는법

유선의 일부가 막혀 부분부분 멍울이 졌을 때는 멍울과 유두를 가상의 선을 그어서 멍울 바로 위의 유선이 막혔다고 가정을 한다. 가상의 선위 유륜 부위에 손가락을 대고 가슴속으로 눌러가면서 짜주도록 한다. 유륜 부위의 유관동을 손으로 눌러 짜주는 것이 좋다. 유축기는 가슴 상태가 좋을 때 사용하기 좋은 기구다. 가슴에 문제가 생겼을 때는 손으로 짜주는 게 효과적이다. 멍울이 진 부위는 출구가 막힌 상태이므로 모유를 더 많이 만들지 않도록 해야 한다. 젖을 빼주지 못해 문제가 생겼을 때는 급한 대로 젖을 만드는 기능을 일시적으로 떨어뜨려 준다. 수유 초기나 수유 중기일 때나 마찬가지다. 멍울이 진 부위는 냉찜질을 해주되 수유나 유축하기 직전에만 온찜질을 한다. 유선과 혈관 등을 이완시킨 후에 유축이나 수유를 한다면 덩어리진 모유가 빠지기 쉽다.

문제가 없는 반대쪽 수유를 할 때 멍울이 진 가슴도 옥시토신의 영향으로 유선이 이완되고 젖을 밀어내려고 한다. 수유하는 엄마들이 흔히 하는 경험 중에 하나가 수유를 하는 쪽이 아닌 반대쪽 가슴에서 젖이 뚝뚝 떨어지는 경우가 있는데 이것이 옥시토신이 하는 역할이다. 모유는 양쪽에서 동시에 나온다. 아기가 수유하면 젖을 쉽게 먹을 수 있도록 옥시토신이 유선소엽을 짜주고 유선운동을 통해 젖을 밀어내준다. 반대쪽 가슴도 똑같이 준비하고 있다. 문제가 없는 가슴에서 수유할 때 뭉친 쪽 가슴을 짜본다. 멍울진 부위에서 유두까지 연결되는 선을 그어보고 그 선위의 유륜을 마사지하면서 모유를 짜보도록 한다.

완전 모유수유를 하다가도 유선이 막힐 수가 있다. 잘 먹던 아기가 평소보다 젖을 자주 찾고 잠을 잘 못 자고 수유하면서 짜증을 낸다면 유선이 막히지는 않았는지 주의해서 관찰할 필요가 있다. 가끔 수유하는 엄마들이 아기가 급성장기이라서 그런지 아기가 젖양이 부족해서 그런 것인지 잘 모르겠다며 문의를 하기도 하는 데 대부분은 젖양이 줄어있다. 배가 고파서 아기가 잘못 자고 짜증 내고 자다가 울기도 한다.

■ 유선염

수유기 때 유선염은 주로 유선을 통해 세균감염으로 인한 염증을 말한다. 유선염의 가장 큰 문제는 참을 수 없는 고통이다. 40도 가까이 되는 고열을 동반한다. 잦은 유선염은 가까이 있는 가족들이 수유를 말릴 정도로 산모를 힘들게 한다. 수유 중인 산모의 약 2.5%에서 발생하며 7% 이내에서 농양으로 진행된다. 주로 수유를 하면서 유두에 상처가 발생했을 때 세균이 유선 안으로 유입돼 발생한다. 수유 초기 6주 이내에 흔히 발생하며, 그 후에라도 수유 중이라면 언제든 생길 수 있다. 가슴의 통증과 38.5도 이상의 열이 나기도 하고, 부종, 유방의 압통, 오한 등의 전신증상이 나타난다.

규칙적인 수유를 하다가 몇 번 건너뛰게 되는 경우에 흔히 나타난다. 예를 들면, 장시간 외출을 하면서 수유나 유축을 할 수 없는 상황이거나 또는 백일잔치나 돌잔치 등 행사로 인해 제대로 유방을 비워줄 수 없는 상황일때, 유두의 상처를 제대로 치료하지 못했을 때 발생하기 쉽다.

아기가 밤에 깊이 잠이 들어 깨지 않아서 수유하지 못했거나 너무 꽉 끼는 속옷을 입었을 경우에도 유방을 압박하고 유관이 눌려서 제대로 모유가 배출되지 못할 때도 생길 수 있다. 유두의 상처가 낫는 과정에서 피부가 배유구를 덮었을 때 그 유관 아래로 젖이 배출되지 못할 때도 발생하기도 한다.

유선염이 생겼을 때는 유방울혈과 마찬가지로 냉찜질과 온찜질을 병행하면서 만들어진 모유를 최대한 빼내도록 한다. 유선염이 생긴 유방은 모유가 잘 배출이 되지 않으므로 아기에게 수유를 할 때 강한 힘으로 빨 수 있도록 먼저 수유를 하도록 한다. 유선염에 걸리고 항생제를 먹는다고 해서 수유를 하지 못하는 것은 아니다. 유선염이 생긴 유방은 통증에 많이 민감해지게 마련이다. 만약 아기에게 처음부터 물리는 것이 힘들다면 반대쪽 젖을 먼저 물린 후 유선염에 걸린 유방에 젖이 도는 것 같은 느낌이 들면 그때 위치를 바꿔 젖을 물 수 있도록 해본다.

누울 때도 유선염으로 치료 중인 가슴이 아래쪽으로 가도록 해서 옆으로 눕지 않도록 한다. 만약 왼쪽 가슴이 유선염이라면 왼쪽으로 돌아눕지 않는 게 좋다. 최대한 혈액순환에 방해되는 자세를 취하지 않는 것이 좋다. 유선염에 걸렸을 경우에도 최대한 모유를 빼주는 게 급선무다. 유선염을 치료할 때 제대로 하지 않고 하다마다 하는 경우 수시로 재발하기 쉽다. 아기를 돌보느라 심신이 지쳤거나, 잠을 제대로 자지 못하거나, 식사를 제대로 못 하고, 스트레스가 많을 때 등 많은 요인이 유선염의 원인이 될 수 있다.

초산 후 모유량 부족으로 수유를 못 한 산모가 둘째를 분만 후 상담을 했다. 산모의 한쪽 가슴에 1cm가 넘는 흉터 자국이 있길래 "낭종이라도 제거했어요?" 하고 물었더니 유선염으로 입원했었다고 한다. 언제 했냐고 물었더니 큰 아기 돌 무렵에 가슴이 아파서 병원을 갔더니 염증이 있다고 해서 시술로 제거했단다.

젖몸살이나 유선염에 걸렸을 때 주의사항

수유를 할 때 안 좋은 가슴을 먼저 아기에게 빨리도록 하는 데 이렇게 젖울혈이나 유선염에 걸린 가슴에만 신경 쓰다 보면 며칠이 지나 반대쪽 가슴이 아프기도 히다. 일주일 전에 왼쪽 가슴이 아파서 수유를 먼저하고 혼자 마사지도 하다 보니 괜찮아졌단다. 그런데, 어제부터 갑자기 오른쪽이 아프다고 상담하는 엄마들이 많다. 아픈 가슴에만 신경을 쓰면서 괜찮은 가슴에 젖이 정체되기 시작하는 것을 놓치기 때문이다. 아픈 가슴을 먼저 수유하고 관리할 때 건강한 쪽 가슴에 울혈이 되는 것을 방지하기 위해서는 유축도 같이 병행하는 것이 좋다.

■ 엄마가 일시적으로 약을 먹을 때 수유는?

수유하는 엄마가 약물치료를 해야 할 때가 있다. 유선염같이 수유와 직접 관련된 경우일 수도 있고 엄마의 질병과 관련된 경우도 있다. 혹시나 엄마가 먹는 약이 아기에게 영향을 줄까 봐 진료를 꺼리거나 처방 후 수유를 잠시 중단하고자 하는 경우가 있다. 수유부임을 밝히고 처방받는 약은 모유수유에 안전한 약이라고 생각하면 된다.

많은 엄마가 의사의 진료를 보기 전에 인터넷을 통해 다양한 정보를 찾아 헤맨다. 다양한 사례들을 통해 본인의 경우를 유추해 혼자 갈등하고 고민하기도 하지만 실제 엄마가 먹는 약 때문에 수유를 중단해야 할 경우는 그리 많지 않다.

대부분의 감기약은 수유와 관계없이 복용할 수 있나. 감기증상 중 콧물을 줄이는 약을 쓸때는 젖양도 줄일 가능성이 있으나 건강을 회복한 후 젖양은 다시 늘릴 수 있다. 신생아가 복용할 수 있는 약들은 엄마가 먹어도 크게 문제가 없다. 국제모유협회에서는 항암제, 방사선 치료제, 마약류와 같은 진통제 등을 제외하고는 대부분이 모유수유에 크게 지장이 없다고 한다. 하지만, 자세한 사항은 의사와 상의 후 결정하도록 한다.

모유수유를 할 수 없는 약을 복용했을 때는 그 기간 동안 유축을 통해 모유 생성이 중단되지 않도록 하는 게 중요하다. 유축기 사용은 아기가 직접 빠는 것보다는 기능이 떨어지지만 젖 만드는 기능을 일정 기간 유지하는 데는 크게 문제가 없다. 양은 일시적으로 줄 수 있지만 약 복용 기간이 지난후 직수를 통해 회복할 수 있다.

수유모들 약물 투여 분류(Dr. Hale's Lactation Risk Category)

L1 Safest (가장 안전)	다수의 수유모에게 투여결과 모유수유아에게 부작용증가와 위험성이 보고되지 않은 약물. 모유수유아의 체내에서 경구 생체 이용률이 희박한 약물
L2 Safest (비교적 안전)	한정된 수의 수유모에게 투약한 결과 모유수유아의 부작용 증가가 보고되지 않은 약물.
L3 Moderately Safety (적당히 안전함)	모유수유모를 대상으로 대조 임상 시험은 없었으나 모유 수유아에게 위험성이 생길 수 있는 가능성이 있거나 대조 시험 결과 심각하지 않은 위험성이 생길 가능성이 있는 약물. 이 등급은 모유수유아게 대해 가능한 위험성을 넘는 이점이 있을 때만 투여한다.
L4 Possibly Hazardos (위험 가능성 있음)	모유수유아나 수유모에게 끼칠 위험성임에도 불구하고, 수유모에게 투여했을 때 이득이 있는 투여하는 약물(목숨이 위태롭거나, 심각한 질병이 있을 때, 이보다 효과가 있는 약이 없을 때)
L5 Ccntraindicated (절대 금기)	수유모에 대한 연구결과 모유수유아에게 심각한 위험성이 있음이 증명되었거나, 위험성을 일으킬 가능성이 큰 약물. 이 약을 사용하는 것은 모유수유의 장점을 상쇄시킬 위험이 있으므로 투여금지.

2. 엄마의 질병과 모유수유

■ B형 간염 산모

B형 간염 산모라도 모유수유는 해도 된다. 기본적으로 아기를 분만 하고 나면 생후 12시간 내에 B형 간염 예방접종을 한다. 연구결과에 따르면 예방접종을 하거나 하지 않거나 신생아감염률에 차이를 보이지 않는다고 한다. 우리나라를 비롯해 세계적으로도 만성 B형 간염 산모들에게 모유수유는 권장되고 있다.

B형 간염 예방접종은 출생 직후, 만 1개월에 2차, 만 6개월에 3차를 접종한다. 생후 1년이 되면 항체 유무를 검사해보고 만약 항체가 생기지 않았을 경우 다시 3회 접종을 한 후에 항체검사를 재시행하게 된다.

예방접종을 했다고 해서 모유수유를 통한 B형 간염에 완벽한 면역이 되는 것은 아니다. 산모가 이미 만성 B형 간염에 걸렸다면 출생 시 감염이 되는 경우가 대부분이며, 태아기 때 이미 B형 간염에 걸려서 태어나는 경우도 있다. 즉, 신생아의 B형 간염은 모유수유와는 상관없이 출생 전이나 분만 도중에 걸린다고 봐야 한다. 자연분만이나 제왕절개 여부와는 상관이 없다.

활동성 간염이든 비활동성 간염이든 모유수유와는 상관이 없다. 출생 후 예방조치를 잘하는 것이 95%의 효과를 가져온다. 활동성인 경우 예방조치를 하지 않았을 경우 70~90%의 아기가 감염될 확률이 있고 그중 90%의 아기가 보균자가 된다. 비활동성인 경우 예방조치가 미흡할 경우

20%의 아기가 감염에 걸리고 그중 90%의 아기가 보균자가 될 확률이 있다. 어릴 때 감염이 되면 보균자가 될 확률이 높고, 보균자 중 25% 정도에서 성인으로 성장 후 만성 간 질환과 간 경화 또는 간암으로 진행할 수 있다.

활동성이든 비활동성이든 감염의 진행속도가 차이가 날 뿐이지 감염이 된 상태이므로 관리에 주의해야 한다. 모유수유는 하도록 권장하지만 유두의 상처로 인해 출혈이 많을 때는 잠시 직접수유를 쉬고 상처가 회복된 후에 다시 수유를 시도하는 게 좋겠다.

■ C형 간염 엄마

모유수유를 하든 분유 수유를 하든 C형 간염 엄마에게서 출생한 아기는 5% 정도의 아기 감염률을 보인다. 신생아 C형 간염은 분만 중에 일어나므로 모유수유와는 관련이 없다고 본다. 산모가 C형 간염에 걸렸을 때는 아기에게 반드시 HCV 감염에 대해 주기적으로 검사해야 한다. C형 간염은 모유가 아니라 혈액으로 전파가 되므로 수유 중 유두의 상처로 피가 난다면 수유를 중단할 것을 권한다.

■ A형 간염 산모

엄마가 A형 간염 진단을 받았을 때는 아기도 이미 바이러스에 노출이 된 경우가 많아 그때까지 모유수유를 해왔다면 굳이 수유를 중단할 필요가 없다. 유방에 물집이 없다면 유축해서 수유를 해도 된다. 아기는 노출된 시기와 아기의 개월 수에 따라 적절한 예방접종을 하면 된다.

■ 감기

엄마가 감기에 걸렸을 때는 수유를 할 수는 있지만, 아기에게 옮겨주기가 쉽다. 신생아는 감기를 하게 되면 금방 폐렴 등으로 진행되기 쉬워 가급적 유축을 해서 먹이는 게 좋다. 감기에 사용하는 약들은 모유수유에는 지장이 없다. 하지만, 감기가 지속하여 항히스타민제 클레마스틴을 장기 복용했을 때는 아기가 졸려 하고 불안해하는 증상이 보고된 적이 있으므로 관찰할 필요가 있다. 출산 후 감기에 걸리는 엄마들이 있다. 약을 먹으면서 수유를 원하기도 하는 데 이때는 유축을 해서 수유를 하는 것이 좋다.

바이러스는 눈에 띄지 않는다. 손을 씻고 마스크를 껴도 면역력이 약한 아기에게 감염 시킬 가능성이 크다. 다년간 산후조리원을 운영해본 결과 감기에 걸린 엄마의 아기는 결국에는 감기 증세를 보인다. 신생아는 엄마보다 면역력이 훨씬 약하다. 어린이집에 다니는 큰아이는 콧물감기에 그칠수 있다. 하지만, 큰 아기에게서 옮은 신생아는 입원치료를 해야 될 정도로 심하게 앓는 경우를 흔히 볼 수 있다.

■ 당뇨

당뇨가 있는 엄마가 모유수유를 하게 되면 인슐린 요구량이 감소해 투여량이 줄어든다. 인슐린 주사를 맞아도 수유에는 지장이 없다. 소아 당뇨인 1형 당뇨는 모유수유를 하는 경우 2.4배 정도 발병률이 낮다. 당뇨가 있을 경우 감염에 대해 취약하다. 유두 상처가 생겼을 때는 상처를 통해 2차 감염이 되지 않도록 주의해서 살펴야 한다. 상처가 생겼을 시 지체 말고 의사의 진료를 받는 것이 좋다.

■ 고혈압

고혈압 치료 중에도 모유수유는 가능하다. 다만 치료 약 중에 들어가는 이뇨제중 강한 약제는 모유 분비를 감소시킬 수 있다. 또한, 약제 중 메틸도파는 뇌하수체에 작용해 모유 분비를 감소시킬 수 있다.

■ 결핵

결핵은 진단이 어렵고 치료가 제대로 안될 시 위험할 수 있으므로 제대로 된 진단과 치료가 필요하다. 결핵 진단을 받은 산모의 신생아는 가능한 아기와 가족을 격리하지 않는 것이 원칙이나 신생아의 증상과 검사 등에 따라 대처가 달라질 수 있다. 산모에게 결핵이 의심되면, 진단이 확실해질 때까지는 신생아를 엄마로부터 격리한다. 엄마와 아기를 격리하더라도 모유는 유축을 해서 아기에게 줄 수 있다. 엄마가 활동성 결핵이라는 증거가 없다면, 아기는 격리할 필요가 없다. 대신 엄마는 잠복 결핵 치료를 하고 아기는 BCG를 하지 않은 상태에서 생후 3개월 후에 결핵 반응 검사를 해본다. 음성이면 BCG 접종을 한다.

■ 수두

흔하지는 않지만, 엄마가 분만 전후로 수두가 발병했다면 아기에게 위험할 수 있으므로 VZIG라는 면역 글로불린을 아기에게 접종해야 한다. 모유를 먹이든 분유를 먹이든 아기는 엄마의 전염력이 사라질 때까지는 엄마에게서 격리한다. 수두는 대략 일주일을 전후로 72시간 동안 물집이 새로 생기지 않고 모두 딱지가 앉으면 전염력이 없어진 것으로 판단한다. 엄마가 수두에 대한 면역이 있는지 확실하지 않을 때는 아기에게 VZIG를 투여한다.

3. 아기와 관련된 모유수유 문제

■ 설소대

설소대는 혀의 중앙부위에서 아래쪽으로 연결된 근막이다. 이 근막이 거의 없는 아기도 있고 간혹 혀끝까지 길게 붙어있는 아기도 있다. 수유와 관련되어 문제를 일으키는 경우가 이 얇은 막이 혀끝까지 길게 붙어있을 때다. 이렇게 막이 길게 붙어있는 경우에는 아기의 혀가 덩겨서 입술 바깥으로 나오지 못한다.

수유하려면 유륜까지 물려야 되고 혀가 유륜부터 유두 끝까지 닿아서 마사지하듯 눌러가면서 젖을 빨아 먹어야 한다. 혀가 짧은 아기는 유륜까지 닿을 수가 없다. 아기가 울 때 더 확실히 관찰할 수가 있다. 얇은 막이 혀끝을 당기기 때문에 중간이 말려 들어가 거꾸로 된 하트의 혀 모양을 볼 수 있다.

설소대가 혀끝까지 붙어있지 않는다면 수유에 그리 지장을 주지 않을 수도 있다. 아기에 따라 젖을 물고 빠는 힘이 좋은 아기도 있고 조금 더 약한 아기도 있다. 만약 힘이 약한 아기에게 설소대까지 길게 붙어있다면 수유를 하기가 더 힘들 수 있다. 설소대가 있는 아가들이 수유할 때는 엄마 유두에 상처 나기가 더 쉽다는 것도 알아두자. 혀가 길게 내밀어지지 않으니 유두만 물게 되고 상처가 쉽게 난다. 설소대가 있는 아기는 유두를 깊이 감쌀 수가 없다. 입과 유두 사이의 공간이 남기 때문에 수유를 할 때 혀를 차는 듯한 소리가 나기도 한다.

설소대의 또 다른 문제는 혀가 당김으로 인해 'ㄹ' 발음에 문제가 있을 수 있다. 혀가 입천장에 닿아야 낼 수 있는 소리인 'ㄹ' 발음은 영어인 'R'에 해당한다. 말을 배우기 시작하면서 혀짧은 소리가 나면 설소대를 의심하는 경우도 있다. 말을 하기 시작 후 이비인후과에서 시술하게 되면 발음 교정이 필요할 수도 있다. 설소대가 의심될 때는 가까운 소아청소년과를 방문해서 확인하고 필요하면 간단한 시술을 통해 처치할 수 있다. 신생아일 경우 처치 후 몇 시간 안에 수유를 할 수 있다.

■ 설소대 사례

산후조리원 입소한 둘째 산모가 아기 혀를 봐달라고 요청해왔다. 왜 그러시냐 했더니 첫째 아기를 분만 후 모유수유를 하면서 어려움을 겪었단다. 계속 유두에 상처가 생겼고 모유량이 부족한 듯 아기가 보챔이 심했는데 8개월 가량 됐을 무렵 이비인후과에서 설소대 시술을 받고 나서 증상이 개선되었다고 한다. 둘째 아기도 설소대가 심하지는 않으나 다른 아기에 비해 길게 붙어있다고 조언을 해주었다. 몇 달 후 이비인후과를 들러 의사와 상담 후에 조기에 시술을 받았다고 한다.

설소대가 길게 붙어서 울 때 혀가 하트모양으로 당겨지는 아기는 조기에 시술을 해주는 경우도 있다. 간단한 시술로 금방 처치가 가능하며 시술 후 빠른 시간내에 모유수유도 가능하다.

■ 중이염

모유수유를 하기 힘들게 하는 것 중에 아기의 중이염과 아구창을 들 수 있다. 중이염이 생겼을 때는 모유수유 시 강한 압력의 영향을 받아 귀가 아플 수 있다. 당연히 아기가 수유를 기피하게 된다.

엄마가 아이를 안고 수유를 하는 자세 중에 누워서 하는 자세가 있다. 누워서 하는 수유 자세를 얘기하다 보면 꼭 이런 질문을 하는 산모가 있다. 아기가 중이염에 걸리기 쉽다던데 누워서 수유하면 안 되는 거 아닌가요? 이렇게 말이다.

중이염은 감기 후에 오는 합병증 중에 하나이다. 이비 중이염을 앓고 있을 때 모유수유를 하게 되면 귀의 압이 높아져 아기가 힘들고 한 번 중이염을 하게 되면 반복 재발을 하게 된다. 단순히 누워서 수유한다고 해서 중이염에 걸리지는 않는다. 모유로만 수유하다가 울혈이나 젖몸살로 상담을 하게 될 때 엄마들이 밤중에 일어나서 수유하는 게 너무 힘들다고 호소를 한다. 엄마에게 누워서 수유하는 자세하나만 잡아주고 교정해줘도 너무나 좋아한다.

예전 상담했던 산모가 첫아이를 누워서만 수유를 했단다. 집에서 산후조리 하면서 처음부터 누워서 먹이다 보니 그렇게 하게 되었다고 한다. 이 산모는 수유를 하려면 누워야 하니 수유를 끝날 때까지 본인 집이나 남의 집 외에 바깥출입을 전혀 하지 못 했다고 한다. 아기가 젖을 찾을 때마다 자리를 펴고 누워야 하니 도저히 외출할 수가 없기 때문이다. 다양한 수유 자세를 익히는 것이 중요하다. 누워서 수유하는 것과 중이염과 별 차이가 없는 것이 엄마가 앉아서 수유하는 모습을 살펴보면 알 수 있다. 엄마는 앉아있지만 아기는 누워서 수유하고 있다. 누워서 수유하는 것은 엄마만 다른 자세를 취할 뿐 아기는 크게 달라지지 않는 자세라는 것을 알아야 한다.

한 번은 아기가 감기와 중이염 증상으로 입원치료를 오래 하고 있는 엄마에게서 전화가 왔다. 몇 주째 병원서 치료를 진행 중이니 주위에서 이런저런 말이 많았나 보다. 엄마가 아기를 잘못 다뤄서 아기가 아픈 건 아닐까하고 스트레스를 받고 있었다. 엄마가 가끔씩 누워서 수유했는데 그것 때문인가 싶어서 혼자 고민중이었다. 엄마가 앉아서 수유할 땐 아기를 어떻게 하나요? 했더니 옆으로 뉘어서 수유한다고 했다. 엄마가 누워서 수유하나 앉아서 수유하나 아기는 거의 같은 자세로 수유하지 않나요? 했더니 그렇다고 대답한다. 아기가 아픈 게 오래 지속하니 엄마 본인의 잘못인가싶어 자책하는 것이다. 아기가 아플 때는 의사의 진료를 신뢰하고 빨리 나을 수 있도록 최선을 다하면 된다. 모유수유하랴 아기 돌보랴 살림하랴 많은 일로 힘든 엄마들이 아기가 아픈 이유까지 본인에게서 찾으려고 하지 않았으면 한다.

내 경험을 얘기해보면 아들아이가 아직 기어 다니기 전이었으니 5~6개월쯤 됐나보다. 감기에 걸려 집 근처 소아청소년과를 2주 정도 다녔다. 감기가 이상하게 너무 오래간다 싶은 어느 날 아기 귀에서 진물이 나와 말라 있는 것을 보게 되었다. 소아과진찰을 하면서 계속 귀를 봤는데 의사가 귀지가 많아서 잘 안 보인다 하더니 그때부터 조금씩 안쪽에서 진물이 새고 있었던 모양이다. 이비인후과에서 중이염 치료를 한 뒤부터 감기만 하면 중이염도 수시로 재발을 하고 감기를 하지 않아도 중이염을 앓았다. 결국엔 고막에 구멍을 뚫는 시술을 한 후에 완치를 할 수 있었다.

어떤 병이든 너무 오래 지속할 경우 병원을 바꿔보는 것도 한 방법이 될 수 있다. 아이와 맞는 병원이 있고 엄마가 신뢰가 가는 병원이 있고, 같은 병에 대해 진단이 다르게 나는 경우도 살다 보면 흔히 경험할 수 있다.

■ 아구창

아구창은 곰팡이균에 의한 감염이며 수유를 하는 아기들에게 흔히 발병한다. 아구창은 아기의 입안에 생기는 구상질환이다. 처음에 하얀 점처럼 몇 개씩 보이다가 점점 커지고 두꺼워지며 부위가 넓어지기 시작한다. 초기에는 우유 찌꺼기와 비슷하나 우유 찌꺼기는 시간이 지나면 없어지는데 반해 아구창으로 인한 흰 반점은 혀에 밀착이 되어 있어 항상 같은 자리에 위치해있다. 면봉으로 건드려서 떼낼수 있거나 위치가 바뀐다면 우유 찌꺼기고 혀나 잇몸에 붙어 움직이지 않는 것은 아구창일 확률이 높다. 무리하게 떼내기 위해서 건드리면 흰 딱지가 떨어지면서 피가 날수도 있다.

입안에 전체적으로 두껍게 번졌을 때는 아기가 불편해하고 젖을 먹지 않으려고 하기도 한다. 아구창이 있을 때 엄마 가슴에도 이상이 있는지 살펴봐야 한다. 곰팡이균에 감염이 돼서 유두부위가 붉어지고 바늘로 찌르는 것처럼 심하게 따끔거리는 통증이 있을 수 있다. 유두 끝이 하얗게 변하기도 한다. 유두와 아기가 쓰는 젖병소독에 주의를 기울여야 한다. 증상이 심해지면 수유를 하지 않으려고도 한다. 항진균제로 간단히 치료가 가능하다.

■ 급성장기

사람의 생애에서 가장 빨리 성장하는 시기가 영아기다. 출생 후 생후 1년 만에 출생 시의 몸무게의 3배까지 성장하니 그 속도가 엄청나다 할 수 있다. 그래서 영아들도 성장통을 경험한다. 몸무게뿐만 아니라 키도 그만큼 커지니 아가들의 관절들이 아프다.

특히, 생후 3주, 6주, 8~9주 사이, 3개월, 6개월, 8~9개월에 한 번씩 폭풍 성장기가 있어 이 시기에 아기가 힘들어하는 것을 볼 수 있다. 아기가 힘들면 엄마도 힘이 들 수밖에 없다. 아기를 잘 관찰해 성장통을 완화할 수 있는 마사지 등을 통해 통증을 줄여 아기를 도와주도록 하면 좋다.

급성장기의 아기들이 보이는 특징은 수유 간격이 짧아진다. 성장이 빠르므로 필요한 열량이 많이 지니 자주 먹으려고 한다. 잠도 깊게 자지 않고 수시로 깬다. 아기가 자주 젖을 찾고 빠는 시간이 길어지면 젖양이 줄지 않았나 걱정할 수 있다. 급성장기는 아기마다 조금씩 차이가 날 수 있으며 이 시기에 아기가 찾을 때마다 자주 먹이다 보면 젖양은 늘게 되어있다. 며칠에서 1주 정도의 시간이 지나면 젖양은 아기에게 맞춰지게 된다.

4. 수유를 힘들게 하는 엄마의 식습관

"제가 먹는 거 하고 모유량하고 관계가 있나요?"

6개월 된 아이를 가진 엄마에게서 상담 전화가 왔다. 아기가 너무 자주 젖을 찾는다는 거다. 최근에 부쩍 눈만 뜨면 배가 고픈지 젖을 먹으려고 한단다. '모유량이 부족한 거 같아요. 유선이 막혀서 그럴 수도 있고 아기가 급성장기 때 더 많이 찾을 수도 있어요.' 라고 하는 데 아기 엄마가 "혹시 제가 먹는 거 하고 모유량하고 상관이 있어요?" 하고 질문을 한다. "당연하죠. 모유를 안 먹여도 식사를 제대로 못 하면 힘이 없고 활동하기 힘들잖아요. 일반식사보다 500Kcal 정도 더 드셔야 아기에게 충분한 모유를 만들어 줄 수 있어요. 요즘 식사를 어떻게 하고 계세요?" 했더니 입맛이 없어 하루 한 끼도 잘 먹지 못한단다. 당연히 모유량이 줄 수밖에 없다.

이 아기엄마는 본인의 기초활동을 유지하기 위한 열량섭취도 못 하고 있다. 우리는 먹는 음식으로 신체활동을 할 수 있는 모든 에너지를 섭취한다. 기본적인 식사도 챙겨 먹지 못하면 우리 몸은 에너지 소모를 막기 위해 안해도 되는 가장 불필요한 일부터 줄여나가기 시작한다. 모유는 아기에게 절대적으로 필요하다. 하지만 분만을 하고 난 엄마가 생존하는 데 절대적으로 필요하지 않다. 해도 그만 안 해도 그만인 활동이다. 생존에 위협이 있다면 가장 먼저 중단해야 한다. 식사를 제대로 하지 않는 수유부라면 제일 먼저 모유량부터 줄 수밖에 없다.

■ 커피

아기를 가지기 전에 커피를 달고 살던 엄마도 임신 후에는 가능한 커피를 줄이려고 한다. 커피 속에 들어있는 카페인이 아기에게 영향을 주기 때문이다. 분만 후에도 가급적 커피를 자제하는 데 하루 1~2잔 정도는 크게 문제가 되지 않는다. 다만, 신생아의 경우 카페인 반감기가 성인에 비해 20배 정도 길기 때문에 가능한 마시지 않거나 디카페인 종류로 마시는 게 좋다.

커피 외에도 카페인이 들어있는 음료수나 차들이 있다. 홍차나 녹차 또는 초콜릿에도 카페인이 들어있으니 섭취 시 주의해서 양을 조절하는 것이 좋다. 산후조리원에서도 가끔 잘 자던 아기가 잠을 안 자고 보챌 때가 있다. 그럴 때 엄마에게 아기가 평소하고 좀 달랐다고 얘기하면 "어제 커피를 한잔 마셨는데 그래서 그럴까요?" 하기도 한다. 어떤 산모는 커피가 너무 마시고 싶다고 한 잔만 마셔도 되냐고 묻기도 한다. 그럴 땐 "퇴소하고 집에 가서 마시면 안 될까요? 엄마랑 아기랑 까만 밤을 하얗게 지낼 수 있을 거예요." 한다. 수유하는 엄마가 커피를 마실 때는 가급적 디카페인으로 마시는 게 좋겠고 수유를 하고 난 직후 마시기를 권한다.

■ 알코올

막걸리를 먹으면 젖양이 늘까요? 아기엄마들이 하는 질문 중 하나다. 결론적으로 술은 가급적 자제하는 것이 좋다.

임신 중에는 한 방울의 술도 태아에게 안전하지 않다. 술을 마시는 엄마에게서 태어난 아기에서 태아알코올증후군(Fetal alcohol symdrome)을 관찰할 수 있다. 임신 중 알코올 섭취로 인해 태아에게 신체적 기형과 정신적 장애가 나타나는 선천성 증후군을 말한다.

술을 마시게 되면 모유를 통해 아기에게 전달이 된다. 맥주 한잔정도 마셨을 때 알코올이 분해되는 데 걸리는 시간이 2~3시간이 소요된다. 알코올은 혈류를 증가시키고 혈관을 이완시킨다. 그래서, 일시적으로 젖양이 는것처럼 보이기도 한다. 예전 우리가 못 먹고 못 살때 영양 상태가 좋지 않은 산모가 아기에게 먹일 젖이 나오지 않는 경우가 있다. 워낙 못 먹어서 아기에게 먹일 젖이 나오지 않으니 막걸리 만들고 남은 찌꺼기라고 얻어 먹였더니 젖이 더 잘 나왔다고 한다. 지금은 못 먹어서 젖이 나오지 않는 상황은 아니다. 다만, 임신 중에 엄마가 많이 힘들었거나 분만 후 회복이 빠르지 않을 때는 모유 나오는 시기가 조금 늦춰질 수도 있다.

모유량을 늘리는 방법 중에 정서적으로 자극하는 방법들이 있다. 그중하나가 모유 색과 유사한 막걸리를 마심으로써 저걸 먹으면 젖이 잘 돌겠지하는 엄마의 마음이 상승작용을 일으킨다. 거기다 알코올이 일으키는 신체적 반응이 같이 동반되면서 몸을 이완시키고 혈액순환이 증진된다. 일시적으로 젖양은 늘지만 알코올 성분이 아기에게 전해지게 된다. 알코올이 임신 중에 섭취하게 되면 태아에게 선천성 뇌 질환을 가져올 수 있는 것처럼 모유 속의 알코올도 아기에게 전달돼서 좋지 않은 영향을 줄 가능성이 있다. 곡주라서 괜찮다고 생각하면 안 된다. 곡주도 술이다.

술을 마셨을 때는 아기가 먹는 시간에 맞춰 유축을 해서 버리고 일정시간이 지난 후부터 수유를 하는 것이 좋다. 어떤 술이든 먹은 양에 따라 수유를 중단하는 시간이 길어지니 양에 맞춰서 조절이 필요하다. 아기는 신체 조직만 어른의 축소판일 뿐 신체기능은 아직 미숙하다. 과음 후 잠을 자고 나면 술이 깬 것 같아도 혈액에는 아직 알코올이 남아있다. 모유에도 당연히 알코올 성분이 남아 있을 수 있다.

엄마 몸무게(kg)	알코올이 제거되는 시간 (시 : 분)							
	1잔	2잔	3잔	4잔	5잔	6잔	7잔	8잔
40.8	2:50	5:40	8:30	11:20	14:10	17:00	19:51	22:41
45.4	2:42	5:25	8:08	10:51	13:34	16:17	19:00	21:43
49.9	2:36	5:12	7:49	10:25	13:01	15:38	18:14	20:50
54.4	2:30	5:00	7:30	10:00	12:31	15:01	17:31	20:01
59.0	2:24	4:49	7:13	9:38	12:03	14:27	16:52	19:16
63.5	2:19	4:38	6:58	9:17	11:37	13:56	16:15	18:35
68.0	2:14	4:29	6:43	8:58	11:12	13:27	15:41	17:56
72.6	2:10	4:20	6:30	8:40	10:50	13:00	15:10	17:20
74.8	2:07	4:15	6:23	8:31	10:39	12:47	14:54	17:02
77.1	2:05	4:11	6:17	8:23	10:28	12:34	14:40	16:46
81.6	2:01	4:03	6:05	8:07	10:08	12:10	14:12	16:14
83.9	1:59	3:59	5:59	7:59	9:59	11:59	13:59	15:59
86.2	1:58	3:56	5:54	7:52	9:50	11:48	13:46	15:44

1잔; 맥주, 소주, 와인, 양주, 막걸리는 대략 같은 알코올 양으로 평가됨. (출처 Gideon Koren. Medication safety in pregnancy and breastfeeding,USA : McGraw − Hill 2007)

의외로 출근 시간에 음주단속을 하면 많은 사람이 단속에 걸린다고 한다. 술을 마신 당사자는 술기운이 없어졌다고 생각해도 혈중 알코올 농도는 생각만큼 사라지지 않고 남아있다 하니 음주를 한 경우에는 충분히 시간이 지난 후에 다시 수유하도록 한다.

■ 담배

흡연은 술보다 더 아기에게 나쁜 영향을 미친다. 흡연하게 되면 혈관을 수축시킨다. 혈관이 수축하면 당연히 각 장기나 중요기관에 혈액공급을 저하하게 되고 그 기관의 기능 저하를 유발할 수 있다. 영국 킹스 칼리지 연구팀은 담배가 고혈압이나 비만보다 뇌에 입히는 손상이 더 심하다고 발표했다. 특히, 술은 마시는 본인만 영향을 받는 데 비해 담배는 같이 있는 사람들에게도 악영향을 미친다. 가족 구성원이 흡연하면 자녀의 건강과 성적에도 영향을 미친다고 한다.

흡연하는 부모의 자녀는 중이염과 같은 귓병에 걸리기 쉽다. 호주 퍼스 텔레톤 소아건강 연구소에 의하면 간접흡연에 노출된 아이는 원주민 아동 64%, 비원주민 아동 40%의 아동 중 20%가 넘는 아이들이 1~2살 때 최소 3번 이상 귓병을 앓았다. 이후 간접흡연에 노출이 되지 않자 원주민 아동 27%, 비원주민 아동 16%가량의 귓병이 감소했다. 청력의 손실을 본 아이는 학업성적도 떨어졌고, 성인이 된 뒤에 사회적응 능력도 떨어지는 것으로 나왔다. 간접흡연이 호흡기 경로 속 세균이 오래 머물 수 있도록 면역계를 억제할 수 있다고 연구팀은 밝혔다.

담배는 젖 생성 호르몬인 프로락틴의 분비 수치를 낮추고 젖의 사출과 배출 반사에 문제를 일으킨다. 결과적으로 젖양을 줄여 모유수유를 어렵게 할 확률이 높다. 수유 중 흡연은 아기에게 폐렴, 기관지염, 영아 돌연사 등을 유발할 수 있으며 아기에게서도 니코틴이 검출되기도 한다. 금연이 힘들 경우에는 수유 직후에 하는 것이 좋고 아기가 간접흡연에 노출되지 않도록 하며 아기를 안기 전에는 손을 깨끗이 씻은 후에 안도록 한다.

모유수유를 계획한 시간 동안 아무 문제 없이 끝까지 잘 할 수 있다면 참으로 운이 좋은 경우다. 젖울혈과 유두의 상처로 힘든 시간을 보내게 되고 이제는 괜찮나 싶을 때 젖몸살을 경험하기도 한다. 모유수유를 하는 기간 동안 다양한 상황들에 맞닥뜨리게 된다. 일부 산모들의 문제이기는 하나 당사자가 된다면 몇 퍼센트의 산모가 하든 말든 그건 중요한 게 아니다. 내가 당장 아픈 게 중요한 거니까. 내가 경험하게 되면 그건 100%에 해당한다. 진통 없이 자연분만을 하기 힘들듯이 모유수유도 훈련이 필요하다. 무조건 열심히만 다 성공할 수 있는 것이 아니다. 젖몸살을 경험해본 엄마들이 오죽하면 애를 낳는 게 더 편하다는 얘기를 하겠는가.

모유는 임신하고 출산하면 저절로 엄마의 몸이 알아서 저절로 만들어낸다. 하지만 밖으로 빼는 것은 엄마가 직접 수유를 하든지 유축을 해야 하고 그것이 자리를 잡아야 젖양이 서서히 늘릴 수 있다. 유선은 우리의 신체기관이다. 태어나서 겨우 한 번이나 두 번정도 사용하게 된다. 훈련이 필요한 기관이라는 것을 명심하자.

Chapter

10

기타 모유수유
사례들

모유와 관련한 상담 중 가장 흔한 것이 모유량이 부족하다는 것과 아기가 잘 빨지 못 한다는 것, 그리고 가슴이 뭉쳐서 아프다는 것이 대부분이라고 보면 된다.

1. 젖양 부족

사례 1 : 첫아기 수유 실패 후 둘째 수유 성공기

30세 후반의 둘째를 분만한 산모의 사례다. 둘째 분만 후에 같은 산후조리원에 있던 산모의 권유로 열흘 즈음에 만났다. 이 산모는 첫아기 분만 후 젖양이 늘지 않아 모유수유를 한 달 만에 중단했다고 한다. 젖이 나오지 않으니 아기가 빨지 않으려 했고 유축을 해도 20cc 정도만 나왔다고 한다. 그렇게 하루종일 유축한 모유를 모아서 한 번씩 아기에게 수유하다

한 달 후에 모유가 더 이상 나오지 않아서 분유를 먹여야 했다. 둘째 분만 후에도 첫아기 때와 마찬가지로 모유량이 늘지 않아 한 번에 20cc를 유축 중이었다. 직접수유는 아기의 직수거부로 하지 못 하고 있었다. 유축으로만 모유를 짜서 모은 후 하루에 한 번 정도 주고 있는 상황이었다. 산모는 첫아기 때도 모유가 안 나왔었다며 본인은 모유가 없는 사람이란다. 젖몸살은 젖몸살대로 하고 열심히 수유 시도도 해봤는데 젖양이 늘지 않았다고 한다.

모유가 안 나오는 사람은 극히 드물다. 확인을 해보는 게 좋다 했더니 남편하고 상의해보고 나서 다음날 '한 번만' 해보겠다며 관리를 신청했다. 산모의 가슴이 수유하기에 아주 좋은 모양이었다. 수유하기 좋게 생긴 가슴은 모유가 잘 나오는 경향이 있다. 이것도 전적으로 개인적인 경험이다. 유두도 아기가 물기에 정말 좋은 조건이다. "이런 가슴은 모유가 안나오는 게 더 어렵겠는데요." 하고 관리를 시작하는 데 역시나 모유가 너무잘 나온다. "이렇게 잘 나오는데 왜 안 나온다고 해요?" 했더니 산모도 어이없어 하며 "그러게요. 기가 막히네요." 한다. 관리 후 마침 아기 수유 시간이 돼서 한 번 시도나 해봅시다 하고 아기에게 직접수유를 시도했더니 수유를 거부한다던 아기가 엄마 가슴에 딱 붙어 너무 잘 빨아준다. "못 빨다더니 선수네요." 했더니 산모가 "어머, 얘가 오늘 왜 이러니?" 하며 웃는다.

이 산모는 단 한 번의 관리로 조리원을 퇴소하는 날까지 매일 조금씩 모유량이 늘어갔다. 유선을 틔워주고 아기가 잘 빨아주기 시작하니 젖양이 급속도로 늘기 시작했다. 어느 날은 자다가 깼는데 젖이 흘러 옷이 다 젖어 있더라며 처음 겪는 일이라 신기하단다. 산모가 일주일 후 산후조리원 퇴소할 때까지 젖양이 계속 늘어 한 번 유축하면 나오는 양이 100cc까지 나왔다. 초산 때 모유수유 전문가를 만나서 교육과 관리를 제대로 했었다면 첫 아기도 모유수유를 잘 했을 텐데 아쉬운 부분이다.

분만 후 아기를 바로 옆에 데리고 지내면서 아기가 찾을 때마다 물리는 게 좋지만 아직은 병원에서 분만 후 보내는 시간이 그렇지가 못하다. 물론 많은 병원이 수시로 수유를 할 수 있도록 산모를 불러주고 있다. 하지만 그것만으로는 모유수유를 위한 충분한 훈련이 되지 못 한다. 엄마에게서 안겨 자느라 제대로 젖 빠는 훈련도 하기 힘들다. 분만 직후부터 조금씩 만들어진 모유가 유방에 채이기 시작하면 순환의 정체를 가져와 모유가 나오기 힘들어진다.

항상 산모들에게 하는 말이 있다. 모유는 출산하면 저절로 만들어지지만 모유가 잘 나오도록 하는 것은 반복된 훈련이 필요하다는 것이다. 엄마들이 태어나서 30년 만에 처음 해보는 일인데 어떻게 쉽게 될 수 있을까? 제대로 된 교육과 유선관리, 수유 자세 등이 같이 조화롭게 이루어져야 모유수유를 성공할 수 있다.

사례 2 : 모유를 효수처럼 보관만 하는 산모

출산한 지 한달이 된 산모가 젖양이 부족해서 고민이에요. 아기가 배가 고파 계속 울어댄다고 젖양을 늘리는 방법이 없을까요 하고 상담을 해왔다. 얘기를 들어보니 아기는 수유를 할 때마다 한 시간 동안 열심히 젖을 빨다가 나중에는 심하게 보채기 시작한다고 했다. 아기가 울기 시작하면 분유타기 바쁘다는 것이다. 이러기를 한 달째 하고 있어서 너무 힘들다고 했다. 이런 경우에는 당장 나오는 모유량이 부족해도 아기가 열심히 젖을 물어주는 경우라 긍정적인 결과를 가져올 확률이 높다.

산모의 가슴은 큰 편으로 모유량도 꽤 많은 편이었으나 효율적인 젖물리기가 안돼서 만들어져있는 모유도 못 주고 있는 상태였다. 처음에 제대로 유선을 틔우지 못 하고 저장을 하고 있는 상태였다. 희한하게 모유가 빠져나가지 않아도 큰 문제 없이 가슴에 고여있는 경우를 보기도 한다. 대부분은 젖양이 줄거나 젖울혈과 젖몸살을 하게 되는데 말이다. 이 아기는 열심히 엄마 젖을 빠는 것처럼 보여도 유두만 물고 빠는 상태였고 그렇게 만들어놓은 모유조차 제대로 먹지 못 하고 있었다. 산모는 본인이 모유가 적다고 생각하고 있었다. 나는 아직 가슴 큰 사람치고 젖양이 적은 사람을 보지 못 했다. 가슴이 큰 사람은 젖이 만들어져 배출되는 유두까지 나오는 길이 길다. 출구까지 나오는 길도 멀고 도중에 막힐 확률도 커진다. 유선을 뚫어주고 아기가 유륜까지 물 수 있도록 자세를 잡아주었더니 엄마가 눈이 동그래질 정도로 잘 물고 빨아주었다.

출산 후 한 달 정도를 모유를 제대로 배출시키지 못했어도 엄마의 가슴이 별로 아프지도 않으면서 젖양이 유지되는 산모들이 있다. 마치 댐처럼 고인 모유를 아무 문제 없이 가슴에 저장하고 있는 사람들이다. 아기는 열심히 빨아도 제대로 먹지를 못하니 수유 후에도 배가 고파 울게 되고 엄마는 젖이 있어도 없다고 생각하고 분유를 태워서 먹이는 악순환을 반복하게 된다.

이런 가슴은 한 번 배출해주고 나면 다시 젖을 채우는 속도를 늘리는 시간이 필요할 뿐 금방 수유가 자리를 잡는다. 그동안 모유를 채우는 속도가 느렸기 때문이다. 조금씩 모유를 비우고 조금씩 채우던 순환을 하다가 아기가 잘 비우기 시작하면 아기에게 필요한 양을 만드는 데는 시간이 필요하다. 분유를 더 많이 먹였던 아기라면 모유로 전환할 때도 천천히 바뀐다. 아기가 먹는 분유의 양이 줄어들기 시작하면 모유량이 늘고 있다. 조급하지 않게 젖양을 늘려나간다고 생각하자.

사례 3 : 가슴 큰 산모의 젖양 부족

둘째 출산 후 한 달이 된 산모에게서 젖양부족으로 문의가 왔다. 첫아기도 모유가 부족해서 한 달 만에 모유수유를 포기했다고 한다. 산모의 말이 본인 가슴은 크단다. 그런데, 모유가 나오지 않으니 시어머니가 "헛젖"이라고 했단다. 가슴만 크지 모유는 나오지 않는 빈 젖이라는 얘기다. "헛젖"이라는 말을 이때 처음 들었다. 초산 때 시어머니가 산후조리를 해줬으니 모유수유에 관해 다른 사람에게 들을 수 있는 정보가 없었을 것이다. 그래도 어떻게든 수유를 하려고 한 달 동안을 정말 열심히 시도했다고 한다. 하지만 아기가 계속 울고 잠을 못 자서 모유수유를 포기할 수밖에 없었다고 한다. 둘째는 꼭 모유수유를 성공하고 싶은데 이번에도 젖양이 부족해서 아기가 밤낮으로 울고 있단다. 산모가 도대체 자기는 모유가 왜 안 나오냐고 답답해했다. 가끔 둘째를 분만하고 온 산모가 초산 때 모유가 잘 나오지 않았는데 지금은 훨씬 더 잘 나온다고 얘기하는 경우가 있다. 초산 때 유선을 잘 틔워주지 못해 제대로 된 수유를 못 한 것이다. 둘째 때는 이미 앞전에 한 번 하고 또 해보는 거라 모유가 더 잘 만들어지고 더 잘 나온다. 필요한 유선은 초산 때 이미 거의 다 만들어진다. 다만, 유선을 틔워주지 않고 모유수유만 열심히 시도했을 뿐이다. 모유가 잘 나올 수 있도록 가슴을 관리하지는 않은 채 아기가 잘 빨아주기만을 기대해서는 안 된다. 병원에서 제대로 된 수유를 하지 않은 채 정체되고 머물러 있는 부어있는 가슴을 아기에게만 맡겨서는 안 된다. 아기는 많이 힘들다.

직접 산모를 만나보니 평범한 체격에 가슴만 유독 컸다. 산모의 가슴을 확인해봤더니 역시나 모유량이 많은 산모였다. 한 달 동안 포기하지 않고 꾸준히 수유를 시도했기 때문에 순환이 정체돼있기는 하지만 아기가 먹기엔 문제가 없었다. 가슴이 큰 사람이 가슴을 손으로 가슴을 들고 아기에게 맞춰 수유하느라 손목도 아프고 어깨도 아프고 허리도 아프고 온몸이 다 아프단다. 가슴관리 후 수유 자세를 편하게 잡아주고 아기의 입 높이를 가슴에 맞추고 수유를 시도했더니 아기가 너무나 잘 빨아준다. 일부러 시어머니가 들을 수 있게 "모유도 너무 좋고 충분해요. 산모님은 모유량을 너무 늘리지 않도록 신경 써야 할 경우예요. 아기가 먹을 만큼만 만들 수 있도록 조절을 해야 해요." 하고 얘기했다.

시어머니의 말 한마디에 주눅이 드는 게 며느리다. 게다가 이제 막 첫아기를 낳았다. 주위 사람의 지지와 말 몇 마디에 산모는 상처를 받을 수도 있고 기운을 얻을 수도 있다. 며느리가 대하기가 제일 어려운 사람이 시어머니다. 대수롭지 않게 툭 던지는 말 한마디에 스트레스받고 힘들어지는 게 당연하다. 스트레스는 모유량을 줄이는 큰 원인 중 하나다.

수유하고 아기를 길러본 사람이 가까이서 도와준다면 아기를 키우는 것이 훨씬 쉬워질 수 있다. 하지만, 그게 부담이 되고 스트레스가 되면 모유수유에도 오히려 절대 도움이 되지 않는다. 모유수유에 가장 적극적이고 가장 많은 노력을 하는 사람은 다름 아닌 아기 엄마들이다. 주변 식구들의 무조건적인 격려와 지지가 중요하다.

유선이 트여있을 때 모유를 다 먹고 가슴이 비었을 경우 아기가 부족해서 무던히 계속 빨아준다면 젖양을 늘릴 수 있다. 하지만, 유선이 트여져 있지 않은 상태에서는 빨아도 배출이 안 되니 젖양을 늘릴 수 없다. 아기가 열심히 젖을 빨아주기만을 바라지 말자. 아기가 많이 힘들다. 열심히 빨아도 젖이 나오지 않으면 그 작은 발을 동동거리며 운다. 유선이 트였는지 모유 배출은 문제없이 되고 있는지 모유수유 전문가와 상담하는 게 도움이 된다.

사례 4 : 젖양부족과 수분섭취

가슴 크기가 작아서 모유가 적게 나오는 거냐고 묻는 산모가 많다. 모유의 양은 유방 내의 유선에 따라 정해지는 것이지 가슴 크기와는 크게 상관이 없다. 다만 가슴이 크다면 가슴조직 전체가 더 많이 발달해 있을 가능성이 크기 때문에 일반적으로 모유량이 더 많다는 애기를 쉽게 할 수 있다. 가슴이 큰 엄마치고 모유량이 적은 엄마는 별로 보지 못 했다.

문의를 한 산모는 가슴 크기가 작았다. 임신으로도 가슴의 변화가 없이 전혀 커지지 않는 경우였다. 출산 초기에 젖양 늘리기를 제대로 못 해주고 몇 개 뚫린 유선으로 수유하면서 모유량이 부족하니까 분유도 같이 주고 있는 상황이었다. 젖양이 적은 엄마들을 만날 때 가장 많이 하는 질문 중 하나가 물은 얼마나 먹고 있느냐인데 이 산모는 물을 2L 가까이 먹고 있다고 했다. 그래서, "화장실을 많이 가지 않아요?"고 했더니 웃으면서 그렇다고 한다.

　유선은 세대로 뚫지 못한 채로 수유만 열심히 하면 유두에 과한 자극으로 인해 상처도 자주 발생할 우려도 크다. 이런 산모가 젖양을 늘리기 위해서 물을 많이 먹게 되면 당연히 화장실을 자주 찾을 수밖에 없다. 먹었으면 먹은 양만큼 밖으로 내보내야 되는 게 정상이다. 반대로 모유량이 너무 많아서 수유와 유축을 수시로 하는 엄마는 갈증이 많이 나게 된다.

　젖 만드는 기능이 좋은 엄마는 초기에 아기에게 맞는 젖양으로 조절하지 못 하고 수유 후에도 유축을 해야할 정도로 늘려 버리면 갈증이 많이 난다. 모유의 구성성분 중 수분이 80~90%다. 분만 초기에 젖양조절에 실패해 모유량이 너무 늘게 되면 수유 후에도 가슴에 모유가 남아있어 아프고 불편하니까 계속 유축을 해야 된다. 수유하고도 모유가 많으니 전유만 먹는다고 생각하고 수유 전에도 유축하는 산모도 있다. 모유량은 모유량대로 계속 늘리면서 밖으로 배출을 끊임없이 시키고 있으니 갈증이 나고 물을 찾을 수밖에 없다.

　모유를 먹이는 엄마의 유두에는 젖이 나오는 배유구가 있다. 수유 초기 배유구가 다 뚫리지는 않는다. 수유와 유축 등 모유를 빼주는 훈련을 통해 배유구의 개수는 늘어나게 된다. 초기 몇 개만 뚫은 채 모유수유를 하다 한두 개가 막히게 되면 모유량이 현저히 줄게 돼서 아기들이 힘들어하게 된다. 꾸준한 관리로 배유구수를 늘리고 막히지 않도록 관리해야 한다.

2. 젖양 과다

모유량이 너무 많아 힘든 산모들이 있다. 모유는 많이 나오기 때문에 젖양은 부족하지 않으니 초기에는 문제라고 생각하지 않는 경우가 많다. 오히려 이렇게 젖양 과다인 산모들이 수유로 인한 각종 문제를 모두 경험하게 된다. 젖양 과다로 인해 젖울혈, 유구염, 유두 상처, 젖몸살, 유선염 등의 반복되는 통증으로 수유를 포기하게 된다. 모유는 만들어지는 대로 밖으로 배출이 되어야 하는 아기의 음식이다. 나가지 못 하고 정체되어 있으면 문제를 만들 수밖에 없다.

엄마의 젖은 초기에는 맑은 색의 전유로 나오고 후기에는 짙은 흰색의 후유 즉, 칼로리가 높은 지방이 많은 후유가 나온다. 전유나 후유나 모두 아기에겐 필요한 성분들이다. 하지만, 후유에 열량이 많다 보니 후유를 적게 먹게 되는 경우에 아기가 통통하게 살이 찌기 어려운 경우가 있다.

모유가 많은 엄마는 전유만 먹어도 아기가 배가 부르니 후유를 많이 먹지 못하게 된다. 가끔씩 모유가 많은 엄마의 아기가 살이 안 찐다고 걱정하는 경우가 있는데 이럴 때 흔히 그럴 수 있다. 그래서, 어떤 엄마는 전유를 일정량을 비워내고 후유를 수유하기도 하는 데 이렇게 수유를 하게 되면 수유는 수유대로 힘이 들고 유축을 하면서 젖양은 과하게 늘려나가기 쉽다.

모유가 너무 많은 엄마는 모유의 양을 줄여나가면 된다. 전체적인 모유량을 줄여주면 전유도 줄고 후유양도 줄일 수 있다. 우리 몸은 쓰면 쓸수록 기능을 조절할 수 있다. 냉장고에 유축해둔 모유가 많이 보관되고 있다 싶을때는 유축 양을 줄이고 양배추잎 등으로 냉찜질을 수시로 하는 것이 좋다. 시중에 나와 있는 양배추 크림을 이용해도 된다.

냉찜질로 가슴의 기능을 떨어뜨리고 유축양을 줄이다 보면 모유량이 서서히 줄게 된다. 모유는 짜면 짤수록 우리의 뇌는 계속 더 많이 모유를 만들어야 되나 보다고 자극을 받게 된다. 모유량이 적은 엄마에게 수시로 젖을 물리고 유축을 하라고 한다. 반대로 모유량이 많은 엄마는 젖양을 줄이기 위해서는 가능한 유축을 많이 하지 않고 불편하지 않도록만 관리를 하는 것이 좋다.

산후조리원이나 집에서 아기가 수유 후에 잠을 자는 시간이 길어지기 시작하고 깨어나서 엄마의 젖을 거부하지 않고 열심히 먹어주고 소변과 대변을 적당히 보고 있다면 유축을 많이 하고 있던 엄마는 유축양을 줄여나가기 시작해야 한다.

■ 거센 모유 사출

모유량이 과다일 때는 수유 시 사출로 인한 어려움을 겪게 된다. 모유수유의 정상반응인 사출 반사는 아기가 수유를 시작하면서 자극을 하게 되면 뇌 호르몬의 작용으로 젖을 밀어서 아기가 먹기 쉽도록 모유가 밀려나오는 현상이다. 바로 옥시토신의 기능이다. 이런 작용이 젖양 과다 엄마일 때는 아기가 감당하기 힘들 정도로 많은 젖이 갑자기 밀려 나오게 된다. 삼킬 준비가 아직 안 되어있는데 너무 많이 밀려 나오면 아기는 익사하는 것 같은 기분을 느끼게 된다.

실력이 좋은 서퍼는 큰 파도를 즐기고 찾아다닌다. 하지만 서핑할 준비와 훈련이 안 된 사람에게 큰 파도가 밀려오면 즐거움보다는 공포스러울 것이다. 아기도 마찬가지다. 아직 사출의 리듬과 양에 적응이 안 된 아기에게 쏟아져 나오는 모유는 공포의 대상이 될 수 있다. 젖양이 아직 많지 않은데도 정상적인 사출을 힘들어하는 아기는 조금씩 적응을 시켜나가야 한다. 젖양 과다인 사출로 힘들어할 때는 잠시 젖꼭지를 빼고 쉬게 한 후 다시 수유하게 한다. 아기가 꺽꺽거리면서 끝까지 젖을 물고 놓지 않으면 더 지켜봐도 된다. 수유 시 사출도 잠깐씩 밀려 나오다 멈추는 것을 반복하기 때문에 조금 힘들어하다 진정이 되면 아기도 거기에 맞추는 훈련이 된다. 하지만, 아기가 숨을 쉬기도 힘들 정도로 사출이 있을 땐 엄마가 조절해줘야 한다. 수유를 할 때마다 이런 반복이 된다면 겁을 먹은 아기가 모유수유를 거부하기도 한다. 사출될 때 아기가 물고 있던 젖을 뺐을 때 유두에서 물총을 쏘듯이 모유가 나오는 것을 볼 수 있다. 이때는 유두를 살짝 누르고 문질러주면 유두 끝의 피부조직이 오므라들면서 배유구가 닫혀 사출이 많이 줄어든다. 사출이 심한 아기에게 수유를 할 때는 아기를 배 위에 올려서 엄마가 거의 눕듯이 자리를 잡고 하도록 한다.

모유량이 적을 때는 양을 늘려주도록 관리를 하듯이 모유량이 많을 때는 양을 줄여서 아기가 먹을 만큼만 만들어내도록 기능을 조절하는 것이 좋다. 어떤 일이든지 초기에 관리를 잘하는 것이 중요하다. 출산 초기 2주 안에 유방부종이 가라앉고 수유순환이 자리를 잡아가는 시점에 모유량이 많은 산모는 줄여나가기 시작해야 한다.

■ 출산 후 너무 빠른 젖울혈

분만 후 만 2일째가 되는 낮에는 대부분의 산모들은 가슴이 불편하지 않다. 젖몸살을 해도 만 2일째 밤부터 갑자기 가슴에 통증을 느끼기 시작한다. 하지만, 가끔씩 낮부터 가슴이 아프다고 호소하는 산모들이 있다. 초산이든 둘째든 모유를 만드는 기능이 과하게 뛰어난 경우다. 이런 산모들은 출산 후 다음날부터 가슴이 살짝 불편해지기 시작했다고 얘기한다. 이날 밤부터 갑자기 가슴이 아파질 것이다. 젖울혈로 가슴이 심하게 아프면 허리도 펴지 못 하고 몸을 숙이고 참아내야 하는 경우도 있다. 출산을 한 산모들은 가슴에 모유가 차는 것 같은 기분이 들기 시작할 때는 벌써 유방조직이 붓고 있다는 것을 알아야 한다. 서둘러 모유를 비우고 혈액순환을 시키는 관리를 시작해야 한다. 기저부 마사지와 유두, 유륜부 마사지가 도움된다. 이렇게 빨리 젖이 차오르는 산모는 둘째 때는 기능이 더 좋아진다.

사례 1 : 젖양 과다로 인한 통증

산부인과에서 급한 전화가 왔다. 젖몸살이 심한 산모가 있는데 좀 와서 봐달라는 것이다. 수화기를 통해 산모의 비명 소리와 어린아이의 우는소리가 들렸다. 가봤더니 산부인과 안에 있는 관리실에서 산모를 눕혀놓고 젖을 짜내고 있었다. 산모는 산모대로 아프다고 울고 산모의 첫아이는 외할머니등에 업혀서 엄마를 쳐다보고 울고불고 난리가 났다. 산모의 가슴은 혈관이 불거질 정도로 울혈이 심해져 있고 통증도 심한 상태였다. 첫아기 때도 모유가 너무 많아서 젖을 끊을 때까지 외출을 못 했다고 한다.

잠깐만 수유 시간을 놓쳐도 젖이 흘러 옷이 다 젖고 젖몸살을 수시로 했었단다.

가슴 관리를 하면서 산모에게 모유량을 줄여서 수유할 수 있다고 얘기해주고 자가관리법을 설명해줬더니 그렇게 하겠다고 수긍을 한다. 그런데 지금은 벌써 젖이 많이 만들어져있기 때문에 오늘 내일은 모유량이 조절될 때까지 많이 힘들 거다. 지금 내가 관리하고 나가면 잠깐은 괜찮지만 금방 모유가 차올라서 아플 거라고 했더니 갑자기 산모가 펑펑 울기 시작한다. 결국, 이 산모는 그날 오후부터 모유를 끊는 약을 먹기 시작했다는 얘기를 병원 관계자를 통해 전해 들었다. 도저히 모유수유를 할 자신이 없다고 하더란다.

초산 때는 대부분의 엄마가 모유수유에 대한 의지가 높다. 대부분이라는 말은 요즘 들어 가끔 그렇지 않은 산모를 보기 때문이다. 모유수유의 열풍이 지속된 지 20년이 돼간다. 쉽게 수유를 하는 사람도 있다. 하지만, 각종 블로그나 맘스카페에는 모유수유를 하다 겪는 어려움 때문에 힘들어하는 글들만 넘쳐난다. 가까운 지인이 수유하다 결국은 포기하는 것을 보면 아예 시작을 말아야지 하는 산모들도 보인다. 그런 산모를 탓할 수 없다. 수유하느라 고생한 엄마가 처음부터 수유한다고 고생하지 말라고 했다니 뭐라 할 수가 없다. 얼마나 힘들었으면 그렇게 얘기했을까 싶다. 산모 혼자서만 고생하고 견뎌내도록 독려하기에는 한계가 있다. 북유럽처럼 국가적인 지원이 있으면 좋을 텐데 아직 요원한 것 같다. 모유량이 많은 산모도 수유를 하기 위해 고생을 많이 한다. 전유를 짜내고 수유를 못 한 가슴은 유축을 해가면서 첫아기 수유를 해낸다. 이런 산모들이 둘째 출산

후에는 그렇게 악착같이 수유를 할 생각을 하지 못 한다. 큰 아이도 같이 돌보면서 둘째 아기를 첫아기때 처럼 수유할 자신이 없어지는 것이다. 모유량이 많든 적든 첫아기 때 고생하면서 수유를 했던 엄마들은 둘째는 한 달 정도만 먹이고 분유를 주겠다는 엄마들도 간혹 보게 된다.

모유수유는 엄마 혼자서만 하는 게 아니다. 모유수유는 아기와 같이 협조해서 해나가야 하며 훈련이 필요한 행위다. 초산모는 태어나서 처음 해보는 것이다. 수유도 힘들고 육아도 버겁기만 하다. 힘들지 않게 수유를 할 수 있도록 남편이 많이 도와줘야 한다. 주위의 전문가와 상담을 하는 것도 도움이 된다.

사례 2 : 둘째 때 처음 겪는 젖몸살

제왕절개 수술한 산모에게서 연락이 왔다. 어젯밤부터 가슴이 너무 아프기 시작해서 죽을 거 같단다. 병원으로 가봤더니 침대에 웅크리고 앉아 고통스러워하고 있었다. 첫 아기 때는 그다지 젖몸살이 없었다고 한다. 가벼운 젖울혈은 있었지만, 산후조리원에서 쉽게 풀었다고 했다. 그런데 둘째 분만 후 생각보다 모유가 안 나오고 가슴이 참을 수 없이 아파서 연락을 했다고 한다. 이런 경우는 첫아기에게 수유 후 젖을 끊을 때 유선에 찌꺼기가 낀 채로 마무리가 됐을 가능성이 크다. 이 찌꺼기로 인해 모유가 나오는 유선이 막혀있기 때문이다. 예상대로 산모의 유두에서는 하얀 피지 덩어리(유전)가 나오기 시작했다. 첫아기를 완모하고 큰 터울 없이 둘째를 분만한터러 모유도 빨리 만들어지기 시작했는데 유전이 길을 막고 있으니 아기가 빨아도 잘 나오지 않았던 것이다. 유전 덩어리와 함께 모유가 줄줄 흘러내리는데도 워낙 가슴이 많이 부어있어서 산모는 아파하고 힘들어했다. "수유 안 할래요. 단유는 어떻게 해요?" 울먹이면서 단유를 묻는다. 이런 상태에서는 단유를 한다고 해도 만들어진 모유가 흡수될 때까지는 아프다. 단유를 하더라도 하루 이틀은 계속 아플 테니 무조건 수유와 유축을 자주 해줘야 된다. 다음날 연락을 해봤더니 밤에 유축을 많이 해주고 남편이 짜줘서 많이 좋아졌단다. 수유를 중단할 때는 단유마사지를 통해 최대한 모유 찌꺼기가 남지 않도록 하는 것이 엄마의 가슴 건강을 위해서도 좋다.

3. 유두의 각질과 굳은살

첫아이와 10년의 터울을 두고 둘째 아이를 분만한 산모에게서 상담의뢰가 왔다. 분만한 지는 두 달 가까이 됐고 첫아이는 모유수유를 못했던 터라 둘째는 모유수유하기를 간절히 원하고 있었다. 산모를 만나봤더니 가슴에 군데군데 멍울이 형성되어있었다. 초기 젖울혈은 가슴 전체가 붓지만 수유를 하다 생기는 울혈은 막힌 유선 아래로 국소적으로 생기게 된다. 유선의 일부가 막혀서 생기기 때문이다.

두 달이 된 산모의 유두 끝에는 각질이 많이 덮여 있었다. 상처가 생긴 후에도 계속 수유를 하면서 자극을 지속하게 되고 딱지가 계속 생기다 보니 굳은살처럼 유두 끝이 변하게 된다. 일을 많이 하는 사람의 손바닥에 생기는 각질과 비슷하다. 이런 각질이 심한 사람은 생활하기에 불편해서 제거하기도 한다. 감각도 없고 가위로 잘라내도 피도 나오지 않는다. 이런 각질과 굳은살이 덮인 상태는 배유구가 막혀있는 경우가 많다. 아기가 빨기에도 좋지 않아 자연히 젖양이 줄게 된다. 딱딱하고 거친 유두는 아기가 물기에도 적합하지 않다. 유두를 부드럽게 해주기 위해 올리브습포를 자주 해주도록 했다.

임신 중에 하는 올리브습포는 이제 막 생기기 시작한 각질을 관리하는 거라 각질이 보이기 시작할 때마다 가볍게 한 번에 10분 정도씩 해주면 된다. 하지만, 수유하는 중에 필요 때문에 시행하는 올리브습포는 10분으로는 부족하다. 주로 상처가 생기고 젖이 오랫동안 빠지지 않고 배유구 끝에 찌꺼기 형태로 모여 젖구멍을 막는 백반 등을 제거하기 위한 목적으로 하게 한다. 오일을 묻힌 탈지면을 30분 정도 올려두고 랩을 씌워야 어느 정도 흡수가 된다. 부드러워진 유두 끝을 마사지하듯이 비벼서 각질을 수시로 제거해줘야 한다. 처음부터 많은 각질을 한꺼번에 벗기기는 힘들다. 여러 번 반복해서 하면 차츰 깨끗해지는 것을 볼 수 있다.

멍울이 생긴 시간이 오래되면 오래될 수록 멍울을 없애는 시간도 많이 걸린다. 병이 만성으로 진행이 되면 치료에 시간이 많이 필요한 것과 같다. 조급하지 않게 수유와 유축을 계속하면서 꾸준히 관리하면 충분히 모유수유를 성공할 수 있다.

4. 멍울 없이 찌르는 듯한 통증

가끔씩 가슴에 멍울은 만져지지 않는데 바늘로 찌르는 듯이 아프다고 호소하는 아기엄마들이 있다. 수유를 할 때도 아프고 수유를 하고 나서도 계속 통증이 느껴진다고 한다. 병원에서 유선염으로 진단을 받고 약을 먹는 데도 통증이 가라앉지 않아 상담을 요청해왔다. 이런 증상도 모유의 흐름이 좋지 않아 정체되면서 일어나는 현상이다.

유선 안의 모유가 빠져나가지 않게 되면 모유의 점도가 진해지고 작은 덩어리가 생기면서 막히고 아프다. 멍울이 만져지고 열이 나면 젖몸살로 고생을 하게 된다. 그에 반해 멍울 없이 찌르는 듯한 통증은 모유의 정체로 인해 감각신경이 자극을 받게 되는 경우라고 보면 된다. 곰팡이균에 의한 감염일 때는 주로 유두와 유륜 주위가 아프다. 그에 반해 모유 배출이 원활하지 못해 생기는 통증은 유방 내부에서도 느낄 수 있다. 이때도 다른 젖울혈과 마찬가지로 모유가 나오는 유선 줄기가 가늘어져 있고 양도 줄어있다. 아기가 엄마 젖을 물고 수유하는 시간이 길어지게 된다.

모유수유를 하는 아기엄마가 가슴에 통증이 있을 때는 냉찜질을 권유하는 데 이런 통증에는 해당이 되지 않는다. 고여있는 젖을 빼주는 게 최선이다. 유축 후에 손으로 유관동을 눌러서 유방에 남아있는 모유를 비워줘야 한다. 가슴에 멍울은 없는데 이런 통증을 호소하는 엄마들이 의외로 많다.

사례

완모를 하는 초산모가 가슴의 바늘로 찌르는 듯한 통증으로 힘들다는 상담을 해왔다. 주위에 물어봤더니 원래 수유를 할 때는 전기가 통하는 느낌이 든다고 했단다. 그 소리에 열심히 수유했는데도 별 변화가 없자 병원을 방문했단다. 초기 유선염이라고 약 처방을 받고 일주일째 먹고 있는 데 차도가 없고 너무 아프다고 한다. 유두 끝에서 등까지 바늘로 깊이 찌르는 느낌이라고 하는 데 이런 통증은 사람마다 다르게 표현을 하기도 한다.

가슴에 뭉쳐있는 곳은 없고 모유량도 괜찮으며 아기도 잘 먹고 있어서 엄마의 찌르는 듯한 통증만 아니면 아무 문제가 없는 상황이었다. 모유 순환의 정체로 인한 통증으로 고인 모유를 유방 속젖까지 비워준 후에 가슴이 가벼워지고 아프지 않다는 말을 들을 수 있었다. 병원 진료 후에도 계속 가슴이 아프고 불편하다면 정상적인 상태가 아니다. 내 몸 상태는 내가 가장 잘 알고 있다. 어딘가 불편하다면 다른 해결방법을 찾아보도록 해야 한다. 계속 통증을 참으면서 수유를 하기엔 버텨야 할 수유 기간이 너무 길다.

모유수유는 엄마도 아기도 행복해야 한다

가슴이 뭉치거나 멍울이 만져지지 않고 열이 나거나 눌러서 아픈 부위가 없어도 바늘로 찌르는 듯한 통증을 경험하는 수유부들이 많다. 이런 통증은 병원 진료로 해결이 안 되는 경우가 대부분이다. 이때는 모유 순환에 문제가 생긴 상태로 인식하고 스스로 문제를 해결해 나가는 것이 좋다. 유축기로는 유방 속젖까지 빼내기 힘들기 때문에 손으로 짜는 법을 배워서 직접 하거나 남편의 도움을 받아서 하도록 한다. 주위의 모유수유

전문가를 찾는 것도 한 방법이 될 수 있다.

유두의 상처로 인한 통증

수유 자세의 잘못으로 겪게 되는 가장 흔하게 경험하게 되는 통증이 유두의 직접적인 상처로 인한 통증이다. 아기가 유두를 짧게 물게 되면 유륜과 유두의 경계부위인 유경이 찢어지는 상처를 많이 만들게 된다. 아기의 혀와 입술로 가장 많이 자극하는 부위이기 때문이다. 또 많이 생기는 상처가 유두의 천장 부위인데 아기의 빠는 힘이 직접적으로 가해져 아기의 입 모양으로 일자형의 사선이 만들어진다. 아기엄마들이 수유 관련 문제를 얘기하면서 피고름을 짜서 먹였다는 얘기를 할 정도로 엄마를 힘들게 하는 문제이기도 하다.

수유 자세와 더불어 유축기의 잘못된 사용으로도 유두의 상처를 초래할 수 있다. 분만 초기 가슴의 울혈이 있을 때 아기가 물기가 힘들어지고 아기가 금방 잠이 들면서 수유를 못 하게 되면 유축기사용을 시작하게 된다. 처음엔 약하게 시작을 하지만 가슴의 울혈로 제대로 유축이 안되면 유축기 압을 올리게 되는데 이로 인해 유두의 상처를 유발할 수 있다. 사람에 따라 압의 세기를 달리해야 되며 아프지 않을 정도로 해서 젖이 나올 수 있을 정도로 압을 조절해야 한다.

모유량은 늘기 시작하는 데 유두와 주변의 상처가 심해지기 시작하면 수유를 통해 모유를 뺄 수가 없다. 유축으로도 모유를 빼기가 힘들어지는 시기이기도 하다. 이런 상처로 인해 직수와 유축이 모두 힘들 때는 손으로 유관동을 눌러가며 직접 짜서 주도록 한다.

유두에 생긴 상처는 통증으로 인해 수유 시간을 두려워하게 한다. 배가 고파 우는 아기 입이 무섭게 느껴지기도 한다. 아기가 울면 머리끝이 쭈뼛하고 선다는 엄마도 있다. 이렇게 통증이 심할 때는 직접수유를 중단하는 것이 좋다. 상처에 직접 가해지는 자극을 최대한 줄여야 한다. 그러나, 모유는 꾸준히 만들어지고 있으니 3시간마다 젖을 짜내는 것을 게을리해서는 안된다. 유두의 상처뿐만 아니라 유선 내에도 문제를 만들 수 있고 젖양을 줄이는 원인이 되기도 한다.

출산 후 수유를 할 때마다 유두를 깨끗이 닦으려는 경우를 보게 되는데 매번 수유를 할 때마다 닦지 않아도 된다. 출산 후 씻지 못 하고 땀이 많이 나서 청결하지 못하다고 생각하는 엄마들이 아기를 위해 수시로 닦는다. 유두와 유륜에는 세균을 억제하는 상주균이 있고 몽고메리선에서 약산성의 오일이 분비돼 유해균으로부터 보호하는 기능을 하고 있다. 청결을 위해 닦는 것이 오히려 해가 될 수 있다. 샤워를 매일 하기 시작하고부터는 굳이 여러 번 닦지 않아도 된다. 가끔 물티슈로 닦는 엄마도 보는데 금해야 할 사항이다.

모유 속에도 각종 균으로부터 아기를 보호할 수 있는 면역기능과 백혈구 등이 포함되어 있다. 너무 자주 닦게 되면 오히려 보호 성분들을 제거해 상처를 유발할 수도 있다.

5. 유두 끝의 흰점, 백반

수유를 하는 엄마들은 백반이라는 말을 많이 들어봤을 것이다. 유두 끝 모유가 나오는 곳에 하얗게 뭉쳐서 점같이 보인다. 모유의 정체로 인해 점도 높은 모유를 형성하고 뭉치기 시작해 배유구를 꽉 틀어막고 있는 것이다.

아기가 수유를 하다 보면 모든 유선에 골고루 힘을 가해서 빨아먹지는 못 한다. 입의 위치에 따라 빨아먹는 힘의 차이가 있을 수밖에 없다. 우리가 음료를 빨아먹을 때 입의 중심에 두고 먹는 것을 보면 이해하기 쉽다. 여태껏 해온 경험으로 누가 가르쳐주지 않아도 저절로 빨대를 입 중간에 대고 먹는다. 아기들이 처음 빨대를 사용할 때도 입 중간에 놓고 빨기 시작 한다. 본능적으로 그렇게 하는 게 제일 쉽다는 것을 알기 때문이다. 아기도 모유수유를 할 때도 마찬가지다. 입의 중심부위가 빨아내는 힘이 가장 크고 입꼬리 쪽으로 갈수록 힘이 약하다. 힘의 차이 때문에 비워지는 유선이 차이가 난다. 그래서, 수유 자세를 한 번씩 바꿔주는 게 좋다.

빨아먹는 힘이 약하게 가해진 유선에는 모유의 정체가 일어나기 쉽다. 유선 안에 오래 고여있게 되고 빠져나가지 못한 모유는 유선 안에서 농축되게 된다. 유지방을 비롯해 동물성 지방을 많이 섭취했거나 그 외 기름진 음식 등을 많이 섭취했을 때 이런 증상이 더 자주 나타나게 된다.

유전의 형태로는 치즈나 여드름같이 부드러운 것도 있고 멸치 눈같이 딱딱한 것도 있다. 백반의 원인으로는 아기의 젖 먹는 방법이 바뀌거나, 일부에만 자극을 할 때, 유두를 물거나 으깨면서 먹을 때 등 잘못된 수유 방법으로도 많이 발생한다. 또 유전이 생겼던 유선이거나 유선염 후에도 생길 수 있다.

단단한 덩어리가 배유구를 막고 있을 때는 유륜 바깥쪽 유관동 부위를 깊숙이 손으로 눌러서 모유의 압으로 덩어리를 밀어올려 빼줄 수 있도록 해야 한다. 아기가 젖을 열심히 빨아준다면 수유를 통해서도 덩어리가 빠지기도 한다. 이것을 해결하지 못 하고 방치하게 되면 막힌 배유구 아래 유선들에는 모유가 정체돼서 젖울혈과 젖몸살을 유발할 수 있다. 정체된 유선에서는 더 많은 지방 덩어리의 형성으로 가슴의 멍울이 더욱 단단해질 수 있다. 또한, 만들어진 젖을 빼주지 않으니 막힌 유선은 더 이상 모유를 만들지 않는 부분단유가 된다. 배유구가 막힌 경우와 유선 중간의 어느 부분이 막힌 곳을 해결을 못 하고 시간이 지나게 되면 전체적인 모유의 양이 줄게된다.

백반이 생겼을 때는 바늘을 쓰지 마라

"바늘로 찔러서 빼야 된다던데요?" "어디서 그래요?" "인터넷에서요." 아주 위험한 얘기다. 백반은 딱딱해서 잘 빠지지 않는다. 그래서, 바늘을 달궈서 뺐다는 얘기를 많이 들을 수가 있다. 문제가 잘 해결이 된다면 다행이지만 날카로운 바늘은 수유로 예민해진 유두를 다치게 하기 쉽다. 꼭 써야 된다면 이쑤시개를 눕혀서 조심스럽게 백반 끝을 긁어내야 한다. 대부분 백반의 크기가 그리 크지 않다. 긁어내고 유륜을 눌러 압으로 올려주면 운이 좋다면 금방 좋아질 수 있을 것이다. 백반주위 다른 유두조직을 다치지 않도록 조심하도록 하고 시도 후에는 연고를 발라주도록 한다.

모유량이 줄게 되면 아기가 배가 고파 잠이 들기 힘들고 수시로 자다 깨는 것을 반복하게 된다. 어떤 엄마는 아기가 수유 쿠션을 발로 동동 차더란다. 아기는 배가 고프면 수유를 하면서 짜증을 낸다. 수유 후 잠을 잘 자던 아기가 수시로 깨서 보챈다. 아기가 반복적으로 젖을 찾게 되면 자연히 분유를 주게 되고 이것이 반복되면 엄마는 스스로 본인은 모유량이 적은가보다 생각하고 모유수유를 포기하기가 쉽다. 가슴이 아프지 않아도 유선이 막힌 것은 아닌지 확인하는 것이 중요하다.

6. 가슴 속의 멍울, 덩어리

수유 초기 유선 흐름이 어느 정도 정착이 되면 모유가 차도 가슴이 딱딱해지지 않고 수유가 되기 시작한다. 그러다 어느 순간, 유방 내 유선 일부가 막히면서 멍울이 생기고 열이 나면서 막힌 부위의 피부가 빨갛게 보이기도 한다. 피부가 붉어지는 상태는 이미 유선염으로 진행이 됐음을 얘기한다. 초기에 대처를 잘하면 더 이상 진행을 막을 수 있다. 이를 제때 치료하지 않고 시기를 놓쳐버리면 염증으로 진행돼 치료가 쉽지 않게 된다.

모유는 아기에겐 아주 뛰어난 영양성분이지만 유선에 고여있어 배출이 안되면 모체에는 무조건 안 좋은 영향을 주게 되므로 엄마의 안전을 위해서도 모유 배출에 신경을 써야 한다.

유전을 제거하는 방법으로는 아기가 잘 빨아주는 것이 제일 좋다. 다음 방법으로는 손으로 짜주는 것이다. 막혀있던 덩어리가 용케 빨리 빠지게 되면 덩어리 밑으로 나오지 못 하고 채여 있던 모유가 봇물 터지듯이 분수처럼 솟아 나오기도 한다. 가슴에 손을 안 대도 솟구쳐오른다. 이런 현상을 보면 엄마들이 기가 막혀 하기도 하고 재미있어하기도 한다. 하지만 시간이 오래 지체된 후에 막힌 곳이 뚫리게 되면 유선이 가늘어져 있다. 오랫동안 모유를 빼주지 못해서 젖 만드는 기능이 떨어졌기 때문이다. 다시 이전과 같이 모유 만드는 기능을 향상하는 데도 시간이 필요하다.

유전이나 유선염이 생긴 가슴의 모유 맛은 짠맛이 느껴져 아기가 잘 빨지 않으려 하기도 한다. 자주 수유하고 유축을 해서 젖 만드는 기능을 회복시켜 모유의 맛을 이전과 같이 만들도록 해야 한다. 모유수유는 하루에 열 번 이상을 한다. 막혀서 덩어리가 지게 되면 그 횟수만큼 고여서 농축된다고 생각하자. 처음 막힌 유선 아래로도 지속적인 모유의 정체가 되기 때문에 그만큼 하얀 덩어리들이 많이 생길 수 있다.

둘째 아기를 분만하고 젖울혈이 심한 산모를 관리할 때였다. 관리하는데 치즈같이 찐득한 덩어리가 배유구에서 빠져나오기 시작했다. 첫 아기때 수유하고 유선에 남은 모유 찌꺼기다. 산모에게 보여주면서 "이게 있어서 모유가 잘 안 나왔네요."라고 했다. 그런데 문제는 이 덩어리들이 너무 많이 나오는 거다. 이틀을 뺐다고 하면 누가 믿을까? 이런 모유 찌꺼기가 유선 안에 고여있으면 아기가 모유를 먹을 수가 없다. 이런 산모는 둘째 수유 후 꼭 단유관리를 해야 한다. 모유수유 후 만들어진 찌꺼기가 유선 안에 고여 있으면 시간이 지날수록 단단해지고 가슴에 문제를 만들 가능성이 생긴다. 몸 밖으로 나가야 할 것들이 고여있으면 필요 없는 노폐물이 된다.

유전의 생성은 단순히 한 번 엄마가 고기를 먹었다든지 또는 한 번 유축 시간을 놓쳤다든지 하는 이유로 생기지는 않는다. 그전부터 정체되기 시작한 유선이 또 다른 이유가 복합적으로 작용해 추가적인 원인을 제공하게 되면 발생하기 쉽다.

예를 들어, 엄마가 아기를 항상 오른쪽에 눕혀서 재우게 되면 엄마는 오른쪽으로 모로 누워 아기를 보는 경우가 많다. 이렇게 되면 오른쪽 겨드랑이 아래쪽으로는 누워있는 동안 순환에 지장이 생겨 다른 유선보다 흐름이 나빠질 수 있다. 이런 상태에서 동물성 지방이나 튀김류 등을 많이 자주 섭취하게 된다든지 수유나 유축을 못 했다든지 해서 더 악화시킬 수 있는 상황이 더해지면 발생하기 쉽다. 아기가 엄마의 왼쪽과 오른쪽으로 번갈아 뉘어서 재우는 것이 좋으며, 고기 등 동물성 지방과 단백질을 섭취했을 때는 평소보다 신경 써서 자주 수유하는 것이 좋다. 만약 밤잠이 길어져 아기가 젖을 찾지 않을 때는 유축을 해서 젖을 비워줘야 한다.

7. 직장맘들의 모유수유

출산휴가 후 바로 직장으로 복귀해야 하는 엄마들이 있다. 실제 엄마들과 얘기해보면 일부 공기업이나 대기업을 제외하고는 유축이라도 할 수 있는 환경조차 조성되어있는 것 같지 않다. 급속히 떨어지는 출산율과 정부의 모유수유 권장 노력에도 불구하고 현실적으로 육아휴직조차 맘대로 쓸수 없는 상황이 안타깝기만 하다.

이런 열악한 환경에서 불구하고 직수는 못해도 모유는 먹이겠다고 결심한 엄마들이 있다. 이런 결심을 가능하게 하는 것도 그나마 회사 내에 유축을 할 수 있는 장소가 있을 때 얘기다. 이런 엄마들은 출산휴가 3개월을 보내고 나면 회사로 복귀해야 하므로 그전에 모유량과 모유 회전율을 조절후에 회사에서 유축이 가능한 시간을 맞추도록 해야 한다. 출산 후 맨 처음 수유를 할 때부터 직수와 젖병 수유를 병행해서 아기가 엄마 젖만 찾지 않도록 하는 것도 한 방법이다.

아기의 건강을 위해서는 최소 6개월의 모유수유 기간이 필요하다. 이 기간 동안은 모유 이외의 어떤 음식도 필요하지 않다. 출산휴가를 마치고 직장 복귀를 계획 하는 엄마는 직수만 한 경우와 젖병을 쓰는 혼합수유, 유축만 한 경우 등 상황에 따라 다른 관리가 필요하다. 유축만 했을 경우에는 자연스럽게 양이 조금씩 줄기 때문에 회사에서 유축할 수 있는 시간에 맞추는게 별로 어렵지 않다. 혼합한 경우에는 젖병 수유로 넘어가면 된다. 직수만 한 경우에는 젖병으로 모유를 주기 시작하면서 유축으로 전환을 해야 한다. 이중 직수로 완모를 한경우가 가장 주의를 해야 할 필요가 있다.

직수 완모 산모는 출근하기 2~3주 전부터 젖 물리는 횟수를 줄여나가기 시작해야 한다. 아기에 따라 젖만 빨려는 성향을 보이기 시작하는 개월 수이므로 아기가 직수에만 집착하지 않도록 미리 하루 한 번 정도는 젖병으로 수유하게 하는 것도 좋다. 3개월 이내 완모 산모는 돌이 지나서 단유를 하는 산모와는 달리 수유하는 모유의 양이 많다. 돌이 지나면 이유식을 많이 하고 있기 때문에 모유량이 많이 줄어있고 회전율도 많이 떨어져 있기 때문이다. 직수 완모 산모는 유축으로 전환하면서 울혈과 젖몸살을 할 수도 있기 때문에 유방의 상태를 예의 주시해야 한다. 직수와 유축을 병행할 경우에는 출근 전에 수유를 하고 직장에서는 시간에 맞춰 유축을 한 후 퇴근 후 수유를 하는 패턴으로 전환하게 된다. 직장생활과 모유수유를 병행하려면 엄마의 체력소모가 많다. 육아와 살림에 남편의 적극적인 동참이 필요하다.

■ 젖 말리는 약

모유수유를 하는 대부분 엄마가 단유를 하는 기점을 6개월 또는 일 년으로 잡고 있다. 물론, 24개월 이상을 수유하는 기간으로 잡는 엄마들도 있다. 다만, 그때까지 모유량이 아기에 맞춰 나와준다면 말이다. 6개월을 수유 기간으로 잡는 엄마는 모유의 영양이 6개월이면 거의 다 빠져 굳이 안 먹여도 된다고 생각하기 때문이다. 잘못 알고 있는 상식이다. 모유와 아기의 영양과는 밀접한 관계가 있으며 미숙아뿐만 아니라 성장하는 아기의 필요에 따라 모유의 성분은 바뀐다. 6개월즈음해서 아기의 이가 나기 시작하면 액체가 아닌 미음을 시작으로 고형식으로 조금씩 이유식을 준비하기 시작한다. 엄마의 모유 속에서 얻을 수 없는 성분들은 외부음식으로 보충해나갈 수 있기 때문에 성분을 변화시킨다는 영양학자의 말도 있다. 영양성분은 줄기 시작하는 반면에 면역력을 더 강화한 모유를 만들어낸다. 아기가 생후 6개월이 되면 엄마 뱃속에서 받은 면역력이 떨어지기 시작한다. 아직 아기는 병원균에 대해서는 취약한 상태다. 이 상태를 보강

해주기 위해 엄마는 면역력을 더 강화한 모유를 만들어낸다는 연구보고도 있다.

호르몬 조절을 통해 젖을 말리는 약을 먹고 단유를 하는 경우가 흔히 있다. 약이 미치는 영향이 개인에 따라 다르기는 해도 아주 다양하게 나타나는데 흔히, 어지러움, 두통, 소화 장애를 비롯해 심한 경우 호흡곤란을 보이기도 한다. 몸의 상태에 따라 의사와 상의하면서 복용하는 것이 좋겠고 부작용이 심한 경우에는 약을 중단하기도 한다.

가끔 젖 말리는 약을 복용 후에 다시 수유해도 되겠냐고 문의하는 경우가 있다. 다른 말로 젖 말리는 약을 아무리 먹어도 아기가 젖을 빨면 아무 소용이 없다. 원한다면 다시 수유를 할 수 있다. 모유수유를 가능하게 하는 호르몬은 출산 후 갑자기 생긴 호르몬이 아니다. 여성의 생리, 배란과 관련돼서 항상 분비되던 호르몬이 임신과 동시에 한 가지 일을 더 하기 시작하는 것이다. 아기가 계속 젖을 물고 자극을 하면 한 번 수유를 했던 여성은 다시 모유를 만들 수 있다.

국제 모유수유 전문가 과정 중에 들은 얘기가 있다. 미국에서 신생아를 입양하는 엄마가 수유하기 원하면 인근 모유수유 센터에서 수유를 할 수 있도록 도와준다고 한다. 아기를 안고 물리고를 반복하다 보면 모유 분비 기전이 다시 회복돼 가능한 엄마들이 있다고 한다. 이와 비슷한 사례를 우리나라에서도 흔히 찾아볼 수 있다. 엄마와 떨어진 손자가 잠잘 때마다 엄마를 찾으면서 가슴팍을 파고들면 그게 안쓰러워서 할머니가 젖을 물리고 재웠단다. 그렇게 얼마간 젖을 물렸더니 모유가 다시 나오더란다. 아이도 많이 낳고 늦게까지 수유를 하던 시절이라 가능했는지도 모른다. 주위 어른들께 물어보면 시집온 며느리가 시동생과 자기 아이를 같이 키웠다는 얘기를 심심찮게 들을 수 있으니 가능하기도 할 것 같다.

8. 바쁜 산모들

산모들은 바쁘다.

산모들은 쉴 시간이 없다.

"왜 이렇게 바쁜지 모르겠어요." 산후조리원에 입소한 산모들이 하는 말이다. 그렇다. 산모들은 매우 바쁘다. 하루종일 누워 쉴 시간이 없다는 얘기도 한다. 수시로 수유를 하고 유축을 하고 교육을 받아야 되기 때문에 바쁘다. 간식도 먹고 식사도 하고 야식도 먹어야 한다. 이런 와중에 손님이라도 오면 앉아서 손님접대까지 해야 한다. 심지어 제왕절개 산모는 개복수술을 한 상태다. 복대를 두르고 앉아있는 모습을 보면 안쓰럽기 그지없다.

산후조리원에 입소해있는 산모와 통화가 되지 않는다고 남편이 전화를 했다. 산모가 전화기를 방에 두고 다니는 바람에 연락이 되질 않았던 모양이다. 남편이 "도대체 왜 그렇게 바빠? 아기도 봐주고 식사도 챙겨주고 청소도 해주는데?" 하며 이상하다고 했단다. 하루는 휴가를 내서 조리원에 산모와 같이 지내게 되었다. 수시로 수유콜을 받고 30분을 넘게 있다가 오고 잠시 있다 교육받으러 가고 갔다 와서 유축하는 것을 보고는 남편이 놀라워했다. 이렇게 바쁘게 지내는 줄 몰랐다면서.

■ 최소 산후조리 기간은 삼칠일

산모들의 산후조리 기간은 삼칠일이다. 7일을 세 번 보낸 21일간을 산후조리 기간으로 보고 아기와 함께 극도로 조심하는 기간이다. 그동안 집 앞에는 성별에 따라, 고추와 숯 등을 새끼줄에 꼬아 걸어두었다. 새 생명의 탄생을 알림과 동시에 사람들의 출입을 제한시켰다. 부정을 막아 이제 막 세상에 태어난 약한 아기를 보호하고 힘든 산고를 겪은 산모를 쉬게 하기 위해서다. 출산율보다 영아사망률이 높았던 시기였다. 최소한의 감염예방 조치였다고 생각된다. 출산을 하고 난 산모는 신체기능이 건강할 때에 비해 70~80%로 떨어진다. 장 기능, 신장기능 등 신체기능의 약화로 몸이 붓기 시작한다. 20대보다 30대 산모가 더 심하게 붓는다. 장 기능의 약화로 장염을 하는 산모도 볼 수 있다. 온몸이 부을 정도로 신체기능이 떨어지면 면역기능도 약화된다. 정상화되는데 약 2~3주가 걸린다고 한다. 건강이 좋지 않을 때 외부출입을 하지 않고 푹 쉬는 것처럼 산모들은 이 기간 동안 외부인과의 접촉은 최대한 줄여야 한다. 일전에 산모가 조리원에서 퇴소를 한날 방문을 한 손님이 있었다. 오늘 퇴소를 했다고 하니 "어떡하지. 아직 삼칠일이 안돼서 집으로 못 가는데."하는 것이다. 집보다 오히려 산후조리원 방문을 조심해야 한다. 아직 면역력이 약한 아기를 한곳에 모아놓고 있는 곳이다. 내 아기가 건강해도 약한 아기가 감기나 장염 등 바이러스 질환에 걸릴 수 있다. 바로 옆에 있는 아기가 감기를 한다면 내 아기에게 전염되는 것은 시간문제다. 산모와 아기를 위해 가족 외에는 방문을 자제하는 것이 좋다. 방문하게 되면 짧게 인사하고 나와주는 것이 산모를 위한 일이다.

산후조리원을 운영하는 동안 다시 재입원을 하는 산모들을 아주 가끔 보게 된다. 부정기적인 자궁내출혈이나 수술부위의 염증으로 인한 처치를 하기 위해서다. 출산 후 오로의 양이 어느 정도 줄다가 다시 선홍색의 붉은 피가 날 때가 있다. 선홍색의 피는 이제 막 생긴 출혈을 의미하므로 병원 방문이 필요하다. 몇 번의 방문 끝에 다시 재수술하는 경우도 있다. 자연분만인 산모가 입소 후 회음부의 상처 부위가 점점 아파지는 것은 정상이 아니다. 앉을 수가 없어 어정쩡한 자세로 방에서 울고 있는 산모를 보기도 한다. 남편에게 산모와 함께 병원 방문하기를 권한다. 겉의 상처가 아물었다고 해도 날이 갈수록 아플 때는 재검을 꼭 받아야 한다. 수술 후 입소한 산모가 숨이 찬 증상이 있을 때가 있다. 날이 갈수록 심해질때는 꼭 병원을 방문해 증상을 설명해야 한다. 흔치 않는 증상이라 확인하지 않을 것이다. 앉아있으면 좀 편해진다 싶어 의료진에게 말을 하지 않고 퇴원을 한다. 분만 후 숨이 차는 증상은 절대 정상이 아니다. X-ray 검사를 통해 폐를 확인해보는 것이 좋다.

출산한 지 백일이 뇌면 백일 산지를 한다. 아기가 대이닌 지 백일째 되는 날을 기념하는 행사다. 과거에는 의료시설과 위생관념의 부족으로 영아사망률이 높았다. 오죽하면 반타작하면 잘한 거라는 말이 있을까? 또한, 이날은 별 탈 없이 건강하게 회복한 산모를 축하하는 날이기도 하다. 한방에서는 산후조리 기간을 백일로 잡고 있다. 영아에 비할 바는 아니지만, 그에 못지않게 산모의 사망률도 높았다. 걱정해준 여러분 덕분에 건강하게 회복되었다고 주위 사람들에게 인사하는 날이다.

임신으로 인해 늘어난 자궁이 엄마의 내장들을 밀어낸다. 자리를 이탈한 장기들이 출산 후 다시 자리를 잡는 데는 약 6개월의 시간이 필요하다. 제왕절개를 한 산모들의 피부와 근막들의 감각과 신경들이 회복되는 시간도 그만큼 필요하다. 어떤 엄마는 몇 년이 지나도 날씨가 좋지 않으면 수술 부위가 아프다는 얘기를 한다.

한방에서는 출산한 여성은 온몸의 뼈마디가 늘어나 있다고 한다. 양방에서 얘기하는 릴렉신의 기능이기도 하다. 출산을 대비해 골반 관절을 유연하게 해주기 위해 분비되는데 문제는 골반에만 적용되지 않는다는 것이다. 관절 마디마디에 가서 영향을 준다. 평소에 좋지 않던 관절이 출산 후에는 더 아픈 것처럼 느껴진다. 관절이 다시 회복되기 전에는 무리하지 않도록 주의하자.

Chapter

11

단유
이야기

모유수유만큼 단유를 걱정하는 엄마들을 많이 만난다. 수유하는 만큼 힘들다는 얘기를 많이 듣기 때문이다. 완모를 해도 처음부터 하루에 한 번은 젖병에 모유를 담아주는 엄마도 있다. 젖떼기 힘들어 고생했다는 말을 많이 들었다고 한다. 단유를 하는 것도 아기와 엄마의 성향에 따라 쉽기도 하고 어렵기도 하다.

알아서 단유하는 아기

돌잔치를 앞두고 단유관리를 하게 된 경우나. 직장을 다니지 않는 엄마라 아기가 원하면 돌 이후까지도 수유를 할 생각이었다고 한다. 돌무렵 돼서 어느 날 아기에게 수유하려고 했더니 고개를 돌려 외면을 하더란다. 다음에 수유하려고 했더니 또 거부해서 할 수 없이 단유를 하기로 했단다. 아기가 먹지 않으려고 하는 데 무슨 방법이 있을까? 이 엄마는 단유하기가 힘들다는 얘기를 주위에서 많이 듣고 걱정을 하고 있었단다. 어이없게도 아기가 거부하니 너무 쉽게 단유를 하게 돼서 한편으로는 서운해하는 재미있는 경우였다.

■ 단유마사지를 하거나 말거나 관심 없는 아기

집에서 단유하기를 원하는 산모에게서 전화가 왔다. 대부분 단유는 돌 무렵에 한다. 이 정도 월령으로는 아기가 엄마에게서 쉽게 떨어지지 않는다. 이제 막 젖을 끊은 아기는 모유수유에 대한 욕구가 강하다. 집에서 관리를 하게 되면 아기가 울고불고 엄마에게 매달린다. 아기를 봐줄 사람이 있냐고 물었더니 "애가 신경을 안 쓸 거예요." 한다. "??" 이게 뭔 소리지? "아기가 몇 개월이에요?"하고 물었더니 26개월이란다. 가끔씩 이렇게 길게 수유를 하는 산모를 만나면 참 대단하다는 생각이 든다. 집에서 관리를 하는 데 아기가 혼자서 왔다 갔다 하면서 잘 논다. 아기가 원하는 만큼 충분히 먹였기 때문에 그다지 미련이 없다. 며칠 전부터 젖을 끊는다고 아기에게 충분히 얘기를 해줬다니 아기가 이해를 하는 것이다.

이렇게 길게 수유를 하는 엄마를 가끔 만나게 되는데 두 부류로 나눠볼 수 있다. 엄마의 자의로 길게 수유를 하는 경우와 단유하기를 거부하는 아기에게 끌려 어쩔 수 없이 길게 수유를 하는 경우다. 돌 이후에도 수유를 하면 주위에서 이제 그만하라는 말을 한다. 나는 먹이고 싶은데 말들이 많으니 수유한다는 얘기를 꺼리기도 한다. 후자는 당연히 마음이 굉장히 여린 엄마들이다. 수유를 길게 하든 짧게 하든 전적으로 엄마와 아기가 결정할 일이다.

■ 안타까운 단유

둘째 아기를 낳은 지 두달 된 산모에게서 단유 문의가 왔다. 아기가 어린데 왜 단유를 하려 하시냐 했더니 몸이 많이 안 좋아서 병원에서 수유보다 엄마 몸이 더 중요하다고 치료하기를 권했다고 한다. 아기도 얼마 전까지 입원치료를 하고 이제 막 퇴원을 했단다. 애기를 들어보니 이 산모는 아기에게 수유하기 위해 출산 전부터 이미 많은 준비를 하고 있었다. 모유 찌꺼기가 남지 않도록 첫아기 수유 후 단유관리도 하고 둘째 출산 전과 자연분만 후 퇴원하는 날 관리까지 받았다고 한다. 조심스럽게 아기가 왜 입원했었어요? 하고 물어봤더니 폐렴을 앓았단다. 큰 아기에게서 옮았다고. 둘째 아기는 입원치료를 일찍부터 하는 것을 보게 된다. 바로 이런 경우다. 어린이집에 다니는 큰 아기가 감기를 옮겨주기 때문이다. 큰 아기는 콧물 감기정도인데 이제 막 태어난 신생아는 심하게 아프고 폐렴으로 입원치료까지 하게 된다. 아기를 돌보느라 엄마도 몸이 약해져 같이 치료를 받고 약을 먹었단다. 유축해서 먹이면 안 되겠냐고 했더니 담당 의사가 혼을 내더란다. 엄마부터 챙기라고.

■ 단유 마사지

단유 마사지도 있어요? 젖몸살 마사지는 들어봤는데 단유 마사지는 못 들어봤단다. 단유 마사지는 수유를 중단할 때 이미 만들어진 모유가 찌꺼기로 남아 유선을 막지 않도록 하기 위한 것 이다. 유선은 우리 몸의 체액이 지나가는 길이다. 모유가 만들어지기 전에는 맑은 체액들이 지난다. 하지만, 모유는 다르다. 유전이 생길 수 있다. 수유를 중단할 때는 어떤

식이 됐든 모유를 먹이지 않고 빼주지 않으면서 모유 만드는 기능을 떨어뜨려야 한다. 정체된 모유의 대부분은 우리 몸이 흡수를 한다. 하지만 덩어리져 유선에 남을 수도 있다. 수유하다 모유 덩어리가 생겼기 때문에 젖몸살과 유선염을 한다. 이런 모유 찌꺼기가 유선에 끼어있으면 향후 엄마 가슴에 좋은 영향을 줄 수가 없다. 최대한 빼주기 위해 단유 마사지를 하는 것이 도움이 된다.

월령에 따른
모유수유 패턴

모유수유는 엄마 혼자서 열심히 노력한다고 해서 되는 일이 아니다. 아기의 적극적인 협조가 필요하다. 아기의 적극적인 협조를 얻기 위해서는 아기의 생리적 기전을 잘 이해할 필요가 있다.

출생 후 아기가 조금씩 출생 후의 환경에 적응하기 시작하면서 다양한 욕구를 몸으로 울음으로 표현하기 시작한다. 아기가 잘 먹다가 먹지 않으려고 하고 잘 자던 아기가 자지 않으려고 하는 등 다양하게 성장에 따른 변화를 보여준다. 이런 변화를 이해하는 것이 아기를 돌보는 데 도움이 될 것이다.

1. 신생아기

배 속에 있을 때는 아기가 스스로 하는 것 없이 모든 것을 엄마를 통해서 해결을 한다. 스스로 호흡하고 먹고 소화하고 배설하느라 아기는 힘이 든다. 태어나는 출생과정도 엄마보다 9배는 더 힘들다고 한다. 엄마는 엄마대로 죽을 힘을 다해 출산을 해내지만, 아기는 단단한 골반 벽을 몇 시간에 걸쳐 빠져나와야 하니 그럴 만도 하다. 젖만 물면 잠들어 버리는 아기가 이해가 간다.

아기의 몸무게는 출생 후 처음 며칠간은 감소하기 시작한다. 생리적 체중감소라고 하는 데 생후 첫 3~4일간 빠졌다가 다시 회복되기 시작해서 일주일에서 이 주 정도면 분만 시 체중을 회복하는 게 일반적이다. 약 5~7% 정도의 체중감소를 보이는데 10%를 넘지 않도록 주의해서 관찰해야 한다. 몸무게가 작거나 미숙아일 경우 체중 회복에 필요한 시간이 길어질 수 있다.

출생 후 3일 정도가 지나면 아기의 소변은 적어도 6개 이상의 기저귀를 배출하고 2번 이상의 대변을 보는 것이 정상이다. 신생아의 체중은 매일 20~30g 이상씩 증가하면 정상적인 성장이라고 볼 수 있다. 적어도 한 달에 500g 이상은 체중이 증가해야 한다. 일반적인 아기들은 한 달에 1kg의 성장 속도를 보여주고 있다. 아기의 소변과 대변의 기저귀배출이 적다면 탈수를 의심해봐야 한다.

■ 묽은 변과 잦은 변

몇 년 전 집에서 며칠간 산후조리를 하던 산모가 산후조리원에 입소를 할 수 있냐고 문의를 해왔다. 아기가 모유수유를 잘하지 못 하고 분유도 잘 안 먹는다며 첫아기라 어떻게 해야 할지 모르겠단다. 덧붙여 하는 말이 아기가 설사를 하고 있단다. 출산한 병원에 문의했더니 신생아는 변을 무르게 볼 수 있다고 하더란다. 산후조리원에 들어온 아기를 봤더니 잦은 설사로 인해 아기의 눈꺼풀이 쑥 꺼질 정도로 탈수가 심했다. 아기가 잘 울지 않는다고 하더니 힘이 없어서 울지도 못하는 심각한 상태였다. 종합병원 중환자실로 입원해서 치료를 받기 시작했다.

신생아가 잦은 변을 본다고 걱정하는 엄마들이 있다. 변을 묽게 자주 보게 되면 수분 배출이 많으니 초기 체중 증가가 더딜 수 있다. 모유수유는 그 자체만으로도 잦은 변을 유발할 수 있다. 아기의 장이 적응해가는 과정이기도 하므로 아기가 잦은 변을 보더라도 양이 과하게 많지 않고 수유 시 힘차게 잘 먹어주고 자극에 대한 반응도 정상적이라면 너무 걱정하지 않고 수유를 계속하도록 한다.

모유량이 너무 많아서 전유만 먹게 될 경우에는 일시적으로 변의 횟수가 많아지고 묽어질 수 있다. 이때는 전유를 미리 짜낸 후 후유를 더 많이 먹도록 하고 모유량이 너무 많아지지 않도록 조절을 해주도록 한다. 잦은 변을 볼 때는 피부가 연한 아기의 항문주위가 짓물러지기 쉬우므로 변을 본 후 깨끗이 해주고 잘 말려주도록 해준다.

가끔 신생아 장염으로 인해 설사하는 경우가 있다. 대부분은 로타바이러스가 원인인 경우가 많다. 설사와 구토를 동반하며 미열이 나기도 한다. 초기에는 감기와 비슷한 증세로 오해하기 쉽지만, 증상이 진행되면 고열과 심한 경우 경련을 일으키는 경우도 있다. 아기를 많이 돌보는 산후조리원 등에서는 일반적인 신생아의 묽은 변과 다른 양상으로 진행이 될 때는 빠른 시간 내에 병원으로 보내는 등의 조치를 통해 아기를 치료하도록 해야 한다. 모든 감염은 접촉으로 인해 전파된다. 산후조리원이든 집에서든 바깥출입을 하는 사람이 아기를 만질 때는 항상 손을 깨끗이 씻는 것이 중요하다. 올바른 손 씻기는 대부분의 감염성 질환을 예방할 수 있으며 식중독 같은 수인성 및 식품 매개 감염 질환의 약 50~70%를, 폐렴이나 농가진, 설사 등의 전염도 40~50% 이상 막을 수 있다.

탈수된 아기의 증상

· 아기가 힘이 없고 무기력하다.
· 잘 울지 않고 울어도 소리가 약하다.
· 피부의 탄력성이 떨어진다.
  (탈수된 피부는 수분이 부족해 잡았을 때 잡은 모양이 오래 유지된다.)
· 눈꺼풀이 얇아 보인다.
· 숨구멍이라고도 부르는 대천문이 들어가 보인다.
· 소변 기저귀와 대변 기저귀 개수가 적다.
· 미열(37.5~38도로 유지되는 열)이 나기도 한다.
· 수유하려는 의지가 없다.

■ 신생아 황달

신생아 황달은 만삭아의 약 60%, 미숙아의 약 80%에서 볼 수 있을 정도로 흔하다. 대부분의 경우 별다른 치료가 없이 10일~2주 정도면 사라진다. 신생아 황달의 원인은 수명이 다한 적혈구의 파괴 시 나오는 빌리루빈으로 인한 것이다. 이 빌리루빈이 간에서 대사되어 몸 밖으로 배출이 되게 되는데 신생아의 간 기능 미숙으로 대사되지 않은 빌리루빈이 체내에 축적되면서 증상이 나타난다.

아기의 머리에 혈종이 있는 경우나 광범위한 피하 출혈이 있을 경우에도 황달이 심하게 나타나기도 한다. 분유보다 모유를 먹는 아기에게서 더 황달을 쉽게 볼 수 있다. 모유수유가 부족한 경우 탈수나 영양섭취가 부족해서 발생하기도 하며, 이때 아기에게 물이나 포도당액을 먹이게 되면 영양 섭취가 더 감소하여 황달을 심하게 만들 수 있다. 더 자주 모유수유를 해서 소변과 대변을 통해 빌리루빈을 몸 밖으로 배출시키는 것이 모유 황달 증상을 완화하는데 도움이 된다.

모유의 특성 중 하나가 간에서 빌리루빈 대사를 억제하는 경향이 있다. 또, 대장에서 빌리루빈을 재흡수하게 하는 경향이 있다. 이 때문에 모유수유를 하는 아기에게서 황달이 좀 더 오래 지속하는 것을 볼 수 있다. 황달이 지속 될 때는 1~2일 정도 모유를 중단하고 분유를 먹이게 되면 빠르게 좋아지는 것을 볼 수 있었다. 수유를 다시 시작해도 이전처럼 황달증상이 심해지는 경우는 그리 흔치 않다. 황달 증상을 너무 걱정하는 산모에게는 병원에서도 잠시 수유를 중단하기를 권하기도 하지만 입원할 수치가 아니면 굳이 모유수유를 중단할 필요는 없다.

황달은 초기에는 얼굴부터 노란빛을 띠다가 몸통 쪽으로 번지기 시작하고 심하면 발목 아랫부분까지 확장된다. 대부분은 몸통이나 허벅지정도까지 진행되다가 노란빛이 빠지기 시작한다. 가장 오랫동안 남아있는 부위가 눈가나 눈동자주위나. 황달이 의심될 때는 밝은 빛 아래에서 아기의 피부를 살짝 눌렀다가 뗐을 때 피부색을 관찰해본다. 병원에서는 퇴원 후 일주일이 지나면 아기를 데리고 한 번 더 병원을 내원하도록 하고 있다. 이날 산모의 자궁수축상태와 출혈 유무도 확인하고 신생아는 황달과 설사로 인한 몸무게 소실은 없이 잘 성장하고 있는지 확인할 수 있다.

육안으로 추측해보는 황달 수치

노랗게 보이는 부위	수치
얼굴	5(±2)
가슴	7(±2)
배주위	9(±2)
대퇴부 부근	12(±2)
무릎	15(±2)
발목	18(±2)

■ 신생아 딸꾹질

1. 딸꾹질은 흉부와 복부 사이를 구분 짓는 횡경막의 수축으로 인한 현상이다. 신생아들이 수유 후 딸꾹질을 하는 이유는 젖을 먹고 난 후 갑자기 늘어난 위가 횡격막을 자극하기 때문이다. 시간이 지나면 대부분 짧은 시간 안에 멈춘다.

2. 체온조절이 미숙해서 오는 횡격막의 수축 때문이다. 소변을 보거나 실내 온도가 떨어질 때 주로 나타난다. 갑자기 체온이 떨어지거나 찬 공기가 허파로 들어가면서 횡격막을 수축시킨다. 아기를 따뜻하게 얇은 천으로 덮어주거나 수유를 한다. 딸꾹질을 자주 하는 아기들이 있다. 이런 아기의 엄마에게 임신했을 때 배가 규칙적으로 튀는 느낌이 없었냐고 물어보면 열에 아홉은 "맞아요, 임신했을 때도 그랬던 거 같아요." 한다. 대부분 유아는 3개월에서 6개월 정도가 되면 증상이 많이 좋아진다.

딸꾹질하면 생각나는 사례가 있다. 신생아는 아니고 산모의 남편이 심한 딸꾹질을 자주 하는 경우였다. 수시로 딸꾹질을 하는 데 한 번은 도무지 멈출 생각을 안 했단다. 일주일 가까이 잠자는 시간을 빼고는 계속 딸꾹질을 했다니 상상만 해도 얼마나 힘이 들었을까 싶다. 그 짧은 시간에 몸무게가 4kg이 빠졌단다. 병원을 가도 안 되고 흔히 알고 있는 민간요법으로도 도저히 멈출 수가 없었다. 시어머니가 백방으로 알아낸 방법 중에 감 꼭지를 달여서 먹이면 괜찮을 거라는 말을 듣고 감 꼭지를 구해서 먹였더니 딸꾹질이 멈추더란다. 그때부터 그집 냉동실에서 감 꼭지가 한자리를 차지하고 있다고 한다.

■ 손 타는 첫째 아기

1~2주까지의 아기는 배가 부르고 기저귀가 젖지 않다면 잠을 잘 자는 것을 볼 수 있다. 2주 정도가 지나면 아기는 엄마가 안고 수유하는 것에 익숙해지기 시작하고 한 번 수유할 때마다 자는 아기를 오래 안고 있으면 아기는 안겨서 잠을 자기를 원한다. 수유하다 잠이 든 아기는 깨워서 수유를 시도해보고 깨지 않으면 침대에 눕혀주도록 하고 잠이 깨서 젖을 찾으면 다시 수유를 시도해본다.

모유를 많이 먹은 아기가 잠을 자다 깨서 울거나 보채면 배가 고파서 우는 게 아닐수 있다. 이때는 아기를 바로 안지 말고 배를 부드럽게 마사지하거나 등을 두드려주면 다시 잠이 들기도 한다.

출산한 지 한 달이 안된 산모를 방문한 적이 있다. 산후조리원 퇴소 후 친정에 머물러 있는 산모였는데 관리를 하는 동안 남자아기가 거실에서 너무 편하게 잘 자는 것이다. 산모에게 아기가 너무 순해서 키우는데 전혀 힘들지 않겠어요 했더니 산모의 친정엄마가 "아이고, 말도 마세요. 처음 집에 와서 울기도 잘 울고 울 때마다 애 엄마가 부리나케 쫓아가는 거라. 그래서, 애를 그렇게 다뤘다간 혼자서 애 못 본다고 못 안아주게 했어요. 세 번을 열심히 울어 젖히더니 이제는 배고픈 거 아니면 안 울어요." 이렇게 말씀을 하신다. 당신도 애 셋을 그렇게 키웠다시며.

물론, 이렇게 강단 있게 하기 힘들다는 것을 알지만, 아기의 반응에 너무 민감하게 대응하지 말고 엄마가 옆에 있다는 걸 알려주는 것부터 시작하는 것이 좋다. 아기가 잠이 들었다 깨도 엄마가 옆에 있으면 다시 잠을 자는 경우가 많다. 하지만, 옆자리가 비어있을 때는 울면서 엄마를 찾는다. 아기가 깨서 운다고 해서 바로 안지 말고 먼저 등을 쓸고 토닥여주자. 그렇게 해도 계속 운다면 안아주되 안겨서 잠이 들면 다시 침대에 뉘어 놓도록 한다.

만약 아기가 눕히자마자 다시 깨서 운다면 안겨 잠이 들었을 때 엄마도 아기와 같이 자리에 눕도록 한다. 아기의 등과 배에 베개나 수건을 말아서 대어서 옆으로 몸을 누인 채로 잠을 잘 수 있도록 해준다. 흔히 아기의 등에 센서가 있다고들 한다. 등이 바닥에 대이기만 해도 잠이 깨는 아기는 옆으로 누워서 잘 수 있도록 해준다. 안겨있을 때 느꼈던 엄마의 온기가 갑자기 사라지지 않도록 아기의 등과 배에 베개를 대어주면 아기가 잠을 계속 자는 것을 볼 수 있다.

■ 첫째와 다른 둘째 육아

집으로 가보면 첫째 아기 엄마와 둘째 아기 엄마의 아기가 울 때에 대한 반응이 다른 것을 볼 수 있다. 아기를 방에서 재우고 관리를 받다 아기가 울면 첫 아기 엄마는 안절부절 못해진다. '아기한테 가야 되지 않겠냐'는 말을 하기전에 벌써 자리에서 일어난다. 둘째 엄마들 경우는 이와 조금 다르다. 아니, 상당히 다르다. 아기를 데리고 와도 된다고 해도 저 정도는 괜찮아요하며 여유를 부린다.

첫째 엄마와 둘째 엄마들이 아기 울 때 반응이 많이 다르다고 하면 둘째 엄마들 말이 자기도 첫 아기 때는 아기가 울면 금방 달려가서 안아주고 했단다. 그러다 보니 아기가 커갈수록 몸무게는 더 느는데 자꾸만 안겨 있으려고해서 힘들었다고 한다. 둘째는 큰 아기도 같이 봐야 해서 그렇게 안아줄 시간도 없을뿐더러 힘들어서 안 되겠단다. 어지간해서는 안아주지 않으려고 한다.

출산한 지 5개월 된 초산모가 산후조리원에서 같이 입소해 있던 둘째 엄마가 집에 가면 수유할 때 외에는 절대 아기를 안아주면 안 된다고 하는 말을 들었다. 속으로 '참 매몰차기도 하다. 그게 어떻게 되나.' 하고 생각을 했다. 집에 와서 아기가 이쁘다고 안아주고 수유한다고 안아주고 재운다고 안아주다 보니 하루종일 아기를 안고 있게 되더란다. 아기는 자꾸 크고 엄마는 점점 힘이 든다. 이제는 그 엄마가 왜 그런 얘기를 했는지 이해를 하셨다고 한다. 그만큼 아기 돌보기가 힘들다. 아기가 엄마를 찾는 이유가 있을 때는 안아주고 달래줘야 한다. 아기가 배고플 때 우는 모습과 잠이 올때 우는 모습 등의 차이를 엄마가 빨리 알아채고 아기의 욕구를 채워주는 것이 좋다. 하지만 이유 없이 엄마에게만 안겨있으려고 하면 조절을 해줄 필요가 있다.

2. 2~3개월 된 아기의 모유수유

초산모일 때 모유의 양이 아기에게 충분히 맞춰지는 시기가 대략 50~70일 정도 걸린다고 한다. 완전히 모유로 수유가 충분히 이뤄지기 전까지는 분유의 보충이 필요하다. 모유수유에서 가장 중요한 시기는 분만 직후부터 2주까지다. 2주 안에 규칙적인 수유와 유축으로 정체되지 않고 잘 배출이 되어야 모유수유가 원활히 이루어질 수 있다.

초산모들이 모유의 양이 적어서 아기가 배가 고파서 자주 운다고 분유를 주다 보면 모유의 양을 늘릴 수가 없다. 분만 후 3개월쯤에 모유수유를 포기하는 산모가 가장 많다고 한다. 유선도 제대로 트이지 못한 채 수유 자세 까지 잘못 잡고 있다면 모유수유가 제대로 될 수가 없다. 유선관리가 잘되고 아기가 잘 먹어준다면 대략 출산 후 한 달 반에서 두 달 정도면 완전한 모유수유가 자리를 잡게 된다. 아기가 한 번 빨 때의 수유 시간이 10분으로 짧아져도 수유 후 두세 시간씩 놀거나 잠을 자면서 아기가 잘 커나갈 수 있는 시기이기도 하다.

모유수유가 안정이 될 때쯤이면 유방에 모유가 차도 단단하지 않고 부드러우며 아프지도 않다. 팽만감을 느낄 수는 있다. 이 시기쯤 밤에 길게 자기 시작하는 아기가 있다. 대부분 첫아기 엄마들이 백일의 기적을 바라고 있는데 이는 백일쯤 해서 수시로 자다 깨다 하던 아기가 안정적으로 길게 잠을 자기 시작하면서 엄마가 조금 편해질 수 있기 때문이다.

엄마가 편해질 수 있는 반면에 아기가 잠을 길게 자기 시작하면서 수유 시간이 길어지면 자칫 유전 덩어리가 형성이 돼 유선을 막을 수가 있으므로 주의해야 한다. 초기 모유수유 패턴을 잡을 때와 수유 패턴이 변화하기 시작할 때 유선의 상태를 잘 살펴야 한다. 또한, 이렇게 수유 간격이 길어지면서 아기가 수유하지 않게 되면 젖분비 호르몬인 프로락틴의 분비 간격이 길어지면서 수치가 떨어지게 된다. 프로락틴의 또 다른 기능이 배란 억제를 시켜 임신을 지연시키는 것이다. 만약 수유 간격이 커진다면 그로 인해 프로락틴 수치가 저하되고 임신의 가능성이 커진다.

수유 간격이 길어지고 수유횟수가 줄어들게 되면 생리가 빨리 시작되기도 한다. 생리가 시작되면 모유의 맛이 살짝 변하기도 한다. 규칙적인 수유를 통해 수유 리듬을 회복하도록 노력한다. 아기가 자느라 수유를 하지 않으면 유축이라도 해서 기본적인 수유 리듬을 유지하는 것이 좋다. 완전모유수유를 해도 생리를 시작하는 엄마들이 있다. 밤중 수유가 길어지면 시작하는 경우를 자주 볼 수 있다. 꼭 생리하지 않아도 배란이 되는 엄마도 있다. 배란이 시작되면 언제든지 임신의 가능성이 있으므로 주의를 해야 한다.

이 즈음해서는 아기의 변 횟수도 많이 줄어든다. 모유는 분유보다 변을 묽게 하는 특성이 있지만 완전모유수유만 하는 아기도 며칠에 한 번씩 변을 볼 수도 있으므로 변 횟수에 너무 연연하지 말자. 마사지가 도움되기도 한다. 아기의 배를 장이 회전하는 방향인 왼쪽 아래에서 오른쪽으로 크게 원을 그리며 마사지해준다. 오른쪽으로 크게 그린 손을 아기 배꼽 아래로 갖고와서 항문 쪽으로 밀어주듯이 눌러준다.

이와 더불어 아기가 변을 보기 위해 힘을 주는데 잘 못 볼 때는 아기의 허벅지를 양손으로 쥐고 엉덩이를 보이게 하고 엄지로 아기의 항문주위 근육을 자극해본다. 아기가 힘을 주는 데도 변을 안 나올 때는 면봉에 오일을 묻혀 항문으로 1cm 정도 밀어 넣고 항문 테두리를 훑듯이 돌려준다. 항문에 체온을 잴 때처럼 면봉을 그 깊이로 넣고 직장 끝에 덩어리진 변을 깨준다고 생각하고 면봉을 굴려주면 쉽게 보는 경우도 있다. 열흘 이상까지 변을 못 보는 경우도 있다. 집에서 관장을 자주 하는 경우도 보는데 의사와 상의하는 것이 좋다.

3. 3개월 이후부터 이유식 시작 전까지

아기가 목을 가누는 시기를 대략 2개월쯤이 된다. 이때부터 아기를 업기도 하고 띠를 매기도 하면서 아기와의 외출이 어느 정도 자유로워지기 시작한다. 완전모유수유를 하면서 다른 음식이 전혀 필요 없는 시기이기도 하다. 가끔 물을 주는 엄마도 있는데 주지 않아도 된다. 아기는 주위환경에 왕성한 호기심이 생겨 수유하는 중에도 주의를 끄는 것이 있으면 수유를 중단하기도 한다.

이 시기에는 아기가 자의로 수유 시간을 조절하기도 한다. 배가 고파서라기보다 그저 젖을 물고 있고 싶어서 젖을 찾는 경우도 있다. 심리적인 이유로 밤중 수유를 길게 하기도 한다. 엄마의 가슴은 부드럽지만 특별한 이유 없이는 모유 분비량이 줄거나 하지는 않는다.

백일을 전후로 해서 뒤집기 시작하고 아기들의 행동이 눈에 띄게 달라 보이기도 한다. 아기마다 성장 속도가 다르므로 또래 아기의 행동발달과 같지 않다고 해도 걱정하지 말고 인내심을 갖고 지켜보는 것이 좋다. 목을 가눌 수 있다고 해도 일시적이다. 뒤집기를 하는 아기는 잠깐 목을 가누고 버틸 수는 있지만 금방 힘이 빠져 얼굴을 바닥에 떨어뜨릴 수 있다. 이때 너무 푹신한 바닥이라면 아기의 코가 파묻힐 수 있으므로 쿠션감은 있되 너무 푹신하지 않은 것으로 준비해야 한다.

예전에 아기의 뒤통수를 이쁘게 하려고 아기를 엎드려 재우는 것이 유행한 적이 있었다. 하지만, 미국에서 엎드려 재우는것이 영아돌연사 증후군의 원인이 된다는 연구결과가 나온 후로 자제하는 사회적 분위기가 형성돼 아기를 반듯하게 재우기 시작했다. 몇 년 뒤 미국에서 아기들의 상체 근육 발달 미비로 물리치료를 받기 시작하는 아기들이 눈에 띄게 늘기 시작해 원인을 조사해보았다. 조사 후 밝혀진 원인이 아기들을 반듯이 눕혀놓기만 해서라고 한다. 아기들을 반듯하게 재우기만 하다 보니 머리를 들어 올리고 상체를 팔로 버티는 자세를 하지 않음으로써 상체 근육의 발달 시기를 놓쳤다는 연구발표가 있었다. 부모가 보는 앞에서 하루에 몇 번씩 아기를 엎드리게 있게하는 것이 전신을 고루 발달시키는 데 도움이 된다고 볼 수 있다.

4. 6개월 이후 이유식과 병행하기

완전 수분으로만 구성된 모유를 먹던 아기가 처음 먹을 때는 미음부터 시작하는 것이 좋다. 한 가지 음식으로 시작해 이상이 없으면 며칠 간격으로 다른 음식을 첨가해서 만들어 먹이는 식으로 하나씩 천천히 종류를 늘려가면 된다. 처음부터 많이 먹을 거라는 생각은 하지 말고 조금씩 맛을 보게 한다는 생각으로 시작하는 것이 좋다. 맛을 보는 단계이므로 모유의 양이나 횟수를 줄인다는 생각은 할 필요 없다. 모유가 주식이고 가끔씩 먹는 간식 개념으로 시작한다.

옛날 어른들 말씀에 아기 낳기 전보다 임신했을 때가 편하고 아기가 태어나 기어 다니기 전보다 누워있을 때가 편하다는 말이 있다. 6개월 즈음에는 본격적으로 뒤집기 시작하면서 기저귀도 갈기 힘들 정도로 아기의 활동량이 많아지고 커진다. 사람의 인생 중에서 가장 급성장기를 보내고 있는 아기들은 굉장한 활동가들이다. 옛날에는 아기들을 양기 덩어리라고 했단다. 아기들은 대체적으로 몸에 열이 많다. 주변 공기가 더우면 잠을 잘 못 자는 아기들을 볼 수 있다. 환기를 자주 시키고 너무 덥지 않도록 해주는 것이 좋다.

이 시기에 아기의 이가 나면서 모유수유와 관련된 아기의 수유습관변화가 올 수 있다. 아기의 부드러운 잇몸을 뚫고 이가 날 때는 자연스러운 현상이라 크게 고통은 느끼지 않지만 근질거리고 불편한 것을 느낄 수 있다. 수유하다 유두를 물기도 하는 데 치발기로 수유 전에 씹을 수 있도록 해주면 덜 깨물 수 있다. 수유하다 깨문다고 엄마가 찡그리면서 말로만 혼을 내면 아기는 엄마가 장난친다고 생각할 수도 있다. 이때는 안돼하고 단호하게 얘기하면서 볼을 손으로 집어 아기의 입을 벌리게 한 후 젖꼭지를 빼내도록 한다. 몇 번을 반복하면 물면 젖을 못 먹게 된다고 생각하고 하지 않게 된다. 아기가 젖을 깨물길래 좀 세게 아기 볼을 때렸더니 하루 종일 아기가 젖을 먹으려고 하지 않아서 고생한 엄마가 있다. 아기가 놀라지 않을 정도로만 자극을 주도록 하자. 이가 나기 시작할 때 손수건을 물에 적셔 차게 한 후에 아기의 잇몸을 마사지해주는 것도 도움이 된다.

많은 엄마가 돌 무렵을 젖을 끊는 시기로 생각하고 있다. 모유수유는 전적으로 엄마의 판단으로 더 길게 할 건지 아니면 중단할 것인지 결정을 하라고 한다. 아기를 위해서 아니면 엄마를 위해서 더 해야겠다고 생각하면 두 돌이 지날 때까지 하는 경우도 볼 수 있고 직장 때문에 3개월을 할 수도 있다. 엄마가 수유를 할 수 있는 상황과 마음에 따라 결정을 하면 된다. 다만, 모유수유를 언제까지 하면 될까요? 하고 묻는다면 1년은 기본으로 생각하고 할 수만 있다면 2~3년까지도 해도 된다고 한다. 인류학자의 말에 의하면 인간은 엄마 뱃속에서 10개월 이상 더 머물러있다가 세상으로 나와야한다. 직립보행을 하면서 골반이 좁아지고 다른 포유류에 비해 커진 머리 때문에 더 이상 머물러 있다가는 세상구경도 못 하게 될 수 있다. 10개월쯤 되면 엄마도 아기도 분만을 준비한다고 한다.

개인적으로 이 말에 공감을 하는 편이다. 태어나자마자 일어서고 어미 젖을 찾아 먹는 다른 포유류들과는 달리 인간은 일어나는 데만 평균 1년의 시간이 필요하나, 막 태어난 아기는 눈으로 볼 수도 없다. 신생아들의 발달상황을 관찰해봐도 충분히 공감이 가는 부분이 있다. 가끔씩 산후조리원에 입소할 때 "아기가 심장에 구멍이 아직 덜 닫혀서 청색증이 있는데 심하지는 않대요." 하고 얘기하는 경우가 있다.

태아기 때는 심장에 구멍이 열려있어 그저 아기의 피가 통과만 한다. 심장이 뛰기는 하지만 동맥, 정맥순환은 엄마가 해주기 때문에 실제적인 역할은 할 필요가 없기 때문이다. 그러다 분만할 때쯤에는 구멍이 닫히기 시작해 심장 역할을 하기 위한 구조를 갖추기 시작한다. 이때 미처 닫히지 못 하고 태어난 아기의 심장은 신체를 한 바퀴 돌고 온 정맥 혈액을 정화시키지 못 하고 동맥혈관으로 다시 밀어 넣게 된다. 산소와 에너지를 다 쓰고 힘이 빠진 혈액이 다시 동맥혈관으로 들어가게 되면 에너지가 필요한 일을 할 때 얼굴이 새파래지고 산소가 부족해 주저앉게 되는 증상이 보이는 것이다. 흔히 얘기하는 청색증이다. 신생아들이 잘 때나 안겨있을 때는 크게 힘들 일이 없어 표가 나지 않는다. 수유할 때나 분유를 먹을 때 또는 울 때 얼굴이 새파래지면서 호흡수가 갑자기 줄기도 한다. 80~90%는 돌 무렵이면 심장의 구멍이 닫히면서 증상이 없어지고 정상적인 성장이 가능하다.

눈과 코가 연결된 누비루가 확실하게 뚫리지 않고 나온 아기는 분비물이 잘 빠지지 않게 되니 눈곱이 잘 끼게 된다. 눈과 코를 연결하는 부위를 쓸어내리듯이 마사지해주는 것이 좋은데 대부분 3~4개월이면 괜찮아지고 눈곱이 끼지 않게 된다. 하지만, 수시로 막히고 눈곱이 낄 때는 돌 무렵까지 지켜보고 뚫어주는 시술이 필요할 수도 있다. 분비물이 심하게 끼면 신생아 결막염도 같이 올 수 있으니 아기의 흰자위가 붉어지면 병원 진료가 필요하다. 이와 함께 배꼽탈장, 잠복고환도 돌무렵까지 지켜보고 별다른 변화가 없을 때는 교정수술이 필요하다.

신생아들은 잘 토한다. 아기의 얼굴을 옆으로 보게 눕히는 이유가 토하게 되면 질식의 위험이 있기 때문이다. 신생아의 위 모양은 호리병처럼 생겼다. 담을 수 있는 그릇이 안정적이지 않고 아직 어른들처럼 위의 상부와 하부를 잡아주는 괄약근들의 힘이 약하다. 서서히 옆으로 자리를 잡으면사 돌 무렵이 되면 성인과 같은 모양으로 자리 잡게 되고 이렇게 모양이 바뀌면서 잘 토하던 아기도 서서히 토하는 횟수가 줄기 시작한다. 신생아들이 출생할 때 살짝 부족하게 미숙한 기능을 가진 장기로 나오는 부분들이 대부분 1년이 되면 자리를 잡게 되는 것을 볼 때 인류학자의 말처럼 아기가 1년을 배 속에서 더 있다가 나오는 게 맞는 얘기처럼 생각이 된다. 이렇게 준비를 덜 하고 빨리 바깥세상으로 나오는 아기들이 적응하기 위해서 필요한 것이 모유수유다. 기본적으로 수유에 필요한 기간이 1년이라는 것도 아기의 성장 과정에 맞춰 모유수유의 성분이 변해주기 때문이다.

평균적인 아기의 성장에 맞춰 발달하지 못하고 몇 개월느려진다 해서 잘못된 것은 아니다. 여타 아이들과 성장발달이 조금 느린 것이지 틀린 것은 아니다. 이가 나거나 서거나 걷는 것은 부모들의 성장 과정과 상당히 유사한 경우를 볼 수 있다. 유전적인 요인도 같이 작용을 하고 출생 시 아기의 조건에 따라 발달속도에 차이가 있을 수도 있다.

■ 낯 가리는 아기

아기들이 사람을 인식하고 구분하기 시작하면서 낯을 가리기 시작하는 때가 있다. 대략 6개월 즈음부터 시작한다. 엄마 외에 낯선 사람을 거부하거나 두려워하는 행동을 보이는데 주로 엄마 외에 많은 사람을 접촉하지 못한 아기들에게서 볼 수 있다. 아기는 태어나 엄마가 먹여주고 입혀주고 잠 올 때 재워주고 무서워할 때 달래주는 것을 경험한다. 당연히 엄마가 자기의 생존에 꼭 필요한 사람이라는 것을 알게 된다.

엄마와의 유대가 강해지면 강해질수록 엄마가 없어지면 아기는 생존의 위협을 느끼게 된다. 모든 것을 해결해주던 사람이 갑자기 자기를 떼어놓으려고 하면 두려워지는 것이다. 아이와 떨어져야 할 때는 미리 준비해야 한다. 잠깐씩 사람을 자주 봤다고 해서 아기의 낯가림을 해결하기는 힘이 든다. 엄마가 해주던 것들을 엄마가 지켜보는 앞에서 다른 사람이 대신 반복적으로 제공해주는 것을 경험해야 한다. 그래야 그 사람에 대한 신뢰가 형성되고 엄마가 안 보여도 본인의 신변에 대해 안정감을 느끼게 된다.

아기가 아빠와의 유대를 강화하는 것도 굉장히 중요하다. 요즘은 육아에 아빠가 적극적으로 참여하는 분위기가 강해지면서 육아빠라는 신조어도 생겼다. 아빠의 양육 참여도가 높을 수록 아이의 뇌 발달이 활발하다는 영국 뉴캐슬 대학의 연구결과가 있다.

영국 국가 프로젝트의 일환으로 1958년에 태어난 남녀 1만 1천여 명을 대상으로 조사한 연구가 있다. 결과는 어린 시절 아빠와 독서, 여행 등 여러 가지 활동들을 하며 시간을 같이 보낸 경우가 그렇지 않은 경우보다 IQ가 높고 사회적인 신분 상승 능력이 더 큰 것으로 나타났다. 만여 가구를 대상으로 연구 발표한 자료에 의하면 사회에서 성공한 사람의 대부분이 아빠와의 유대가 좋았다고 한다.

0~3세, 아빠 육아가 아이 미래를 결정한다.

– 리처드 플레처

출산 후 엄마는 산후 조리 기간동안 아기를 많이 안고 기저귀도 갈아주며 아기와 많이 친숙해진다. 아기를 다루는 손길도 익숙해지기 시작한다. 산후조리원이나 친정에서 산후조리를 하고 집으로 아기와 함께 돌아가게 되면 그동안 아기를 많이 안아보지 못한 아빠들은 아기를 안고 얼러주는 것도 어색하고 힘들 수 있다.

엄마는 아기를 다루는데 서툰 아빠를 기다려주자. 아기가 운다고 마음이 급해진 엄마가 아빠보다 먼저 후다닥 해결하지 않도록 하는 게 좋다. 상대적으로 아빠는 아기를 다루는 데 점점 힘이 들수 있다. 아빠가 엄마보다 늦게 아기를 돌보기 시작했기 때문이다. 엄마는 산후조리원이나 친정에서 시간을 보내면서 아빠보다 빨리 아기에게 익숙해지기 시작한다. 아빠가 보기에도 본인보다 훨씬 아기를 능숙하게 다루는 엄마를 보면서 아기를 안거나 만지는 것을 주저하게 될 수가 있다. 처음에는 모두가 낯설고 힘들다. 엄마들도 처음 아기를 안았을 때 아빠들이 느꼈던 것처럼 힘들고 어려웠을 것이다. 아빠가 하는 것이 시간이 걸리고 서툴러 보여도 적극적으로 육아에 참여를 할 수 있게끔 도와주고 기다려주는 것이 필요하다.

■ 밤중 수유

백일의 기적이라고 들어봤을 것이다. 밤낮으로 잠을 설치던 아기의 수면 습관이 안정되면서 밤잠이 길어진다. 아기가 자는 시간이 길어지면 엄마도 조금 쉴 수 있기 때문에 그날만을 손꼽아 기다리고 있다. 신생아는 20시간을 잔다는 말을 들었던 엄마는 수시로 깨서 우는 아기를 보면 많이 당황하게 된다. 잠을 많이 자기는 한다. 그런데 혼자서는 안자기 때문이다. 엄마 품에 안겨서만 자려고 한다. 아기에게 수유하기 위해서 또는 울어서 자주 안아주다 보면 안겨서 자는 습관이 든다. 잠자리에 내려놓으면 울어버리는 아기 때문에 출산 후 몇 달만 지나면 손목이 너덜거린다는 얘기도 한다.

출생 후 아기의 중추신경은 약 8주가 되어야 안정이 되기 시작한다. 주위 환경과 본인의 생체리듬에 조금씩 적응해나갈 수 있도록 안정이 되면 그때부터 조금씩 밤잠도 길어진다. 밤낮으로 엄마의 손길만 기다리는 아기 때문에 전신 피로와 수면 부족으로 엄마는 너무 피곤하다. 아기의 밤잠이 길어져야 엄마가 편해지니까 어서 그날이 오기만을 기다린다.

백일의 기적을 좀 더 빨리 만날 수 없을까? 가능하다. 아기의 생활습관이 좀 더 빨리 안정될 수 있도록 아기를 돌볼 때 요령이 필요할 뿐이다. 아기의 수면 습관과 수유 습관을 잡아주도록 노력해야 한다.

아기의 수면시간은 시간이 지날수록 조금씩 짧아지게 된다. 낮잠 자는 아기가 깊이 잠들도록 주위환경을 조용히 시킬 필요는 없다. 낮에는 잠을 얕게 조금씩만 자도록 하고 밤에 자는 시간이 길어질 수 있도록 해주는 것이 좋다. 성인도 낮잠을 많이 자면 밤에 잠이 오지 않는 것처럼 아기도 마찬가지로 낮에 깊이 잠이 들면 밤에 쉽게 잠이 오지 않는다. 신생아들은 시끄러운 곳에서도 잘 잘 수 있다. 산후조리원 신생아실에서도 잘 자던 아기다. 집으로 간 후에 아기를 위해 너무 조용히 해두는 것은 좋지 않다. 조그만 소리에도 깨는 예민한 아기가 될 수 있다. 엄마가 내는 소음 외에는 들을 수가 없다. 낮에는 기본적인 생활소음에 노출을 시키는 것이 좋다. 배가 고파서 잠을 깨는 아기는 수유가 필요하다. 하지만, 습관적으로 젖을 물고 자려는 아기는 교정이 필요하다.

백일이 되었다고 해서 그전에는 잠을 자지 않다가 갑자기 밤잠이 길어 지는 것은 아니다. 꾸준한 습관의 결과가 백일 즈음해서 나타난 것이다. 아기는 날마다 꾸준히 성장한다. 아기의 성장과 더불어 부모의 돌봄을 통 해 배우기 시작한다. 아기가 수유할 때는 수유를 할 수 있도록 하는 것이 훈련의 기초이자 기본이다. 수유하면서 잠을 자게 하지 않아야 한다. 먹 지 못 하고 자 버린 아기는 잠을 잘 시간에는 배가 고파서 수시로 먹을 것 을 찾을 수밖에 없다. 낮에 잠을 많이 잔 아기는 밤에 깊이 잠을 잘 수가 없다. 낮에 얕게 자고 짧게 잠을 잔 아기는 활동량이 많았기 때문에 밤 수 면을 길게 가질 수 있게 된다.

아기의 전체적인 수면시간이 짧아지고 있다면 낮 수면시간이 길지 않도 록 주위환경을 조성해주는 것이 좋다. 낮잠을 자는 동안 주위를 너무 조 용히 만들지 말고 조금은 소란스럽게 해줘도 괜찮다. 병원이나 산후조리 원같이 아기들을 많이 모아놓고 돌보는 곳도 약간은 소란스럽다. 퇴원 후 집으로 간 후 너무 조용해진 주위환경에 익숙해지게 되면 작은 소리에도 민감하게 반응을 하게 된다.

■ 백색소음

아기들이 잠을 잘 잘 수 있도록 들려주는 소음을 백색소음이라고 한다. 엄마뱃속에 있는 아기는 여러 가지 소음들에 둘러싸여 있다. 엄마의 심장 소리, 혈관에 혈액들이 흘러가는 소리, 엄마의 목소리, 양수를 통해 들리는 바깥의 여러 소음들을 들으면서 성장한다. 이런 소음들에 둘러싸여 성장한 태아는 바깥에 나와서도 자잘한 소음들을 들으며 안정감을 느낀다.

유사한 주파수를 가지고 있는 소음들이 있다. 이를 백색소음이라고 하며 이에 해당하는 생활소음들로는 드라이기, 청소기, 사람들이 대화하며 웅성거리는 소리 등이 있다. 아기가 잠을 자지 못 하고 보챌 때 이런 기기들을 작동시키면 잘 잔다고 한다. 실제 아기엄마들의 집을 방문해보면 아기를 재우기 위해 스마트폰의 앱을 통해 아기의 머리맡에 두고 있는 것을 자주 보게 된다.

개인적으로 이런 전자기기를 아기 근처에 두는 것은 삼갔으면 한다. 휴대폰의 전자기파 방출이 상당히 강하다.

아이들이 휴대폰을 사용하면 휴대폰 전자파가 주의력결핍과잉행동장애를 유발할 수도 있다는 직접적인 결과가 세계 최초로 국내에서 발표됐다. 이번 조사는 전국의 초등학생 2,000명을 대상으로 2008년부터 2010년까지 진행되었다. 이번 연구는 ▲ 어린이에 대한 전자파인체보호지군의 적합성 분석 ▲어린이 신경행동발달 및 주의력결핍과잉행동장애(ADHD) 에 미치는 영향 ▲여러 주파수 동시 노출 환경에서 전자파의 생물학적 영향 등 3개 분야에 걸쳐 진행됐다. 연구결과, 어린아이가 휴대폰 전자파에 많이 노출될 수록 주의력결핍과잉행동장애(ADHD) 가능성이 높게 나타나는 것으로 밝혀졌다.

― 태아성장보고서, KBS 첨단보고 뇌과학 제작팀에서 발췌, 73쪽

평소 알던 지인의 따님이 유학 중에 독일 남자와 결혼을 했다. 따님이 알고 지냈던 지인이 임신한 것을 알자마자 집안의 전자기기를 창고에 집

어넣더라는 얘기를 들었다. 최대한 전자파에 노출되지 않기 위해서 하는 조치라고 한다. 휴대폰보다는 아기에게 가능한 생활소음을 이용해서 주위 소음들에 익숙해지도록 훈련을 해주는 것이 좋다. 비비면 소리가 많이 나는 비닐봉지를 바람을 넣어 묶은 후 아기 옆에서 두고 소리를 들려줘도 좋다. 백색소음과 유사한 것으로 생명의 파동 소리가 있다.

■ 생명의 파동

자연이 내는 소리의 파동을 생명의 파동이라고 한다. 즉, 생명을 지닌 모든 것들이 내는 소리다. 이런 소리는 사람이 들었을 때 안정감을 느끼게 한다. 비가 오는 소리, 시냇물이 흘러가는 소리, 바람이 부는 소리, 낙엽밟는 소리 등 인위적인 것이 아닌 것들은 모두 예로 들 수 있다. 명상과 태교를 위해 숲속 태교 여행을 하는 것도 같은 맥락에서 이해할 수 있다.

숲으로 가면 자연의 소리를 듣고 밟고 느낄 수 있다. 바람 소리, 새소리, 나뭇잎이 스치는 소리, 낙엽 밟는 소리, 흙을 밟는 느낌 등을 온몸으로 느끼며 마음이 평화로워지고 안정이 된다. 나무에서 뿜어져 나오는 피톤치드는 정서를 안정시키고 살균 효과까지 있다고 한다.

산림청 주사에 의하면 임산부들이 숲속을 산책하기만 해도 스트레스 호르몬이 15% 줄어드는 것으로 발표했다. 음악 중에서도 생명의 파동과 가장 유사한 것이 있다. 바로 국악의 정악이다. 조선 시대 왕비가 임신을 하면 약 3개월부터 왕비의 침소 근처에서 악사들이 항상 연주했다고 한다. 산모의 편한 심신은 태아의 발달을 도와 건강하고 안정된 정서를 가진 아기가 태어날 수 있다고 생각했기 때문이다. ·

우리나라를 비롯한 동양에서는 태어날 아이의 심성을 생각해서 태교를 해왔다. 태아의 신체적인 성장과 더불어 인격과 심성을 생각해온 동양의 태교가 서양에서 연구가 되고 있다. 태아의 뇌 발달연구에 관해 심층적인 연구가 선진국에서 활발하게 진행되고 있다. 엄마의 뱃속에서부터 들어 익숙해진 음악이나 소리는 아기의 정서를 안정시키고 마음을 편하게 한다.

이런 소리를 들려주는 것은 태어난 아기들의 정서를 안정시키기 위해서도 좋다. 아기들 집을 방문해보면 너무나 조용한 환경을 만들어놓은 것을 볼 수 있다. 조용한 와중에 아기 주위에 핸드폰으로 백색소음 소리를 들려 주는 것을 보게 되는데 개인적으로 엄마들이 하지 않았으면 한다. 스마트폰에서 발생하는 전자파는 한참 외부정보를 받아들이는 뇌에 좋지 않은 영향을 줄 수 있다고 한다. 세계 각 선진국에서도 전자파의 위해에 관해서 연구가 활발하다. 특히, 태아와 유아들에 관해 연구가 많이 되고 있으며 전자파를 멀리하는 것이 좋다는 결론을 내고 있다. 아기들에게 자연스러운 생활 소음을 듣게 해주면 된다.

예전 노래 중에 기찻길 옆 오막살이라는 노래를 다들 알고 있을 것이다. 기차 소리가 나도 잠만 잘 자는 아기를 그리는 노래인데 그만큼 생활소음에 익숙해지면 일상생활에 아무런 지장을 주지 않는다. 요즘은 너나 할 것 없이 핵가족으로 엄마, 아빠, 아기만 한집에서 살고 있다. 출근하고 난 집에는 엄마와 아기뿐이다. 엄마가 만드는 소음이 아니면 너무나 조용한 환경에서 아기가 지내게 된다. 잠이 오면 조금 시끄러워도 잘 수 있어야 하고 잠이 들면 일정 시간 잘 수 있어야 한다. 너무 조용한 환경은 조그만 소음에도 짜증 내고 잠을 자지 못하는 예민한 아이가 될 수도 있다.

첫아기보다 둘째 아기는 성격이 무던하다는 얘기를 들어봤을 것이다. 순하다고들 하는 데 둘째 아기의 성장환경을 살펴보면 왜 그런지 알 수 있다. 첫째는 엄마와 단둘이만 있는 조용한 환경에서 자라지만 둘째는 첫째 아기가 클 때와는 다른 환경에서 자라게 된다. 보통 3~4살 정도의 터울로 둘째를 보게 되면 둘째는 태어나서부터 큰아기가 내는 소음에 익숙해지게 된다. 그런 생활소음에 익숙해지지 않고는 잠도 자기 힘들고 일상생활이 힘들어진다. 태어나서부터 항상 듣는 소리다 보니 크게 스트레스도 없다. 이렇듯 아기를 둘러싼 생활환경도 아기의 성격을 형성하는 데 큰 영향을 주게 된다고 볼 수 있다.

신생아
주의증상

■ 황달

생리적 황달은 만삭아들에서 60% 이상 관찰이 될 정도로 흔하다. 생후 3일 정도부터 나타나기 시작해 얼굴부터 몸통 쪽으로 노란빛이 돌기 시작해 7일 정도가 되면 가장 심해진다. 수유와 배설로 순환이 잘 될 수록 황달은 별다른 치료 없이도 빨리 사라진다. 노란빛이 더 짙어지고 발아래로 퍼져간다면 병원방문이 필요하다.

■ 묽은 변

모유를 먹는 신생아는 하루 10회까지도 묽은 변을 볼 수 있다. 이렇게 자주 볼 때는 양이 그리 많지 않으며 수유를 하기만 하면 변을 보기도 하고 울 때 변을 보기도 한다. 아기의 장 기능이 자리 잡을 때까지 기다리면 된다. 문제는 잦은 변을 보기 때문에 항문에 발진이 생길 수 있다. 수시로 기저귀를 갈아서 변이 피부를 자극하지 않도록 해야 한다. 병적인 이유로 설사를 하게 되는 원인은 장염균으로 인한 것으로 미열과 구토를 동반하게 된다. 공기 중 감염과 아기를 돌보는 손에 의해 감염이 되므로 아기를 돌볼 때는 손을 철저히 씻는 것이 중요하다. 설사의 횟수가 늘면 아기의 신체 반응을 잘 살펴보자. 묽은 변에 코처럼 맑으면서 찐득하게 나오거나 거의 덩어리가 없이 물처럼 흡수되는 변을 볼 때는 병원 진료를 받아야 한다.

■ 청색증

대부분 청색증은 심장의 구멍으로 인해 정맥혈이 동맥혈로 유입됐을 때 유발된다. 동맥혈관에 에너지가 떨어진 정맥 혈액이 돌게 되면 에너지를 써야 하는 일을 할 때 청색증을 보이게 된다. 신생아들이 힘들여 하는 일은 수유할 때와 울음을 터뜨릴 때이다. 수유할 때나 울 때 입술부위부터 푸른빛을 띠는 아가들이 있다. 80~90%는 저절로 구멍이 닫혀 일상생활에 문제가 없어진다고 한다.

■ 열

신생아는 신체의 80%가 수분이다. 아기들의 영양섭취는 분유든 모유든 수분으로 구성되어있다. 모유나 분유를 부족하게 먹으면 탈수가 되면서 미열이 날 수 있다. 그 외 바이러스감염 시 가장 흔한 증상이 열이다. 신생아는 열이 나면 의사의 진료를 받아야 한다.

■ 감기, 폐렴

대표적인 감염성 질병으로 첫째 아기보다 둘째 아기들이 흔히 감염되는 것을 볼 수 있다. 둘째 아기들이 어린이집이나 유치원을 다니고 있는 큰 아이를 통해 감염되는 경우가 가장 흔하다. 큰아기보다 아직 면역력이 약하므로 입원치료를 받는 경우가 많다.

■ 사경

사경이 있는 아기는 머리가 한쪽으로 기운다. 앞에서 봤을 때 어느 한쪽 목에 딱딱한 덩어리가 만들어져 있다. 딱딱한 쪽으로는 목이 넘어가지 않는다. 아기가 어려서 누워있을 때는 잘 모를 수가 있다. 아기가 항상 한쪽으로만 보고 있다고 한다. 아기가 앉아있을 때 항상 고개를 기울이고 있는 것을 알아채기도 한다. 출산으로 인한 신경 손상이라고는 하나 정확한 원인은 알 수 없다. 출생 후 며칠이 지나서 근육이 뭉치기 시작한다. 아기의 특징적인 반응이 없어 초기 발견이 늦어지기도 한다. 어릴 때 발견할수록 빠른 교정이 가능하다.

■ 쇄골골절

주로, 자연분만으로 출생하는 아기에게서 발견할 수 있다. 좁은 골반을 빠져나오면서 손상을 입는 경우가 가장 흔하다. 상처를 입은 방향의 손을 잘 움직이지 않는다. 울 때도 상처 입지 않은 팔만 움직이는 것을 볼 수 있다. 금만 간 경우에는 특별한 조치가 필요하지 않다. 뼈가 어긋난 복합

골절시에는 교정이 필요하다.

■ 장염

바이러스감염으로 인한 것이 가장 흔하다. 아기를 돌보는 손에 의해 전염이 되며 집단감염으로 번지기 쉽다. 설사와 구토, 열을 동반하며 급속히 상태가 나빠질 수 있으므로 신속한 조치가 필요하다. 산후조리원 감염사고의 대부분을 차지한다.

나오는 말

모유수유는 행복해야 한다

아기도 행복하고 엄마도 행복해야 하는 행위다. 그런데, 내가 만나는 엄마들은 행복해 보이지 않다. 배고파 우는 아기도 행복해 보이지 않다. 어쩌면 내 직업상 이런 이들만 볼 수밖에 없어서 그런지도 모른다.

몇 달을 노력하고 애를 쓰다 포기하기 직전에 만나게 되는 엄마들이 있다. 한마디만 하면 울음을 터뜨릴 것 같은 얼굴로 첫인사하기도 한다. 아마도 아기와 씨름하며 보낸 시간이 너무 힘들어서 일 것이다.

"모유를 잘 만드는 가슴입니다. 젖양을 늘리는 데는 시간이 필요합니다. 마음의 여유를 갖고 이렇게 저렇게 해보세요." 하면 오히려 더 낙담하는 것처럼 보이는 것은 나의 착각일까.

어쩌면 내 입에서 "당신은 젖양을 늘릴 수 없는 사람입니다. 수유를 포기하고 분유를 주세요." 라는 말을 기대하는 것은 아닌가 싶은 생각이 들 때도 있다. 먹이면 젖양은 는다는 말을 듣고 잠 못 자고 눈물 흘리며 혼자서 몇 달 동안 아기하고 같이 울었단다. 죽을 힘을 다해도 생각대로 안 되고 그렇다고 포기하기는 마음이 편치 않다. 이러지도 못 하고 저러지도 못한채 시간이 많이 흘러버렸다.

산후조리원을 운영할 때는 젖몸살은 출산 후 누구나 거쳐야 하는 의례적인 통과과정이라고 생각했다. 엄마라는 단어는 그렇게 고단한 과정을 거쳐야 획득할 수 있는 타이틀이라고만 여겼다.

산후조리원을 그만두고 모유119를 통해 여태까지 알고 있던 지식과는 다른 것들을 배우고 알게 되었다. 가슴 통증, 젖양부족, 유두 상처 등 수유와 관련된 문제들로만 산모를 만나게 되면서 생각외로 고군분투하는 엄마들이 많다는 것을 알았다.

독박육아라는 말이 유행어가 되어 힘든 엄마들 스스로가 위로를 삼고있다. 나만 힘든 게 아니라는 듯이. 같이 힘든 사람을 보면서 위로를 받는다는 것은 참 씁쓸하다.

아기들이 행복했으면 좋겠다. 더불어 엄마들은 더 행복해졌으면 좋겠다. 엄마가 원하는 대로 마음껏 모유를 주고 멋지게 커가는 아기를 볼 수 있으면 좋겠다. 하지만, 좋은 모유를 먹이겠다는 마음과 노력이 엄마에게 족쇄가 되지 않았으면 한다.

모유119는 서울에 본사를 두고 있는 모유수유 전문 클리닉이다. 홍순미 소장님을 비롯해 각 지역담당 선생님들이 엄마들의 모유수유 관련 어려움을 도와주고 있다. 모유 119는 아기를 데리고 오기 힘든 엄마들을 위해 집으로 또는 병원으로 찾아가는 모유수유와 관련된 서비스를 한다. 주로 마사지를 통해 젖울혈을 풀어주고 수유 자세 잡기를 도와준다. 아기와 항상 머무르는 집에서 스스로 할 수 있는 관리와 수유 자세들을 배우는 것이 도움이 될 것이다.

모유수유는 이론이 아니라 실기다. 수영을 잘하고 싶다면 이론보다는 실제 물에서 수영하는 법을 배우는 것이 현명하지 않을까? 모유수유 전문가들은 아기가 잘 물 수 있도록 자세를 잡아주고 젖양이 늘 수 있도록 도와주는 사람들이다. 혼자서 힘들어하지 말고 좀 더 많이 알고 경험이 많은 임상 전문가들을 찾기를 바란다.

엄마와 아기가 모두 행복한 모유수유가 되기를 바라며 글을 맺는다.

어머니의 사랑은 모든 사랑의 시작과 끝이다.　　　　　– 게오르크 그로데크

어머니의 두 팔은 부드러움으로 만들어졌으니, 아이는 그 안에서 달콤한 잠에 빠진다.　　　　　– 빅토르 위고

아, 모성은 어떤 힘이기에 모든 여성들을 마법에 빠뜨려 아이를 지키려고 맹렬히 싸우게 만드는 것인가　　　　　– 에우리피데스

어디에도 없다네, 이 춥고 공허한 세상 어디에도. 깊고 강한 사랑이 끝없이 샘솟는 곳은, 오직 엄마의 가슴뿐　　　　　– 펠리샤 헤먼스

어린 내가 넘어지면 달려와 달래주던, 입으로 내 상처의 독을 빨아내던 사람. 바로 우리 엄마.　　　　　–앤 테일러

어머니는 가정의 심장이다.　　　　　–저메인 그리어

입맞춤을 많이 해주는 엄마가 있는가 하면 고함을 많이 지르는 엄마가 있다. 그러나 그것은 똑같은 사랑이다. 사실 대부분의 엄마들이 이 두 가지를 모두 한다.　　　　　– 펄 벅

천국은 어머니의 발밑에 있다.　　　　　–터키 속담

나는 항상 나를 따라다니는 어머니의 기도를 기억한다. 그 기도는 내 인생에서 늘 나와 함께했다.   -에이브러햄 링컨

여자의 사랑은 강하지만, 엄마의 마음은 약하다. 하지만 그 약함이 모든 것을 이긴다.   -제임스 러셀 로웰

신은 모든 곳에 있을 수 없기에 어머니를 만들었다.   -유대 속담

당신은 어머니입니다. 미소를 짓고, 웃고, 우는 나의 어머니입니다.   - 미겔 에르난데스

엄마는 모든 것을 대신할 수 있다. 그러나 엄마를 대신할 것은 아무것도 없다.   -가스파르 메르밀로

어머니를 존경하는 사람은 보물을 쌓는 사람과 비슷하다.   -중국속담

평생 엄마의 애정보다 더 크고 무조건적인 사랑은 절대 찾을 수 없을 것이다.   -오노레 드 발자크

어머니는 나라의 가장 소중한 재산이다. 어머니를 보호하는 것은 나라의 복지를 증진시키는 것이다.   -헬렌 케이

엄마, 당신은 이 세상에 하나뿐이에요. 진심으로 당신은 언제나 최고의 사랑이었어요.   -피에르 파올로 파솔리니